Samuel Pfeifer

Der sensible Mensch

Leben zwischen Begabung und Verletzlichkeit

R. BROCKHAUS VERLAG WUPPERTAL

© 2002 R. Brockhaus Verlag Wuppertal
Umschlag: Dietmar Reichert, Dormagen
Satz: Factory · B. Lieverkus, Remscheid
Druck: ScandBook AB, Falun 2002
ISBN 3-417-11803-4
Bestell-Nr. 111 803

INHALT

*Ich widme dieses Buch
den hochsensiblen und
feinfühligen Menschen
die mir Anteil an
ihrem Leben und Leiden
gegeben haben.*

Auf dünnem Eis

Wer seelisch leidenden Menschen aufmerksam zuhört, der wird immer wieder einen Satz heraushören: »Ich bin so sensibel!« Ein junger Mann sagte mir einmal: »Ich gehe wie auf dünnem Eis. Es ist wie bei einem Teich, auf dem sich gerade die erste feine Eisschicht bildet. Schon eine Fliege kann sie zum Bersten bringen!« Immer wieder glänzte in seinen Augen eine Träne. Es war so anstrengend für ihn, sich nichts anmerken zu lassen, im Beruf seine Leistung zu bringen, gegenüber Mädchen die Fassung zu bewahren. Jede kritische Bemerkung bestätigte sein Gefühl, ein Versager zu sein. Er zweifelte an sich selbst und konnte kaum glauben, dass andere ihn gern hätten. »Meine Stimmung ist wie ein Kippschalter. Schon ein schiefer Blick lässt bei mir das Licht ausgehen, und dann ist alles blockiert. Mein Leben ist überschattet von Angst. Der Chef ist zwar freundlich, aber wie lange noch? – Ich habe eine tolle Chance am Arbeitsplatz, aber werde ich es schaffen? – Diese Ängste sind so lähmend, sie nehmen mir alle Energie. Es ist so schwer, das in Worte zu fassen. Da bebt und zerrt es in mir, bis ich die ersten Worte über die Lippen bringe.«

> *»Die erhabene und beklagenswerte Familie der sensiblen Menschen ist das Salz der Erde.«*
> MARCEL PROUST

Sensible Menschen gehen auf dünnem Eis, nicht nur innerlich. Sie müssen auch nach außen ständig etwas vorspielen, denn Schwachheit ist nicht »in«, übermäßige Sensibilität ist nicht »cool«. Unsere Kultur hebt Menschen aufs Podest, die etwas leisten, die lustig sind, Gewinnertypen, Leute mit Ausstrahlung, hart im Nehmen. Sensible scheinen nicht in diese Welt zu passen.

Doch die Starken wissen nicht, was sie gerade den sensiblen Menschen verdanken. Sensibilität ist nicht nur eine Last. Eine erhöhte Empfindsamkeit ist auch eine Gabe. Der bekannte französische Dichter Marcel Proust hat einmal geschrieben: »Die erhabene und beklagenswerte Familie der sensiblen Menschen ist das Salz der Erde.« Sie werden Ihnen in diesem Buch begegnen: bekannte Maler und Dichter, großartige Künstler oder die unvergessliche englische Prinzessin Diana. Sie alle führen uns vor Augen, dass sensible Menschen enorm wertvoll sind, eine notwendige Balance zu den Starken in dieser Welt.

Sensible Menschen sind begabt und belastet. Einerseits ist Empfindsamkeit ein wertvolles Element der Ganzwerdung des Menschen. Wenn sie aber entgleist, so kann sie zur Übersensibilität werden, die es den Betroffenen schwer macht, das Leben zu genießen und sich in reifer Weise in Beziehungen einzubringen. Erschöpfbarkeit und Gefühlsschwankungen führen zu inneren Nöten, die andere nur schwer verstehen können. Nicht selten ist auch das Glaubensleben von Ängsten, Depressionen und Zweifeln überschattet. Sensibilität ist ein Bild für das weiche Wachs der Seele, in der schon jede zufällige Bewegung Spuren hinterlässt und jeder Schlag tiefe Schrunden reißt, ein Bild für die Intensität der Gefühle und die Verletzlichkeit des Empfindens.

In meiner Suche nach Literatur zu diesem Thema war ich überrascht, wie wenig ich fand.[1] Sind die Übersensiblen eine solche Minderheit, dass man sie nicht wahrnimmt? Als wir von unserer Klinik aus ein Seminar zum Thema anboten, waren wir verblüfft über die enorme Resonanz. Schließlich entstand ein Seminarheft mit dem Thema »Der sensible Mensch und seine Lebensnöte«. Seither erhalte ich immer wieder E-Mails oder Briefe von Menschen, die sich angesprochen fühlen:

»Endlich, endlich habe ich eine Antwort auf mein Verhalten bekommen. Ob auch das darin passt, dass ich überhaupt nicht fernsehen kann, seit meiner Kindheit? Ich kann gespannte

---

[1] Erst nach der Veröffentlichung meines Seminarheftes entdeckte ich, dass die amerikanische Psychologin Elaine N. Aron das Phänomen der »Highly Sensitive Persons« wissenschaftlich erarbeitet und in mehreren Büchern verarbeitet hat. Ihre Ergebnisse fließen auch in dieses Buch ein.

Situationen nicht aushalten. Wenn ich Bücher lese, muss ich oft weinen dabei, wenn es sehr traurig ist. Ständig bin ich erschöpft, selbst beim normalen Fahrradfahren oder auf Bergwanderungen. Psychisch habe ich sehr große Schwankungen. Sehr viele Hemmungen, in Menschenmengen zu gehen zum Beispiel, oder auch einfach unbekannte Menschen. Sehr oft auch traurige Stimmung, das Traurige zieht mich immer an. Ich habe Mitleid mit jeder Kreatur, sei es nur eine Schnecke. Überhaupt habe ich keine Lebensfreude, weil diese überschattet ist von Angst, Zweifel und Weltschmerz.« [2]

Mosaik der Sensibilität

Allmählich bildete sich ein Mosaik der Sensibilität, das zunehmend an Kontur gewann. Im obigen Brief tönt schon etwas an, was uns in diesem Buch auch beschäftigen wird: Sensibilität ist zwar keine Krankheit, aber sie erhöht die Empfindlichkeit und kann zu Ängsten und Depressionen führen, die das Leben massiv einschränken. Die Besonderheiten der psychischen Probleme sensibler Menschen beschäftigen mich als Arzt natürlich oft. Es geht ja nicht nur um eine Feinfühligkeit, sondern auch um ein »zartes Nervenkostüm«, wie es im Volksmund heißt. Leib und Seele sind gerade in der Sensibilität eng miteinander verwoben. Wie kann man das Leiden sensibler Menschen besser verstehen? Wie können sensible Menschen so mit ihren Kräften umgehen, dass sie nicht krank werden?

Diese Fragen sind auch wesentlich für Seelsorgerinnen und Seelsorger: In der Beschäftigung mit sensiblen Menschen ist die innere Haltung des Therapeuten und Seelsorgers von wesentlicher Bedeutung. Können die Betroffenen ein inneres Mitfühlen spüren

---

[2] Der Abdruck wörtlicher Zitate erfolgt mit Erlaubnis der schreibenden Personen. Manchmal habe ich mir auch die Freiheit genommen, Beschreibungen in direkte Rede zu übertragen. Fallbeispiele in diesem Buch sind so verändert, dass die Identität der Betroffenen geschützt wird. Sollten Sie dennoch einen Menschen zu erkennen meinen, so denken Sie daran, dass er sein Schicksal mit vielen anderen teilt.

– auch in den Fällen, wo die Sensiblen ihr Leben nicht im Griff haben, wo sie sich in ihrer Suche nach Schutz und Bewältigung in störendes oder selbstschädigendes Fehlverhalten flüchten?

Seelsorger und Therapeutinnen[3] sind oft gefangen in ihrer therapeutischen Schule. Geht es ihnen nur um Ursachensuche und Problembewertung, um »Neurose« und »Abwehrmechanismus«, oder spüren die Ratsuchenden etwas von einem existenziellen Offensein, Mitleiden, Mittragen und Begleiten, auch ohne letzte Antworten?[4] Aus diesem Grund sollen durchgehend Fallbeispiele das Gesagte illustrieren. Nicht alle Beispiele sind von meinen eigenen Patienten. Manchmal ziehe ich es vor, bereits veröffentlichte Fallbeispiele zu zitieren, selbst wenn ich eigene ähnliche Beobachtungen gemacht habe. Gleichzeitig unterstreichen derartige Zitate, dass hier nicht eine neue Problematik herbeigeredet wird, sondern vielfältige Beobachtungen in der Literatur bestehen, die bisher nur selten zu einem Ganzen verwoben wurden.

Das Ziel, ein lesbares Buch zu schreiben, fordert Einschränkungen. Manche Fachleute werden von diesem Buch enttäuscht sein, weil es nicht umfassend genug ist oder weil es nicht einfach an herkömmliche Neurosenlehren anknüpft. Wer umfangreiche Kriterienkataloge für jede mögliche Störung sucht, sei auf die entsprechende Fachliteratur verwiesen.

Mein Hauptanliegen ist es, auf die sensiblen Menschen selbst zu hören, ihre Geschichten ernst zu nehmen und gemeinsame Elemente darin zu finden. Ich möchte ausgetretene Wege der Psychologie verlassen und dennoch immer wieder den Bezug zur Fachliteratur herstellen – gerade weil es mein Anliegen ist, sensiblen Menschen Wege zur Bewältigung und zur Behandlung aufzuzeigen.

---

[3] Unsere Sprache tut sich schwer mit der männlichen und weiblichen Form. Wo ich die männliche Form verwende, mögen sich auch Frauen angesprochen fühlen. Umgekehrt gilt dies für die weibliche Form, bei der ich auch Männer anspreche. Ich erlaube mir, im Text bewusst zwischen beiden Formen hin- und herzuwechseln, und hoffe auf das Verständnis der politisch besonders korrekten und sensiblen Leserinnen und Leser.

[4] Neben eigenen Erfahrungen wurde ich maßgeblich beeinflusst von Arthur Kleinman und seinem Buch »The illness narratives – suffering, healing and the human condition«, Basic Books, New York 1988.

Natürlich liegt auch eine Gefahr im Lesen eines solchen Buches: Es werden so viele Saiten angeschlagen, Auffälligkeiten und Charakterzüge angesprochen, die Sie auch bei sich selbst wahrnehmen. Denken Sie immer daran: Sensibilität an sich ist keine Krankheit, sie ist eine Anlage, die Ihr Leben prägt. Manchmal müssen wir lernen, mit Unvollkommenheiten und Besonderheiten der Persönlichkeit zu leben, ohne gleich in eine Therapie zu streben. Dieses Buch soll Ihnen Mut machen, sich den eigenen Kämpfen und Konflikten zu stellen, darüber nachzudenken, vielleicht die ganze Problematik der übermäßigen Sensibilität auch im Gebet mit Gott zu besprechen. Und es ist mein größter Wunsch, dass Sie die Erfahrung machen, wie sich Türen öffnen und Wege zeigen, die Sie vielleicht bis jetzt noch nicht beschritten haben.

Riehen, im Frühjahr 2002   Dr. med. Samuel Pfeifer

Kapitel 1

Sensibilität –
was ist das eigentlich?

Anita ist eine hübsche junge Frau. Die 26-jährige Kindergärtnerin wird von vielen beneidet. Sie fährt ein kleines Sportauto und ist immer gut angezogen. Doch Anita ist auch bekannt als »schwierig«. Keiner kommt wirklich an sie heran, keiner weiß eigentlich, wer Anita ist. Im Gottesdienst sitzt sie immer in der hintersten Reihe am Rande der Bank. Und meistens verschwindet sie noch während des letzten Liedes.

»Ich habe Angst unter so vielen Leuten; sie erdrücken mich schier«, sagt Anita im Gespräch. *»Ich brauche alle meine Kraft, um überhaupt zu existieren. Mein Leben gleitet mir zunehmend aus der Hand. Ich bin der Arbeit mit den Kindern nicht mehr gewachsen. Jedes Telefonat mit der Mutter eines Kindes macht mir Herzjagen, Durchfall und schlaflose Stunden.«*

Anita träumt eigentlich von einer Familie. Aber der richtige Mann sei ihr noch nicht begegnet. Vordergründig erscheint sie manchmal kontaktfreudig, fast kokett. Sie lässt sich gerne einladen und freut sich an schönen Geschenken. Einen flüchtigen Kuss, eine Umarmung, das hält sie gerade noch aus; doch wenn ein Mann ernsthafte Absichten äußert, dann bekommt sie Angst und löst die Beziehung auf.

Nachts hat sie oft Angstträume: Sie steht irgendwo ganz allein an einem dunklen Fluss, hinter ihr hohe Felsen. Manchmal sieht sie Schlangen züngeln, Raubtiere fletschen die Zähne. Oft ist sie auf der Flucht, fällt ins Nichts und wacht schweißgebadet auf.

Im Gespräch klagt sie: *»Ich habe einfach keine Energie, ich kann nicht mithalten mit den andern. Es kostet so viel Kraft, die Fassade aufrecht zu erhalten. Ich bin einfach zu sensibel, ständig am Rande meiner Kräfte.«*

Anita hat gelernt, mit ihren Grenzen zu leben. *»Aber es ist hart«*, sagt sie. *»Ich fühle mich oft so überwältigt von allem, was auf mich einstürmt. Und dann brauche ich einfach Zeit für mich, Zeit, um wieder ruhig zu werden. Selbst schöne Dinge werden mir zur Belastung. Ich gehe schon jahrelang nicht mehr ins Kino. Die intensiven Bilder gehen mir so zu Herzen und bewegen mich noch nach Wochen.«*

»Überwältigt von allem, was auf mich einstürmt« – diese Aussage ist zentral für das Erleben sensibler Menschen. Die amerikanische Psychologin Elaine N. Aron spricht von den »Hochsensiblen«, denen es von Natur aus schwerer fällt, Sinneseindrücke zu verarbeiten, einzuordnen und abzulegen.[1] Doch sie nehmen die Umwelt auch viel intensiver und schöner wahr, als der weniger sensible Teil der Menschheit. Was meinen Menschen also, wenn sie sagen: »Ich bin so sensibel!«? Tabelle 1 zeigt sowohl positive als auch negative Aussagen.

Tabelle 1: *»Ich bin sensibel!«*

Positive Aspekte	Negative Aspekte
– feinfühlig	– überempfindlich
– intensives Empfinden	– verletzlich (vulnerabel)
– tiefes Wahrnehmen und Erleben	– liest (und spürt) zwischen den Zeilen
– angesprochen von der Schönheit in Natur, Kunst, Musik, Dichtung, Film	– denkt zu viel nach
	– introvertiert und schüchtern
– intuitive Wahrnehmung	– ängstlich
– nicht unberührt vom Leid anderer Menschen	– nicht belastbar/keine Reserven
	– schnell an meinen Grenzen
– empfänglich für das Übernatürliche	– mir kommt alles zu nah
	– ich kann mich nicht wehren
	– oft so überwältigt, dass ich nichts mehr sagen kann
	– Neigung zur Überreaktion
	– rasch gereizt, verstimmt
	– Gefühle schlagen mir rasch auf den Magen

Tabelle 2: *Ein Test für Sensibilität (nach E. N. Aron[2])*

1. Ich nehme feine Veränderungen in meiner Umgebung wahr.
2. Die Stimmungen anderer Menschen beeinflussen mich.
3. Ich reagiere eher empfindlich auf körperlichen Schmerz.
4. Ich habe an geschäftigen Tagen das Bedürfnis, mich zurückzuziehen – entweder in ein dunkles Zimmer oder an einen anderen Ort, wo ich allein sein kann.
5. Auf Koffein reagiere ich heftiger als viele andere Menschen.
6. Ich fühle mich schnell überwältigt von Dingen wie grellen Lichtern, starken Gerüchen, rauen Textilien auf meiner Haut oder Sirenen (Polizei, Krankenwagen) in meiner Nähe.
7. Laute Geräusche bereiten mir Unbehagen.
8. Kunstvolle Musik bewegt mich tief.
9. Manchmal liegen meine Nerven derart blank, dass ich nur noch alleine sein möchte.
10. Ich bin ein gewissenhafter Mensch.
11. Ich bin schreckhaft.
12. Es bringt mich leicht aus der Fassung, wenn ich in kurzer Zeit viel erledigen muss.
13. Wenn andere Menschen sich in einer Umgebung unwohl fühlen, weiß ich eher als manch andere, was notwendig ist, um Wohlbefinden herzustellen (z.B. durch eine Veränderung der Beleuchtung oder der Sitzordnung).
14. Ich werde ärgerlich, wenn man von mir erwartet, zu viele Dinge gleichzeitig zu tun.
15. Ich gebe mir große Mühe, Fehler zu vermeiden oder nichts zu vergessen.
16. Fernsehsendungen und Spielfilme mit Gewaltszenen meide ich.
17. Ich fühle mich unangenehm erregt, wenn sich um mich herum viel abspielt.

[1] Vgl. Aron & Aron 1997, sowie Aron 1996.
[2] Copyright Elaine Aron; auf deutsch veröffentlicht in »Psychologie heute« 7/2000, S. 63

18. Hungergefühle stören nachhaltig meine Konzentration und beeinträchtigen meine Stimmung.
19. Veränderungen in meinem Leben treffen mich sehr heftig.
20. Ich bemerke und genieße feine Düfte, Geschmäcker, Klänge oder Kunstwerke.
21. Ich empfinde es als unangenehm, wenn ich mich mit mehreren Dingen gleichzeitig beschäftigen muss.
22. Für mich ist es sehr wichtig, mein Leben so zu organisieren, dass ich Situationen vermeide, in denen ich mich ärgern muss oder die mich überwältigen.
23. Laute Geräusche, chaotische Szenen und ähnlich starke Reize stören mich.
24. Wenn ich mit anderen Menschen konkurrieren muss oder beobachtet werde, während ich eine Aufgabe erfülle, macht mich das so nervös und unsicher, dass ich weitaus schlechter abschneide als ich eigentlich könnte.
25. Als Kind haben meine Eltern und Lehrer mich als sensibel oder schüchtern angesehen.

Hinweise zur Auswertung: Wenn Sie 12 oder mehr Fragen mit Ja beantworten, so haben Sie wahrscheinlich eine sensible Grundstruktur. Allerdings ist der Test nicht ein exaktes Messinstrument, sondern eher eine Hilfe, diejenigen Erfahrung zu beschreiben, die zur Sensibilität gehören.

In die Schönheit mischt sich Schmerz

Rainer Maria Rilke[3] hat einmal eindrücklich das sensible Gehör eines blinden Menschen beschrieben:

> »Und mein Gehör war groß und allem offen.
> Ich hörte Dinge, die nicht hörbar sind:
> Die Zeit, die über meine Haare floss,
> die Stille, die in zarten Gläsern klang, und fühlte:
> nah bei meinen Händen
> ging der Atem einer großen weißen Rose.«

Diese Reizoffenheit kann etwas Wunderschönes sein und ermöglicht gerade Sensiblen eine tiefe Erfahrung von Klängen, Kunst und Düften, eine intensive Berührung durch Musik, die den weniger Sensiblen verschlossen ist. *»Manchmal erlebe ich die Dinge so intensiv, dass ich ganz überwältigt bin«*, erzählt eine junge Frau. *»Wenn mich dann andere ansprechen, bin ich einfach sprachlos, ringe nach Worten. Es ist, als ob die Musik nachklingen würde. Aber in die Schönheit mischt sich der Schmerz. Ich kann nicht einfach zur Tagesordnung übergehen, ich brauche Zeit zur Verarbeitung. Und das verstehen andere dann gar nicht. Sie wollen nach dem Konzertbesuch noch in ein Restaurant, wollen reden, lachen, den Abend genießen. Dann fühle ich mich wie ein Fremdkörper.«*

Gehen wir doch einmal die verschiedenen Sinneswahrnehmungen durch. Der deutsche Psychiater Klages[4] hat in seinem Buch »Der sensible Mensch« schon auf die Überempfindlichkeit der Sinne hingewiesen und sie systematisch geordnet. Ein wesentliches Element scheint die *übermäßige Geräuschempfindlichkeit* zu sein. Sensible Menschen leiden übermäßig unter Lärm im wörtlichen wie im übertragenen Sinne. Nicht umsonst sagt man von manchen, sie »hörten das Gras wachsen«.

---

[3] R.M. Rilke, Die Blinde; in: Das Buch der Bilder, des 2. Bandes, 2. Teil, Insel, Frankfurt a. M.

[4] Klages 1991 bringt eine eindrückliche und umfassende Schilderung solcher sensibler Sinnesempfindungen, vgl. S. 19-48.

Wo Musik schön ist, da ist Lärm quälend, da werden auch Geräusche zu Lärm, die andere kaum wahrnehmen, weil ihr »Filter« sie einfach ausblendet. Dies kann weitreichende Auswirkungen haben.

Ein Beispiel: Weil die Mutter den Straßenlärm zunehmend unerträglich findet, zieht eine Familie von der Stadt aufs Land in ein ruhig gelegenes Mehrfamilienhaus, ganz oben, mit wunderbarem Blick auf die umliegenden Hügel. Doch schon bald macht sich ein neues Geräusch bemerkbar. Der Ehemann erzählt: »Zu jeder Tages- und Nachtzeit begann plötzlich ein Brummen und Rauschen hinter einer Wand. ›Was ist das?‹, fragte meine Frau. Sie tigerte in der Wohnung herum, legte das Ohr an jede Wand. Sie stellte die Musik ab, um es besser hören zu können – und ich spürte, wie ihre Anspannung stieg.« Bald war die Quelle geortet: Im Dachboden war ein Ventilator für die Küchenentlüftung aller Wohnungen eingebaut. Das bedeutete weniger Lärm in den unteren Wohnungen, aber umso mehr Geräusche für die Mieter der obersten Wohnung. »Sollen wir schon wieder umziehen? Meine Frau läuft jetzt den ganzen Tag mit einem Ohrenschutz in der Wohnung herum. Sie kann nichts genießen, will auch nicht Musik anschalten, um das Geräusch zu überdecken. Jetzt ist sie sogar aus unserem Schlafzimmer ausgezogen, weil es in einem anderen Zimmer etwas ruhiger sei.«

Manchmal fängt die traumatische Erfahrung mit Lärm schon früh an. Eine junge Frau erzählte mir: »*In unserem Haus war immer Lärm. Man kam nicht zur Ruhe. Meine Brüder stritten sich, balgten am Boden, warfen Stühle um. Das alles machte mir Angst. Und wenn ich abends im Bett lag, dann war da der Lärm des Fernsehers: Motorengeheul, befehlende, barsche Männerstimmen, Schüsse, verzweifelte Schreie, die durch hektische Filmmusik abgelöst wurden. So konnte man nicht schlafen … An manchen Tagen entfloh ich unserer Wohnung und versteckte mich in einer Abstellkammer unter dem Dach, oder ich kletterte auf einen Baum, wo ich ganz für mich war.*«

Düfte als Tor der Erinnerung

»Jeder *Geruch* ist die Überschrift eines Lebenskapitels«, schrieb einmal der deutsche Schriftsteller Werner Bergengruen. Bei übersensiblen Menschen können Geruchs- und Geschmackssinn bis zu tausendmal feiner ausgeprägt sein. Ganz eindrücklich wird die Vielfalt der Gerüche in dem preisgekrönten Roman von Patrick Süßkind, »Das Parfum«[5] geschildert. Offenbar besteht eine enge Koppelung zwischen Sinneswahrnehmung und inneren Empfindungen. Denken Sie einmal an die Gerüche zurück, die Ihr Leben begleitet haben. Denken Sie an den wohligen Geruch von frischer Wäsche oder den steril-stechenden Geruch, wie er früher in vielen Krankenhäusern herrschte.

Der Literaturnobelpreisträger Elias Canetti beschrieb einmal folgende Szene, die er mit seiner Mutter erlebt hatte: »Den Sommer zuvor waren wir in Seelisberg gewesen, auf einer Terrasse hoch über dem Urner See. Da stiegen wir oft mit ihr durch den Wald zur Rütliwiese hinunter, anfangs Wilhelm Tell zu Ehren, aber sehr bald, um die stark duftenden Zyklamen zu pflücken, deren Geruch sie liebte. Blumen, die nicht dufteten, sah sie nicht, es war als ob sie nicht existierten, umso heftiger war ihre Passion für Maiglöckchen, Hyazinthen, Zyklamen und Rosen... Von der Rütliwiese war sie hingerissen: Kein Wunder, dass die Schweiz hier entstanden ist! Unter diesem Zyklamengeruch hätte ich alles geschworen. Die haben schon gewusst, was sie verteidigen! Für diesen Duft wäre ich bereit, mein Leben hinzugeben.«[6] Oder hören wir auf Wolfgang Borcherts Beschreibung eines Gewitters[7]: »Und es roch nach Angst ... Die engen, endlosen Straßen rochen nach Menschen, Topfblumen und offenen Schlafzimmerfenstern ...«

---

[5] Süßkind P., 1985
[6] Canetti 1977/1994, S. 210
[7] zitiert bei Klages, S. 25

So entstehen aus den Gerüchen plötzlich innere Bilder vor Ihren Augen, die Sie vielleicht lange vergessen haben; nicht nur Bilder, sondern auch Gefühle – gute und schlechte. Da sagt jemand: »Ich gehe nicht mehr in meine Kirche, weil es dort so unangenehm kühl riecht. Ein starker Geruch kann alles an Gefühl in mir abtöten.«[8] Die Düfte werden zum Tor der Erinnerungen, die eine Person als Ganzes stark beschäftigen, ja sie können sie bis in den Traum verfolgen. Umgekehrt sagt man im übertragenen Sinne von einer Person: »Ich kann sie nicht riechen!«

Dies kann sich bis zum Ekel steigern, diesem innerlichen Aufbäumen gegen Dinge und Sinneseindrücke, die durch die eigenen, oft sehr einzigartigen Lebenserfahrungen geprägt sind. Problematisch wird die Geruchsempfindung bei übersensiblen Menschen, wenn sie sich die Frage stellen, ob vielleicht Umweltgifte oder Elektrosmog ihre Gesundheit beeinträchtigen. Dann steigert sich die Wahrnehmung für derartige Substanzen bis um das 1000-fache mit fatalen Folgen für das Wohlbefinden.[9]

Auch die *Geschmacksempfindung* ist bei Sensiblen verstärkt und zuweilen mit starken Gefühlen verbunden. Der hochsensible Dichter Marcel Proust konnte seitenweise über seine Eindrücke und Gefühle beim Essen nachdenken. Geradezu berühmt sind seine Betrachtungen über den Geschmack des Teegebäcks »Madelaine«, das in ihm »ein unerhörtes Glücksgefühl«, »eine mächtige Freude« auslöste. »Ich fühlte, dass sie mit dem Geschmack von Tee und Kuchen in Verbindung stand, aber darüber hinaus ging ...« Dann tauchte das Bild seiner Tante auf, die ihm als Kind Tee und Kuchen serviert hatte, das alte graue Haus, wo sie wohnte, nahm in ihm Gestalt an »wie ein Stück Theaterdekoration«.[10]

Die große Empfindlichkeit beim Schmecken und beim »Abschmecken« kann sowohl Genuss als auch Qual bedeuten. Verschiedene Zitate von Klages belegen dies eindrücklich: »Den

<hr />

[8] Klages, S. 27
[9] vgl. auch Kapitel 13: Sensibilität und die Frage der Umweltgifte
[10] zitiert und kommentiert bei Klages, S. 31

süßen, fast bitteren Geschmack von Honig vertrage ich nicht. Er lähmt geradezu meine Zunge, und ich empfinde den Geschmack so intensiv, dass es mich quält.« – »Den Geschmack von Erdbeeren finde ich so umwerfend schön ... Es ist eine eigentümliche Art von Süße, die ich mir auch sofort ganz lebendig vorstellen kann. Dann tritt die Erinnerung von unbeschwerten Tagen im Sommer in unserem großen Garten für mich auf.«

Heftiges Erleben von Farben und Formen

Der *Gesichtssinn*, also die Wahrnehmung von Bildern, Farben und Formen mit dem Auge, ist ein weiterer Bereich, der bei Sensiblen stark ausgebildet ist. Eine Künstlerin berichtete einmal begeistert, wie ihre schwefelgelben Kunstwerke entstanden waren: »Wenn ich Gelb sehe, dann beginnt es in mir zu vibrieren!« Bei einer Ausstellung des amerikanischen Malers Marc Rothko mit seinen großformatigen Farbtafeln herrschte in dem lichtdurchfluteten Museum vor den fünfzig Jahre alten Bildern »eine wunderbare Ruhe, ja Andacht«, so der Kurator.[11] Und der Kunstkritiker schrieb: »Die Sensibilität ist auf dieser Erde offenbar wacher und erlebnisbereiter, als Kulturpessimisten glauben.«

Immer wieder wird vom heftigen Erleben von Farben und Formen berichtet, die starke Assoziationen auslösen können. Ich erinnere mich noch gut, wie ich mit einer Patientin über ein Bild sprach, das sie gemalt hatte. Da ging eine schemenhafte Figur gebeugt durch eine karge Winterlandschaft, umgeben von kahlen Bäumen. Die winterblasse Sonne warf einen langen Schatten, doch dessen Farbe war nicht etwa blaugrau, wie man erwartet hätte, sondern rot. Ich fragte nach der Bedeutung der Farbgebung, und die Patientin wurde immer wortkarger. Schließlich presste sie

---

[11] Basler Zeitung, 27. April 2001 anlässlich einer Ausstellung in der Fondation Beyeler in Riehen

DIE PRINZESSIN
AUF DER ERBSE

Das klassische Beispiel
für den übersensiblen
Tastsinn ist im Märchen von
Hans Christian Andersen zu
finden. Da wollte ein Prinz
eine wirkliche Prinzessin
heiraten. Aber wie kann sie
beweisen, dass sie eine
wirkliche Prinzessin ist?
»Ja, das werden wir schon
erfahren!«, dachte die alte
Königin, aber sie sagte
nichts, ging in die Schlaf-
kammer hinein und legte
eine Erbse auf den Boden
der Bettstelle. Dann nahm
sie zwanzig Matratzen,
legte sie auf die Erbse
und dann noch zwanzig
Eiderdaunendecken oben
auf die Matratzen.
Hier sollte nun die
Prinzessin die ganze Nacht
über liegen. Am Morgen
wurde sie gefragt,
wie sie geschlafen hätte.
»Oh, entsetzlich
schlecht!«, sagte die
Prinzessin. »Ich habe fast
die ganze Nacht kein Auge
geschlossen. Gott weiß, was
in meinem Bett gewesen ist.«

hervor: »Das ist Blut ...« Dahinter stand eine lange tragische Geschichte, die die Farbe des Schattens wieder hervorgeholt hatte.

Manchmal besteht eine allgemeine Lichtüberempfindlichkeit (»ich fühle mich schnell überwältigt von grellen Lichtern«). Nachdem eine Frau in ihr neu erbautes Haus auf dem Land eingezogen war, erlebte sie das Licht ganz eigenartig: »Wenn die Sonne durch die großen Fenster hereinscheint, dann fühle ich mich richtig gehend geblendet. Aber nachts ist der Himmel pechschwarz und erdrückt mich fast.« Bei Migräne ist Lichtüberempfindlichkeit gut bekannt. Eine Frau bat mich einmal, die Lichter in meinem Büro möglichst herunterzudrehen: »Ich kann Licht nicht mehr ertragen. Kaum trifft es mein Auge, überfällt mich die Migräne, und ich bin zu nichts mehr zu gebrauchen.« Doch oft ist diese Überempfindlichkeit auch verbunden mit einer allgemeinen seelischen Sensibilität. Die Sonnenbrille ist dann eine Form, sich das Licht und die Welt als Ganzes im übertragenen Sinne »vom Leibe zu halten«, weil einem alles zu nahe kommt.

Schließlich ist da auch noch der *Tastsinn*, der so wichtig ist für die Kontaktaufnahme mit der Umwelt. Denken Sie an die unterschiedliche Wahrnehmung von zarter Seide oder der rauen Oberfläche eines kratzigen Frottiertuches. Oder vergleichen Sie die warme, glatte Oberfläche einer Holzbank mit der kühl-feuchten Haut einer Schlange. Wie unterschiedlich sind da die Gefühle! Wir brauchen den Tastsinn für unsere Sicherheit, und es erstaunt nicht, dass der Tastsinn in unserem Gehirn ein vergleichsweise großes Areal besetzt.

Mit unserem Tastsinn nehmen wir auch Kontakt mit anderen Menschen auf. Wie vielfältig sind die Botschaften, die wir durch Berührungen übermitteln! Die zärtliche Berührung ist gerade für Verliebte so wichtig. Übersensible Menschen können Berührungen enorm intensiv erleben, im positiven wie im negativen Sinn.

Und wenn eine Beziehung zwischen Mann und Frau in der Krise ist, hört man nicht selten: »Ich halte es nicht aus, wenn er mich auch nur leicht berührt! Es kommt mir alles so nah!« Eine Frau schilderte dieses Gefühl auch in einer intakten Ehe: »Wenn mein Mann mich auf der Haut berührt, ist es mir unsympathisch, obwohl wir uns gut verstehen und eine gute Ehe führen. Es ekelt mich einfach an, ich mag nicht an meiner Haut berührt werden. Eine noch so wohl gemeinte Berührung lässt mich erschauern und über die ganze Haut rieseln. Das Einzige sind meine beiden kleinen Kinder, bei denen ich dieses Gefühl nicht habe.«[12]

Ein letzter Begriff im Bereich der Sinneswahrnehmung bedarf noch der Erwähnung, die *Synästhesie*. Mit diesem Wort wird das Hinüberwirken von Sinneseindrücken in andere Sinnesgebiete umschrieben. So berichtete mir ein sensibler Mann, wie das Betrachten der Kirchenfenster von Marc Chagall bei ihm das innere Hören von Bach-Musik auslöste. Vincent van Gogh wollte durch seine Bilder lebendig machen, was die Menschen fühlten; wie es riecht, wo die Menschen leben. So schreibt er zu seinem Bild »Die Kartoffelesser«: »*Wenn ein Bauernbild nach Schinken, Rauch und Kartoffeldampf riecht, dann ist das nicht ungesund; ... wenn ein Feld den Geruch von Korn oder Kartoffeln oder von Mist hat, dann ist das gesund, besonders für die Stadtmenschen. Solche Bilder lehren sie etwas. Ein Bauernbild braucht kein Parfüm.*«[13]

---

[12] zitiert bei Klages, S. 42
[13] wohl als Antwort auf die Kritik in einem Brief an seine Schwester Wilhelmina van Gogh

Ringen nach Worten

Sensible Menschen ringen oft intensiv mit sich selbst und mit der Frage, wie sie in Worte fassen sollen, was sie bewegt. Klages hat eindrücklich das Gespräch mit einer selbstunsicheren Patientin geschildert: »*Sie war mittelgroß, zierlich und schmal gebaut, mit weit aufgerissenen, ängstlich wirkenden braunen Augen. Die ganze Erscheinung wirkte verängstigt, ein leichtes, fast fröstelnd wirkendes Zittern lief über den Körper. Die Worte wurden vorsichtig gesetzt, etwas zögernd, misstrauisch. Oft wurden sie wieder zurückgenommen, korrigiert, neu eingefügt. Der Eindruck der Selbstunsicherheit entstand. Die Stimme war leise, oft fast flüsternd. Es entstanden lange Schweigepausen. Scheu und zaghaft nahm sie auf dem Stuhl Platz, mehr auf einer Seite des Stuhles sitzend. Klingelte das Telefon im Untersuchungszimmer, schrak sie zusammen. Die Kleidung war sehr gepflegt und akkurat mit Form- und Stilgefühl. Bei Besprechungen mit dem Arzt gab sie gerne eine paar Notizen ab, sie schrieb lieber, als dass sie sprach. Am liebsten schwieg sie.*«[14] Die Beschreibung erinnert mich an so manche Patientin, die ich über die Jahre gesehen habe.

Dazu gehört auch der *pathologische Schreckreflex* auf Geräusche, Licht, Berührung. Immer wieder schildern sensible Menschen ihre übermäßige Schreckhaftigkeit und das starke Bedürfnis nach Sicherheit, nach einem Umfeld, wo es keine unangenehmen Überraschungen gibt.

Hektik, Gewalt und Leiden – die großen Themen in Kinofilm und Fernsehen sind für sensible Menschen nur schwer erträglich. Eine Frau schilderte mir dies eindrücklich: »*Mein Mann konnte noch nie mit mir ins Kino gehen, und auch zu Hause kann ich nicht mit ihm und den Kindern fernsehen, weil es immer spannende Situationen gibt, auch in gewöhnlichen Familienfilmen. Und wenn ich etwas sehe oder höre, geht mir das noch lange nach. Einmal sah ich ein Bild von einem Mann, den sie ersticken wollten (mein Mann schaute den Film), das ist sicher schon drei Jah-*

---

[14] beschrieben bei Klages, S. 85

re her und immer noch in mir drin. Ich spüre diese Angst in kriti-
schen Situationen durch den Fernseher durch, aus dem Buch he-
raus, es ist, als sei ich mitten im Geschehen drin. Ich bin auch
sehr schreckhaft, kann mich manchmal sehr schlecht ausdrücken,
und abends bin ich oft sehr, sehr kaputt, ausgepumpt, müde.«

Sensible Menschen leiden oft auch daran, dass sie von den
Nöten der Menschen übermäßig angesprochen sind. »Die kleinsten Regungen in den Herzen meiner Lieben lassen mich aufhor-
chen«, schreibt eine sensible Frau. Selbst Zeitungsmeldungen
oder Fernsehnachrichten werden intensiv erlebt. Ihr Mitfühlen
wird zu einer persönlichen Betroffenheit, die tiefen Schmerz auslösen kann.

»Wenn ich das Bild eines hungernden Kindes sehe«, erzählte
mir eine Frau, *»dann lassen mich seine traurigen Augen nicht mehr*
los. Es tut mir fast körperlich weh, und oft schlafe ich schlecht.
Mein Bruder lacht mich aus und sagt, es sei doch nur ein Foto,
aber ich kann das nicht so einfach abtun. Ich habe auch Mühe da-
mit, wenn ich weiß, dass jemand in meiner Umgebung krank ist
oder deprimiert. Das zieht mich auch hinunter. Ich schäme mich,
das zu sagen, aber ich gehe dann meinen Bekannten sogar aus
dem Weg, einfach weil ich nicht weiß, wie ich ihnen begegnen soll.«

Sensibilität und Heimweh

Ein besonderes Zeichen für seelische Sensibilität ist das Heimweh.[15] Dieses eigenartige Gefühl kennen viele sensible Menschen,
nicht nur aus der Kindheit. Ich denke da an einen jungen Mann
aus dem Berner Oberland. Vielleicht kennen Sie die Gegend: Die
an die Hänge geschmiegten Häuser mit ihren ausladenden schützenden Dächern strahlen eine tiefe Geborgenheit aus. Und nun
gingen die Eltern mit dem damals 14-Jährigen in die Ferien ans
Meer, weit weg von daheim.

[15] Eine wissenschaftliche Bearbeitung der Heimweh-Problematik findet sich bei Fischer
1991 und bei Van Tilburg et al. 1996.

Er erzählte: »*Einmal in den Ferien erlebte ich etwas ganz Eigenartiges. Ich war so angespannt, dass ich einfach nicht mehr aufs WC gehen konnte. Mehr als eine Woche hatte ich keinen Stuhl. Gleichzeitig wuchs in mir eine derartige Sehnsucht nach daheim, dass es mir Angst machte. Es war nicht die Sehnsucht nach den Eltern – die waren ja bei mir – es war etwas anderes, das sich nur schwer in Worte fassen ließ – eben Heimweh. Schließlich erlaubten mir meine Eltern, nach Hause zu reisen.*

Kaum war ich daheim angelangt, löste sich allmählich die Anspannung; und dann überkamen mich Koliken. Endlich konnte ich alles von mir geben, was der Körper über neun Tage zurückgehalten hatte. Es war wie eine Explosion, eine heilende Geburt, ein gewaltsames Reinigen des Inneren, schmerzlich und doch so wohltuend – ich war daheim.«

Reizüberflutung

Was unterscheidet also sensible Menschen von den weniger sensiblen? Offensichtlich verarbeiten sie Außenreize intensiver als andere. Ihre »Haut« ist dünner, sie haben weniger Schutz vor dem, was an sie herankommt. Forschungen haben gezeigt, dass bereits Babys unterschiedlich auf Reize reagieren. Während die einen bei einem überraschenden Geräusch ruhig und gelassen bleiben, vielleicht sogar interessiert nach der Quelle schauen, reagieren etwa 15–20 Prozent mit offensichtlichem Unbehagen, verziehen das Gesicht oder fangen sogar an zu weinen. Dieser angeborene Unterschied kann sich bis ins Erwachsenenalter fortsetzen: Ihr Gehirn ist wachsamer, rascher angeregt und häufiger alarmiert, wenn Neues und Ungewohntes auf sie zukommt: Geräusche, insbesondere auch Alarmsignale, intensive Lichter, Farben, Bilder, Gerüche.

Menschen, die »das Gras wachsen hören«, sind oft auch mit mehr Intuition gesegnet als andere. Sie spüren etwas, das andere noch gar nicht wahrnehmen, nehmen beinahe unbewusst auf, was in ihrem Gegenüber abläuft. Sie wissen Dinge »einfach so«, obwohl sie nicht sagen könnten, warum. Dies wirkt sich manchmal wie ein »sechster Sinn« aus, wie eine Durchlässigkeit zur anderen Welt, die den weniger Sensiblen verschlossen bleibt. Nicht umsonst spricht man von einer paranormalen Sensitivität.[16]

Sensible Menschen reagieren auch intensiver auf Schmerz und körperliche Missempfindungen. Ein Ziehen im Bauch löst Alarm aus, lässt alles andere in den Hintergrund treten, wird zum Zentrum der Aufmerksamkeit. Ein schmerzender Zahnnerv kann enorm viel Energie verbrauchen und wird zur seelischen Schwerarbeit. Oft brauchen sie vermehrt ärztliche Zuwendung, Abklärung und Beruhigung. Sensible Menschen sind aber auch schwierig auf Medikamente einzustellen. Immer wieder erlebe ich, dass bei ihnen schon ein Viertel der Dosis, die bei andern gerade erst die unterste Schwelle darstellt, starke Effekte auslöst.

Ihr Denken ist oft von einer großen Unsicherheit beherrscht. Eine Patientin beschrieb einmal eindrücklich den Konflikt: »*Es ist nicht leicht, diesen Weg zu gehen, und er ist noch wackelig und unsicher, und es kommen oft so viele Wege dazu! Plötzlich ist es nicht nur ein wackeliger, unsicherer Weg, sondern zig schwankende, sehr unsichere Wege, auf denen man alle gleichzeitig gehen sollte. Das Neue, frisch Erfahrene, das Schöne, Erhebende, man kriegt es nicht überein mit den anderen Wegen. Man geht mutig vorwärts und im gleichen Atemzug zurück: Was soll man tun? Wie soll man reagieren? Wie ist die Situation? Was ist recht, was ist schlecht, wo bin ich, und wer bin ich in dem Moment?*«

Da ist also ganz vieles, das sensible Menschen verarbeiten müssen, und das braucht Kraft. Ihr Gehirn hat das Bedürfnis, die anflutenden Informationen zu verstehen, zu ordnen, einzubauen in ein Ganzes. Sie reagieren deshalb empfindlich auf Situationen,

---

[16] Es ist interessant, dass in einer der einflussreichsten Persönlichkeitstheorien von Cloninger 1993, S. 982, auch der Charakterzug der Selbst-Transzendenz ausführlich beleuchtet wird. Dieser enthält viele Elemente dieser Durchlässigkeit zur unsichtbaren Welt. (Beispiele: Ich scheine einen »sechsen Sinn« zu haben, der mir manchmal eine Vorahnung von dem gibt, was passieren wird. – Ich spüre manchmal eine geistige Verbindung zu anderen Menschen, die ich nicht mit Worten erklären kann. – Manchmal hatte ich das Gefühl, von einer geistigen Macht geleitet zu werden, die höher ist als menschliche Wesen.)

in denen mehrere Dinge gleichzeitig auf sie einstürmen, müssen eines nach dem andern machen, brauchen genug Zeit, um im seelischen Gleichgewicht zu bleiben. Das wird spürbar bei der Arbeit, in der Familie, in neuen Begegnungen.

Und wenn dennoch zu viel auf sie einstürmt? Dann gibt es einen Punkt, wo das Gehirn einfach »blockiert«, aus Selbstschutz keine weiteren Informationen und Anforderungen mehr zulässt. »Ich kann nicht drei Dinge auf einmal«, klagt eine Mutter, »kochen, Musik hören und auf meine kleine Tochter achten. Wenn auch noch das Telefon klingelt, dann ist es einfach zu viel! Dann schalte ich das Radio ab, schicke meine Tochter in ihr Zimmer und ziehe das Telefon raus! Manchmal muss ich mich dann hinsetzen und tief durchatmen, bis ich weitermachen kann.« Oftmals kommt eine Kettenreaktion in Gang, die den ganzen Körper mit einbezieht und neuen Stress erzeugt.

Es sind diese Situationen, in denen sich sensible Menschen nicht mehr beschenkt, sondern auch belastet fühlen. In den folgenden Kapiteln möchte ich genauer beschreiben, wie Sensibilität entsteht und wie sie sich auswirkt. Damit soll auch eine Grundlage gelegt werden, diejenigen Zustände besser zu verstehen, bei denen Sensibilität zur Krankheit wird.

Kapitel 2

Sensibilität und Persönlichkeit

»*Märchen kann ich nicht mehr hören. Ich habe derartige Verletzungen davongetragen. Ich weiß noch, wie mir unser Kindermädchen eines Abends aus dem Märchenbuch vorlas. Ich war etwa vier. Die Eltern waren weg, sonst hätte sie das sicher nicht gemacht. Sie las mir die Geschichte von Rotkäppchen und dem bösen Wolf vor. Meine Phantasie war so stark, dass ich mir den Wolf leibhaftig vorstellte, mit seinen fletschenden Zähnen und seinem stechenden Blick. Seit damals wurde ich jahrelang von Alpträumen geplagt. Fast jede Nacht fühlte ich mich vom bösen Wolf verfolgt, der seine Zähne in meinen Rücken schlug und mich zu Boden riss ... Erst mit etwa acht hörten diese Alpträume wieder auf. Aber ich war immer ein sehr sensibles und ängstliches Kind, und ich bin es bis heute.*«

Sensibilität beginnt offensichtlich schon ganz früh im Leben. Was unterscheidet diese feinfühlige ängstliche junge Frau von andern, die im gleichen Alter Monstergeschichten und rasante Zeichentrickfilme lustig finden? Wie ist es möglich, dass Kinder in der gleichen Familie ganz unterschiedlich empfindsam sind? Diese Fragen bewegen auch die Forscher, die sich mit der Persönlichkeit befassen.

Persönlichkeit – was ist das eigentlich? Wie entsteht Persönlichkeit? Ist sie vererbt oder anerzogen? Ist sie vorgegebenes Schicksal? (»So bin ich eben!«) Oder kann man Persönlichkeit beliebig verändern, umziehen, aufbauen, »mit Erfolgsmethoden hinführen zu Glück und Harmonie«, wie es ein populäres Buch über Persönlichkeitsbildung verheißt? Was macht eine *gesunde, harmonische* Persönlichkeit aus? Was sind die *Schwachstellen*, die einem Menschen und seiner Umgebung das Leben erschweren; Schwachstellen, die anfällig machen dafür, dass Sensibilität zur Krankheit wird? Wie lässt sich Persönlichkeit beschreiben? Welche Aussagekraft haben *Tests* der Persönlichkeit?

Persönlichkeit – eine kurze Begriffsbestimmung

Die menschliche Persönlichkeit ist letztlich eine komplexe Mischung aus biologisch begründetem Temperament und den Auswirkungen von guten Erlebnissen und schmerzlichen Verletzungen. Wir hegen tiefe Wünsche und leiden unter verborgenen Ängsten, wir haben Ziele, die wir anstreben, und werden gehemmt durch unsere Verletzlichkeit. Daraus entwickelt sich allmählich unsere Vorstellung von uns selbst und das Bild, das wir uns von andern machen. Und diese Bilder bestimmen wiederum, wie wir denken, fühlen und handeln. Oder fachlich gesprochen: Unter Persönlichkeit verstehen wir überdauernde Muster der Wahrnehmung, des Beziehungsstils und des Denkens über die Umwelt und über sich selbst.

Muster der Wahrnehmung: Ein rasch hingeworfener Satz ist für die eine Person eine tiefe Verletzung, für die andere eine belanglose Bemerkung. Das gleiche Ereignis kann je nach Persönlichkeit ganz verschieden wahrgenommen werden. Unsere Wahrnehmung formt unsere Erinnerung und die Verarbeitung eines Ereignisses.

Muster des Beziehungsstils: Wie geht eine Person mit andern um? Ist sie kontaktfreudig oder zurückgezogen? Ist sie offen oder misstrauisch? Ist sie verlässlich oder wechselhaft? Stellt sie ständig Ansprüche, oder kann sie sich anpassen? Wie reagiert sie auf Kränkungen oder Enttäuschungen?

Muster des Denkens über die Umwelt und über sich selbst: Wie bewertet ein Mensch seine Umwelt? Viele innere Sätze[1] bestimmen die Art und Weise, wie wir uns selbst und die Welt um uns her erleben. »Man muss nur nett sein mit den Menschen, dann kommt man mit ihnen aus!« Oder: »Niemand hat mich gern.« Oder: »Ich sehe mich nicht gerne auf einem Foto; ich sehe nie gut aus.«

Aus allen diesen Denkschemata, Gefühlsregungen und Verhaltensmustern entsteht in komplexer Weise die Lebens- und Beziehungsgestaltung, die wir mit dem Begriff »Persönlichkeit« umschreiben.

---

[1] In der Psychologie spricht man von Kognition.

28

Persönlichkeit, Temperament, Charakter

PERSÖNLICHKEIT: Der Begriff umfasst überdauernde Muster der Wahrnehmung, des Beziehungsstils und der Werthaltungen, also des Denkens über die Umwelt und über sich selbst. Aus allen diesen Denkschemata, Gefühlsregungen und Verhaltensmustern entsteht in komplexer Weise die Lebens- und Beziehungsgestaltung, die wir mit dem Begriff »Persönlichkeit« umschreiben.

TEMPERAMENT: umschreibt die biologischen, genetisch bereits angelegten Reaktionsmuster eines Menschen. Sie zeigen sich bereits im Säuglingsalter und beinhalten vorbewusste (preconceptual) Verzerrungen im wahrnehmenden Gedächtnis und in der Gewohnheitsbildung. Man unterscheidet vier Dimensionen, nämlich (1) Offenheit für neue Erfahrungen, Suche nach Neuem (novelty seeking), (2) Vermeiden von Schaden und Schmerz, (3) Abhängigkeit von Belohnung und Zuwendung, sowie (4) Durchhaltevermögen oder Ausdauer.

CHARAKTER: Unter Charakter verstehen wir diejenigen Eigenschaften einer Person, die sich im Verlauf des Lebens ausbilden, die sozusagen aus dem Rohmaterial unseres Temperaments durch den Meißel unserer schönen und schmerzlichen Erfahrungen herausgearbeitet werden. Es ist unsere ganz spezielle Komposition von persönlichen Zügen, Launen, Freuden und Verpflichtungen. Erst der Charakter macht aus uns jene besondere Person, die sowohl unseren Namen als auch unsere Geschichte trägt, die sich widerspiegelt in unserem Gesicht, letztlich unser »Ich«. Oft wird der Begriff Charakter synonym mit dem Begriff Persönlichkeit gebraucht.

Das Temperament: stabil oder labil?

Schon die alten Griechen haben versucht, menschliche Wesenszüge zu beschrciben und einzuteilen. So entstand die Lehre von den vier Temperamenten, die Hippokrates auf die Wirkung verschiedener Körpersäfte zurückführte: den lebhaften Puls des Blutes (*Sanguiniker*), die Verdüsterung der »schwarzen Galle« (*Melancholiker*), die bitter-aufbrausende Natur der »gelben Galle« (*Choleriker*) und die zähflüssige Trägheit des Schleimes (*Phlegmatiker*). Mit dem Begriff des Temperamentes werden sehr grundlegende Eigenschaften des Menschen angesprochen, die vorhanden sind, bevor er überhaupt zu einer »Persönlichkeit« wird oder einen geformten »Charakter« erhält.

Das Temperament erhalten wir schon in die Wiege gelegt.[2] Manche Forscher unterscheiden drei Typen von Kleinkindern: 1. einfach (easy); 2. langsam auftauend (slow-to-warm-up) und 3. schwierig (difficult). Die »gehemmten«, angespannten Kleinkinder werden denn auch von ihren Eltern oft als »schwierig« erlebt: Sie zeigen vermehrte Befindensstörungen (Bauchkrämpfe, später Kopfweh oder Bauchweh) und haben Mühe mit neuen Situationen und Menschen. Sie tun sich schwer im Anpassen an Veränderungen, reagieren mit intensiven Ausbrüchen, leiden unter Stimmungsschwankungen und zeigen unregelmäßige Ess- und Schlafgewohnheiten. Aus diesen Beschreibungen lassen sich unschwer die beiden Begriffe »introvertiert« und »labil« ablesen, die in der Typologie des erwachsenen Temperaments eine wesentliche Rolle spielen.

Mädchen und Jungen sind ganz unterschiedlich betroffen. In einer Zwillingsstudie zeigte sich, dass 12 von 14 sehr gehemmten Kindern Mädchen waren und 12 von 19 ungehemmten Kindern Jungen. Zeigt sich hier schon ein erster Hinweis, warum so viele Frauen darüber klagen, sie seien sensibel?

---

[2] Eine hervorragende und detaillierte Übersicht über die Ergebnisse der neueren Temperaments- und Persönlichkeitsforschung findet sich bei Kagan 1994 sowie in dem Artikel von Möller-Streitbörger, W. (1995), *Die »Farbe« der Persönlichkeit. Die Psychologie hat das Temperament wieder entdeckt*. Psychologie heute, März 1995, S. 20-29.

Forschungen bei Kleinkindern

Wie neuere Forschungen zeigen konnten, reagieren Neugeborene sehr unterschiedlich darauf, wenn ihnen Ungewohntes widerfährt, so zum Beispiel, wenn aus dem Fläschchen statt normalem Wasser plötzlich gesüßtes Wasser kommt. Plötzlich verändert sich ihr Saugverhalten. Zwei Jahre später erwiesen sich in einem Test diejenigen Kinder, die am stärksten reagiert hatten, auch als die Sensibelsten der ganzen Gruppe.

Versuche und Beobachtungen haben schon bei kleinen Kindern erstaunliche Unterschiede gezeigt. In einer Gruppe von 117 Kindern im Alter von 21 Monaten fanden sich 15 Prozent sehr spontane, ungehemmte Kinder und 15 Prozent sehr gehemmte Kindern. Die andern wiesen eine Mischung beider Wesenszüge auf.

Schon mit wenigen Monaten ließ sich bei den gehemmten Kindern auch eine vermehrte Anspannung beobachten: Sie lächelten weniger, verzogen auf neue Situationen hin rasch das Gesicht, fingen an zu jammern oder zu weinen, sie verspannten sich häufiger und reagierten unter Stress mit einem deutlichen Pulsanstieg.

Tabelle 3: *Was unterscheidet gehemmte von den ungehemmten Kindern? Befunde aus verschiedenen Untersuchungen[3]:*

1. Zurückhaltung bei spontanen Äußerungen gegenüber unbekannten Kindern und Erwachsenen	7. Ungewöhnliche Ängste und Phobien
	8. Starker Pulsanstieg bei Stress und beim Aufstehen
2. Mangel an spontanem Lächeln gegenüber unbekannten Leuten	9. Starker Anstieg des diastolischen Blutdrucks beim Aufstehen
3. Entspannung in neuen Situationen erst nach einem relativ langen Zeitraum	10. Starke Pupillenerweiterung bei Stress
4. Beeinträchtigung der Erinnerung nach Stress	11. Erhöhte Muskelanspannung
5. Zurückhaltung, Risiken einzugehen und vorsichtiges Verhalten in Situationen, die eine Entscheidung verlangen	12. Größere kortikale Aktivierung im rechten Stirnhirnbereich
6. Vermehrte Ablenkung durch bedrohliche Worte im Stroop-Test	13. Mehr Allergien
	14. Hellblaue Augen häufiger

Diese biologischen Unterschiede deuten darauf hin, dass es sich nicht nur um seelische Vorgänge handelt. Ganz offensichtlich spielt die unterschiedliche Verarbeitung von Reizen durch das Gehirn, die raschere Ausschüttung von Stresshormonen und die stärkere Alarmbereitschaft des vegetativen Nervensystems eine wesentliche Rolle. Gehemmte Kinder haben eine intensivere Reaktion vom limbischen zum sympathischen Nervensystem als ungehemmte Kinder. Sie reagieren auf Ungewohntes mit Zurückhaltung, Vermeiden, Verstummen und manchmal Weinen. Ausgeglichenere Kinder hingegen beginnen das Leben mit einer Biologie, die es ihnen leichter macht, spontan, entspannt und eifrig im Erkunden von neuen Situationen zu sein.

[3] nach Kagan, S. 165

Abbildung 1: *Vorgänge im Gehirn*

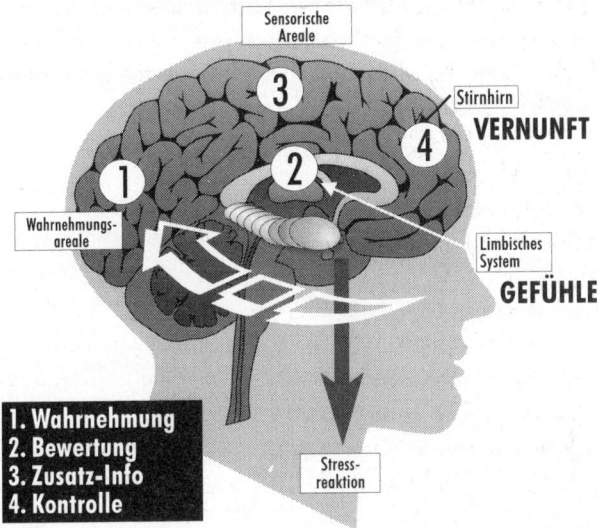

Alarm im Gehirn

Beschäftigen wir uns für einen Moment mit den Vorgängen im Gehirn und Nervensystem, die für die Verarbeitung von Außenreizen wesentlich sind. Als Illustration soll eine einfache Situation genommen werden: Sie sind bei einer Veranstaltung oder einer Party, und plötzlich kommt ein jüngerer Mann in den Raum, den Sie noch nie gesehen haben. Was läuft in Ihnen ab? Abbildung 1 zeigt an vier wesentlichen Stationen im Gehirn, wie etwas Neues aufgenommen wird.

Da ist zuerst einmal die Wahrnehmung (1): In Sekundenbruchteilen leitet Ihr Auge ein Rasterbild seines Gesichtes und seiner Körpermerkmale an das Sehzentrum weiter, Ihr Ohr den Ton seiner Stimme, Ihre Nase den Geruch seines Rasierwassers oder seines Schweißes. Manchmal löst allein schon diese Wahrnehmung ein erstes Gefühl (2) und damit auch Erinnerungen aus. Werden Sie an einen sympathischen Freund aus der Jugendgruppe erinnert (»Schön, dass er auch da ist!«) oder an den schleimigen Vorgesetzten in der Firma (»Nur nicht der da!«) oder gar an den betrunkenen Unhold in der Nacht (»Bitte Gott, lass es nicht wahr sein!«). Diese Information wird verglichen mit dem, was Sie schon über Männer gespeichert haben, und weiter abgeglichen mit einem intensiveren Hinschauen (»Ist er's oder ist er's nicht?«), d.h. man holt sich (3) ergänzende Information aus den sensorischen Arealen. [4]

Ausgeglichenere Persönlichkeiten werden in dieser Lage gar nicht groß reagieren. Ihr Filter der Wahrnehmung bleibt auf »Normalbetrieb«, die Gefühle gehen nicht hoch, ein zweiter Blick klärt den Eindruck, und schließlich wird mit der Vernunft (4) ein geordnetes Empfinden und Vorgehen entwickelt.

Sensible Menschen haben da oft mehr Mühe: Bei ihnen schrillen bei einer neuen Begegnung viel eher die Alarmglocken. Schlagartig sind alle Sinne hellwach, wird alle Energie auf diese neue Situation konzentriert, steigt die innere Spannung bis hin zu Herzklopfen und Hitzegefühlen. Sie können sich nicht mehr auf ihr Gegenüber einstellen, brauchen Zeit, um das Neue zu verarbeiten. Und wenn sich dann die ersten Befürchtungen nicht bewahrheiten, braucht es viel länger, bis die Vernunft wieder »ruhig Blut« signalisiert, bis die Stresshormone im Körper wieder auf den normalen Pegel zurückfallen.

Solche und ähnliche Erfahrungen werden sensible Menschen immer wieder bestätigen. Allerdings ist es für die Gehirnforschung gar nicht leicht, die entsprechenden Vorgänge zu messen oder die Art der Nervenbahnen und der Neurotransmitter zu bestimmen. Auch Hoffnungen, die man in die Entschlüsselung des menschlichen Genoms gesetzt hatte, haben sich bis heute noch nicht in einfacher Weise auf die Persönlichkeitsforschung anwenden lassen. [5] Um so wichtiger bleiben also gute Beschreibungen der Persönlichkeit. Davon soll im folgenden Abschnitt die Rede sein.

---

[4] Dieser Vorgang ist auch wichtig beim Bestimmen, ob ein Gegenstand gefährlich ist oder nicht: Man berührt ihn, betastet ihn, schaut ihn näher an und gewinnt bei jedem zusätzlichen Kontakt mehr Information, die einem hilft, entweder ruhig zu bleiben oder einen Alarm auszulösen.

[5] Vgl. Cloninger et al. 1993; Livesley et al. 1998; Herbst et al. 2000, sowie eine deutsche Zusammenfassung in Psychologie heute 1996.

Persönlichkeitstests – was bringen sie?

Im Laufe der letzten Jahrzehnte wurden viele Methoden zur Einteilung der Persönlichkeit entwickelt: von der Klecks-Deutung im Rorschach-Test bis hin zu umfangreichen Fragebogen, von der Vermessung des Schädels bis zur Auswahl der Lieblingsfarben. Nicht alle Methoden sind sinnvoll, insbesondere, wenn es darum geht, aus dem Test auch gangbare Wege zu einer Veränderung des Beziehungsstils abzuleiten.

Eine einfache und erstaunlich aussagekräftige Möglichkeit besteht darin, menschliches Verhalten, Fühlen und Denken zwischen den Polen *stabil* und *labil* sowie *introvertiert* und *extrovertiert* darzustellen, wie dies in Abbildung 2 geschieht.[6] Rasche Stimmungswechsel oder die Neigung zu Unsicherheit signalisieren etwas von dem, was man unter »Labilität« zusammenfasst, auch wenn der Begriff »labil« oft einen negativen Beigeschmack hat.

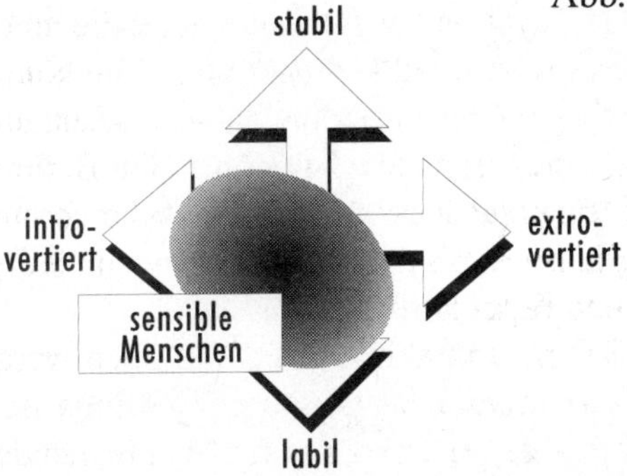

Besser wäre es vielleicht von einer

Abb. 2

seelischen Störanfälligkeit zu sprechen. Kontaktfreudige Menschen sind extrovertiert, eher schüchterne werden als »introvertiert« bezeichnet.[7] Für die Fragestellung dieses Buches erscheint es wichtig, dass sensible Menschen eher im Bereich *introvertiert* und *labil* zu finden sind, obwohl sie in ihren guten Zeiten auch sehr stabile Anteile haben und gut auf Menschen zugehen können, wenn sie sich sicher fühlen.

---

[6] In Anlehnung an H. J. Eysenck 1985.

[7] Obwohl es interessant wäre, einen breiten Überblick über die genauen Fragen zu geben, muss auf andere Bücher hingewiesen werden, die sich ausführlich mit Persönlichkeits-Diagnostik beschäftigen (z.B. Asendorpf 1999), ein interessanter Ansatz ist das DISG (Gay 2000).

In dem Anliegen, den Menschen ernst zu nehmen und in seiner Sensibilität möglichst umfassend zu beschreiben, haben sich deshalb so genannte *mehrdimensionale Skalen* bewährt. Diese werden durch Fragebogen erhoben, die eine Person selber ausfüllt. Das bekannteste Beispiel ist der MMPI-Test mit seinen 556 Fragen.[8] Im deutschen Sprachraum hat sich über lange Zeit das Freiburger Persönlichkeits-Inventar (FPI) durchgesetzt.[9] Erfasst werden die Persönlichkeits-Eigenschaften mit Hilfe eines Fragebogens, der beispielsweise folgende Sätze enthält, auf die man mit Ja oder Nein antworten muss:

»Ich habe manchmal ein Gefühl der Teilnahmslosigkeit und inneren Leere.«

»Ich ziehe das Handeln dem Pläneschmieden vor.«

»Meine Laune wechselt ziemlich oft.«

Die Beantwortung der 138 Fragen ergibt ein vielschichtiges Bild der Persönlichkeit, das nicht nur die Schwächen, sondern auch die Stärken einer Person erfasst, und zwar nach 12 Skalen: 1. Lebenszufriedenheit, 2. Soziale Orientierung, 3. Leistungsorientierung, 4. Gehemmtheit, 5. Erregbarkeit, 6. Aggressivität, 7. Beanspruchung, 8. Körperliche Beschwerden, 9. Sorgen um die Gesundheit, 10. Offenheit, 11. Extraversion-Introversion, 12. Emotionalität: labil – stabil.

Abb. 3

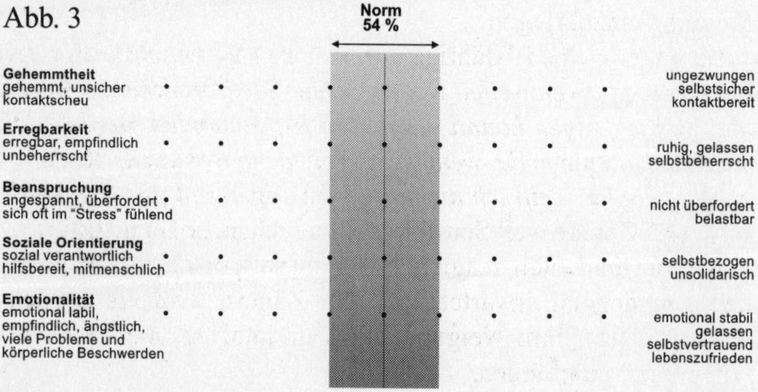

Norm 54 %

Gehemmtheit gehemmt, unsicher kontaktscheu	ungezwungen selbstsicher kontaktbereit
Erregbarkeit erregbar, empfindlich unbeherrscht	ruhig, gelassen selbstbeherrscht
Beanspruchung angespannt, überfordert sich oft im "Stress" fühlend	nicht überfordert belastbar
Soziale Orientierung sozial verantwortlich hilfsbereit, mitmenschlich	selbstbezogen unsolidarisch
Emotionalität emotional labil, empfindlich, ängstlich, viele Probleme und körperliche Beschwerden	emotional stabil gelassen selbstvertrauend lebenszufrieden

[8] MMPI = Minnesota Multiphasic Personality Inventory
[9] Ein weiterer wichtiger und gut abgesicherter Fragebogen ist das NEO-Fünf-Faktoren-Inventar (Borkenau & Ostendorf 1993).

Abbildung 3 zeigt einige Persönlichkeitsdimensionen, wie sie im Testbogen aussehen können. Die schraffierte Fläche in der Mitte umfasst etwa 54 Prozent der Bevölkerung und gilt als normal. Aber auch Werte, die etwas außerhalb liegen, dürfen nicht gleich als Störung gewertet werden, die um jeden Preis korrigiert und therapiert werden muss. Kleinere Abweichungen sind normal und gehören zur Besonderheit eines jeden Menschen. Bei sensiblen Menschen können dann aber doch recht extreme Werte erreicht werden, beispielsweise im Bereich der verminderten Leistungsfähigkeit oder im Gefühl, unter Stress zu stehen; in ausgeprägter Hemmung oder in einer bedrückten Grundstimmung. Dazu kommen ja oft auch die körperlichen Beschwerden, die uns anzeigen, dass die betroffene Person auch psychosomatisch reagiert.

Sensibilität und Schüchternheit

»Schüchtern, scheu und selbstunsicher« – ist das nicht die Beschreibung sensibler Menschen?[10] Oberflächlich betrachtet könnte man eine sensible Person als schüchtern und introvertiert betrachten. In der Tat hat sie mehr Mühe, unbeschwert mit anderen in Kontakt zu kommen, Beziehungen zu knüpfen, sich und ihre Meinung einzubringen.

Da schreibt eine 14-Jährige: »*Bitte geben Sie mir einen Rat. Ich bin schon ganz verzweifelt wegen meiner Schüchternheit. Ich weiß nie, was ich sagen könnte, wenn ich mit jemandem »rede«. Oft sitze ich nur stumm da, wenn sich Freunde unterhalten. Werde ich mal angeredet, weiß ich nicht, was ich sagen soll und ich werde rot...*«[11] Gerade weil Sensible Zeit brauchen, um neue Informationen zu verarbeiten, reagieren sie nicht so spontan, wie dies vielleicht manchmal erwartet wird. Ihr Zögern wird als Zurückhaltung erlebt, ihre Neigung, alles dreimal zu überlegen, als kompliziert empfunden.

[10] Beer 1991
[11] zitiert bei Beer 1991, S. 16

Die moderne Persönlichkeitsforschung geht davon aus, dass hinter diesem Verhalten das so genannte Behavioral inhibitory system (BIS) steht, zu deutsch Verhaltens-Hemmungs-System. Zum Überleben brauchen wir diese eingebaute Bremse. Nur so bleiben wir anständig, auch wenn uns der Hunger plagt, halten wir uns zurück, auch wenn wir wütend sind, wahren wir Distanz, auch wenn sexuelles Verlangen aufkommt. Das BIS bewahrt den Menschen davor, sich gedankenlos in Gefahr zu begeben. Doch bei Schüchternen ist es allzu stark ausgeprägt.

Ihr BIS ist ständig beschäftigt mit dem Überprüfen der Situation; in ihrer Sensibilität nehmen sie feine Unterschiede wahr, die Fragen aufwerfen, die man zuerst durchdenken muss, bevor man reagiert. Das braucht Zeit. Sensible Menschen müssen immer wieder »eine Pause zum Überlegen« einschalten. Deshalb wirken gerade diejenigen, die eigentlich über eine stärkere Aufmerksamkeit verfügen, auch gehemmter, weil sie ständig damit beschäftigt sind, Informationen zu sammeln und zu sichten. Ihr Alarmsystem ist ständig auf Hochtouren, insbesondere in neuen Situationen.

Die Beziehung zwischen Schüchternheit und übermäßiger Sensibilität wurde eindrücklich in einer Studie an 500 schüchternen Männern belegt.[12] Die Betroffenen hatten einen stärkeren Schreckreflex, eine viel größere Sensibilität auf Temperaturunterschiede, lauten oder unangenehmen Lärm, auf Schmerz, auf kratzende Kleider, auf helle Sonne oder subtile Störfaktoren, wie z.B. ein Sandkorn im Schuh. Sie hatten auch mehr Allergien und Hautreizungen.

Schüchternheit ist eigentlich ein Charakterzug, hinter dem eine Übersensibilität für zu viel Außenreize steht. Durch ihre soziale Zurückhaltung vermeiden Schüchterne, dass sie von zu vielen Anforderungen und Reizen überflutet werden. Zu diesen Reizen gehören eben gerade Begegnungen in großen Gruppen und mit neuen Bekanntschaften (intensiv, viel Neues, unvorhersehbar, komplex). Wenn man sich dann in einer solchen Situation auch noch daneben benimmt, so ist das ein weiterer Stressfaktor, der

[12] Gilmartin 1987

zu einer chronischen Schüchternheit führt.[13] Positiv formuliert könnte man sagen: Sensible Menschen haben die Begabung, sich selbst und ihre Umgebung intensiver wahrzunehmen und vorher und nachher über die Folgen und die möglichen Auswirkungen ihres Verhaltens nachzudenken.

Aber nicht alle Sensiblen sind introvertiert und schüchtern. Die amerikanische Psychologin Elaine Aron, die sich intensiv mit der Erforschung übersensibler Menschen beschäftigt hat, betont, dass Sensibilität nicht einfach mit Schüchternheit, Introvertiertheit oder Neurotizismus zu tun hat.[14] Etwa ein Drittel kann »über die Mauer springen« und sich zumindest zeitweise ins Gewühl der Begegnungen stürzen.

Sie nehmen alle Kraft und allen Mut zusammen, die inneren Hemmungen zu überwinden und das ständige Radar der Gefühle abzustellen, um die große Sehnsucht nach Beziehung zu erfüllen. Sie neigen dazu, sich zu überfordern; zwingen sich, Dinge zu tun, die ihnen eigentlich Angst machen; putschen sich mit Kaffee oder Medikamenten auf, um mithalten zu können; arbeiten zu viel und zu lange, um sich zu beweisen. Hierher gehören auch diejenigen Menschen, die man früher hysterisch nannte und heute als »histrionisch« bezeichnet.[15]

Allerdings besteht die Gefahr, dass sie an die Grenzen ihrer Belastbarkeit geraten. Nicht selten müssen sie auch Enttäuschungen erleben, nach denen sie sich wünschten, sie hätten ihr Alarmsystem nicht einfach abgestellt. Vielleicht liegt hier auch etwas von der Besonderheit derjenigen Menschen, die unter einer Borderline-Störung leiden und deren Gefühle und Beziehungen ständig Achterbahn fahren. Schließlich merken manche schüchterne Menschen auch, dass Alkohol und Beruhigungsmittel ihnen die Hemmungen nehmen. Die Gefahren der Suchtentwicklung sind in solchen Fällen groß.

[13] Nicht immer ist Sensibilität der Grund für Introversion und Schüchternheit. Bei manchen Menschen können sie ihrem distanzierten Beziehungsstil dienen. Sie sind froh, in Ruhe gelassen zu werden, und erfüllen nicht die Kriterien für übermäßige Sensibilität.
[14] Aron 1997, S. 90 ff.
[15] Vgl. Kapitel 8, Persönlichkeitsstörungen, S. 125 ff.

Gesunde Persönlichkeit

Wodurch zeichnet sich nun eine gesunde Persönlichkeit aus? Ist sie eine möglichst ausgewogene Mischung der vier Temperamente? Oder zeigt sie nur deren positive Eigenschaften? Ist derjenige gesund, der möglichst wenig aneckt und in Sanftmut und Stille lebt? Sicher nicht. Es ist ermutigend, dass sich Psychologen und Seelsorger nicht mehr nur mit der kranken Persönlichkeit beschäftigen. Immer mehr wird auch die Frage gestellt: Welche Eigenschaften haben Menschen, die das Leben meistern – trotz widriger Umstände, trotz persönlicher Eigenheiten?

In den 70er Jahren wurde oft von »Selbstverwirklichung« gesprochen. Doch dieser Begriff ist veraltet, ein unerreichbares Ideal und oft ein Deckmantel für ich-bezogenes Streben nach dem eigenen Glück ohne Rücksicht auf andere. Der Schweizer Psychiater Jürg Willi hat einmal den Begriff der »Ko-Evolution« geprägt und ihn als »die Kunst gemeinsamen Wachsens« umschrieben.[16]

Wachsen und Reifen bestimmt die ganze Natur. Reife bedeutet nicht Fehlerfreiheit, aber ein Ringen um eine Lebensgestaltung, die vor Gott und Menschen Bestand haben kann.[17] Auch in der modernen Psychologie wird dieser Begriff gebraucht, um Menschen zu beschreiben, die eine gesunde Persönlichkeitsentwicklung aufweisen. In einem umfassenden Aufsatz hat Carter die Eigenschaften einer reifen Persönlichkeit aus der Sicht der Psychologie und aus christlicher Perspektive dargestellt.[18] Danach sind es fünf Eigenschaften, die eine reife Persönlichkeit kennzeichnen:

[16] Willi 1985
[17] Im Englischen wird z.B. in Epheser 4,12–16 der Begriff »maturity«, d. h. Reife verwendet, in verschiedenen Übersetzungen der Gegensatz zwischen unmündigen und mündigen Christen gemacht.
[18] Vgl. Carter 1988.

Fünf Eigenschaften einer reifen Persönlichkeit

1. Realistische Selbst- und Fremdeinschätzung
2. Selbstannahme, Annahme der anderen
3. Leben in der Gegenwart
4. Bewusste Wahl von Werten
5. Entfaltung der eigenen Fähigkeiten

1. *Realistische Selbst- und Fremdeinschätzung*:
Eine gesunde Persönlichkeit ist in der Lage, sich selbst und andere richtig einzuschätzen: ihre Stärken und Interessen, aber auch ihre Schwächen und Grenzen. Sie kann sich auch selbstkritisch hinterfragen: »Warum reagiere ich so in dieser Situation?«

2. *Selbstannahme, Annahme der anderen:*
Ein reifer Mensch kann sich so annehmen, wie er ist. Mehr noch: Er ist in der Lage, andere Menschen in ihrer Eigenart anzunehmen, ohne sie nach dem Motto zu verurteilen: »Was anders ist, das ist schlecht!« Ein reifer Mensch wird seine inneren Bestrebungen, seine Hoffnungen und Ängste, seine Wünsche und Ziele vor sich selbst zugeben, ohne sie ängstlich zu verdrängen. Er wird sie realistisch einschätzen und prüfen, wo er sich verändern muss.

3. *Leben in der Gegenwart:*
Ein reifer Mensch setzt seine Gaben und Neigungen ein, um in seiner Umwelt zu leben, Beziehungen zu pflegen und zu arbeiten. Er setzt sich Ziele, passt diese aber an die Gegebenheiten an. Er ist also flexibel, anpassungsfähig und findet neue Wege.

4. *Bewusste Wahl von Werten*:
Ohne Werte kann ein Mensch nicht leben. Jeder Mensch muss für sich selbst Werte wählen und nach ihnen leben – nicht weil die andern sie ihm aufdrücken, sondern weil er sie verinnerlicht hat.

5. *Entfaltung der eigenen Fähigkeiten*:
Eine reife Persönlichkeit lebt nicht nur für sich selbst. Sie zeigt Interesse an der Umwelt und möchte ihre Gaben zum Wohle anderer einsetzen. Sie wird deshalb bestrebt sein, ihre Gaben zu entwickeln und anzuwenden.

41

Die Grenzen der Belastungsfähigkeit

Wohl jeder Mensch kennt Momente in seinem Leben, in denen er empfindlicher ist, rascher an den Grenzen, nicht so belastungsfähig. Wenn dann noch eine zusätzliche Belastung (»Stress«) dazu kommt, kann es zu Reaktionen kommen, die man sonst gar nicht an sich selber kennt.

Diese Erfahrung ist bei sensiblen Menschen noch viel ausgeprägter. Für sie ist die Erfahrung seelischer Verletzlichkeit ein ständiger Begleiter, ein hartnäckig verfolgender Schatten. *»Es ist so schwierig für mich«*, klagte mir eine Frau, *»ich komme so rasch an meine Grenzen. Wenn ich abends zu lange aufbleibe, vielleicht noch einen Besuch bei Freunden mache, dann muss ich das am nächsten Tag büßen. Ich fühle mich dann so erschöpft, leide an Kopfweh und kann kaum für meine Familie sorgen. Ständig muss ich mir überlegen, was noch drin liegt und was zuviel ist.«*

In der Psychiatrie wird dieses Phänomen als »Vulnerabilität«[19] beschrieben, die bei seelischen Erkrankungen deutlich vermindert sein kann. Je nach Belastbarkeit gibt es unterschiedliche Grade der Verletzbarkeit.

Beispiel 1: Ein Mensch, dessen Verletzbarkeit niedrig ist, kann vieles wegstecken. Je ausgewogener und stärker die Persönlichkeit, desto leichter wird es fallen, auch in schwierigen Zeiten fest zu bleiben und umsichtig zu handeln. Er wird leiden, wird auch in angepasster Weise trauern oder sich ärgern. Er wird aber nicht psychotisch oder neurotisch werden.

Beispiel 2: Ein Mensch mit einer mittleren Verletzbarkeit wird unter Druck aus dem Gleichgewicht geraten (dekompensieren): Ich denke an eine Mutter von zwei Kleinkindern, die ihre Schwiegermutter zu pflegen hatte und deren Mann gerade in finanziellen Schwierigkeiten steckte. Als dann auch noch ihr Haus renoviert wurde und die Presslufthämmer den ganzen Tag dröhnten, kam es zum nervlichen Zusammenbruch.

[19] Vgl. Schmidt-Degenhard 1988.

Beispiel 3: Hier ist die Belastbarkeit so gering, dass schon kleinste Unregelmäßigkeiten zu psychischen Problemen führen. Selbst Medikamente und therapeutische Gespräche können nur begrenzt zu Verbesserung beitragen. Eine größtmögliche Entlastung ist der einzige Weg, das Leben einigermaßen erträglich zu machen.

Ist Verletzbarkeit also eine schicksalhaft vorgegebene Größe? Hat jeder Mensch seine spezifische Verletzbarkeit, die für immer gleich bleibt? Die ärztliche Erfahrung zeigt, dass dem nicht so ist. Vielmehr bewegt sich die Belastungsfähigkeit in einer gewissen Bandbreite. Sie kann sich in schlechten Zeiten vermindern, dann aber wieder in eine stabilere Zone zurückkehren.

Wenn Persönlichkeit zum Problem wird

Wir haben nun viel über die gesunde Persönlichkeit gesprochen. Und das ist auch richtig so. Die allermeisten Menschen verfügen – in weiten Grenzen der Normalität – über eine Persönlichkeit, die es ihnen erlaubt, ihr Leben und ihre Beziehungen befriedigend zu gestalten. Diesen Menschen ist es auch gegeben, sich an neue Situationen anzupassen, Werte bewusst zu wählen und verantwortlich zu handeln. Sie mögen in Krisen einmal zum Therapeuten oder zur Seelsorgerin kommen, um sich Rat zu holen, aber sie sind nicht krank oder gestört im engeren Sinne.

Der Arzt, die Therapeutin und auch der Seelsorger wird nun aber häufig mit Menschen konfrontiert, deren Verhalten nicht als »reif« bezeichnet werden kann, deren Lebensgestaltung Probleme schafft, nicht nur für sie selbst, sondern auch für ihre Umgebung.

Handelt es sich um überdauernde Lebensmuster, die nicht nur durch eine Krise geprägt werden, so spricht man von Persönlichkeitsstörungen. Diese werden uns in einem speziellen Teil dieses Buches beschäftigen.

Zunächst aber ist da noch ein anderer Baustein, der äußerst wichtig ist, um zu verstehen, wie Sensibilität zur Krankheit werden kann: die Schnittstelle zwischen Psyche und Körper, die Verbindung, durch die die Angst als Bauchweh spürbar wird. Das nächste Kapitel führt Sie ein in die Körpersprache der Seele und in die Funktion des vegetativen Nervensystems.

Kapitel 3

Sensibilität und Psychosomatik

»*E*s war schrecklich. Ich fühlte mich wie eingesperrt, ohne Ausweg«, so erzählte mir ein 41-jähriger Techniker. »Wir waren mitten im Autobahntunnel, auf dem Weg in die Familienferien. Es gab keine Möglichkeiten auszusteigen. Mein Herz raste wie wild. Um die Brust legte sich ein dumpfer, quälender Druck, eng wie ein Stahlband. Ich begann zu schwitzen. Der Schweiß rann mir in Strömen von der Stirn. Mein Atem ging immer schneller. In meinen Händen begann es zu kribbeln. – Endlich erreichten wir den Tunnelausgang. Ich zog den Wagen an den Straßenrand und stürzte an die frische Luft. Meine Frau ließ den Notarzt rufen, und dann kam ich ins Krankenhaus. Nach einer Valium-Spritze begann ich mich allmählich zu beruhigen. Doch ich brauchte noch zehn Tage, bis ich entlassen werden konnte. Ich war wie ein Waschlappen, ohne jede Kraft. Mein ganzes Nervensystem war durcheinander. Die Ferien, die waren im Eimer.« Und nebenbei fügte er hinzu: »Vielleicht war es ohnehin gut so. Mit Axel, dem 16-jährigen Sohn aus der ersten Ehe meiner Frau, hatte ich ohnehin Mühe.«

Panik oder Herzinfarkt?

Herr Baumann schilderte eine typische Panikattacke im Rahmen eines Angstsyndroms. Sie war in jenen Ferien zum ersten Mal aufgetreten, doch seither war seine Leistungsfähigkeit nicht mehr dieselbe. Es kam zwar nicht mehr zu solchen Panikattacken, aber schon kleine Anstrengungen führten zu körperlichen Störungen, wie Durchfall, Schwitzen, Magenbrennen und rascher Erschöpfbarkeit. Er brauchte mehr Schlaf als früher und schlief doch unruhig. Sein sexuelles Verlangen war völlig in den Hintergrund getreten.

Die körperlichen Untersuchungen ergaben keinen Anhaltspunkt für den Herzinfarkt, den der Patient zuerst vermutet hatte. Immer deutlicher zeigte sich, dass bei ihm das vegetative Nervensystem völlig aus dem Gleichgewicht geraten war. Doch die körperlichen Beschwerden wurden zunehmend zum Grund, viele Dinge nicht mehr zu tun, die ihm früher selbstverständlich waren. Abendliche Besuche erschöpften ihn; Autoreisen führten zur Angst vor einer neuen Panikattacke; ein gutes Abendessen in einem Restaurant führte zu Magenbrennen; Spannungen mit seiner Frau hatten Durchfall zur Folge. Erst nach etwa zwei Jahren hatte Herr Baumann sein Gleichgewicht wiedergefunden, wenn auch mit bleibender Leistungsverminderung im Beruf.

Am Anfang standen die körperlichen Beschwerden ganz im Mittelpunkt. Doch ich erinnerte mich an seine beiläufige Bemerkung über seinen Stiefsohn Axel. War hier wohl ein Zusammenhang?

Die Schmach macht mich krank

Gefühle spielen sich nicht nur im Kopf ab. Angst ist nicht nur ein Gedanke, Depression nicht nur ein dunkler Schleier. Oft sagt die Körpersprache mehr, als ein Mensch mit Worten ausdrücken kann. Diese Beobachtungen sind uralt, wurden aber in unserem Jahrhundert durch die Psychosomatik neu aufgegriffen und wissenschaftlich erforscht.[1]

Unsere Sprache ist reich an Bildern, die die Beziehung zwischen Leib und Seele ausdrücken:

- Man zerbricht sich den Kopf über ein Problem.
- Es liegt einem etwas auf dem Magen.
- Das Herz wird einem schwer, und die Trauer
  schnürt einem die Kehle zu.
- Die Angst sitzt einem im Nacken, und man bekommt kalte Füße.

[1] Ein guter Überblick findet sich in dem Buch von Bräutigam 1986 sowie in dem großen Standardwerk von Uexküll 1990.

Solche Redensarten sind nicht nur blumige Gefühlsbeschreibungen. Sie sagen etwas aus über die Verbindung zwischen seelischer Sensibilität und inneren Konflikten, Nervensystem und Körper. Schon die Bibel kennt diesen Zusammenhang. Die Psalmen sind reich an psychosomatischen Bildern. David klagt: »Die Schmach bricht mir mein Herz und macht mich krank.«[2] Mit eindrücklichen Worten schildert er seine Angst, in tiefem Schlamm zu versinken – dieses unerträglich panische Gefühl der Bodenlosigkeit. Doch immer schwingt auch schon ein Schimmer der Hoffnung mit, das göttliche »Dennoch«, wie es Asaph so schön ausdrückt: »Wenn mir gleich Leib und Seele verschmachtet, so bist du doch, Gott, allezeit meines Herzens Trost und mein Teil.«[3]

Das vegetative Nervensystem

In den vergangenen Jahrzehnten gelang es, tiefer in die Natur unseres Nervensystems einzudringen. Die moderne Hirnforschung hat neue Methoden, um nervliche Vorgänge beim Menschen zu erforschen.[4] Das Wunder des Gehirns ist durch diese Forschungen kein bisschen kleiner geworden. Das kleine Organ von 1500 Gramm Gewicht enthält weit mehr Nervenzellen, als es Menschen auf dieser Welt gibt, nämlich über 10 Milliarden – eine schier unvorstellbare Zahl. Jede Nervenzelle ist wiederum durch Hunderte von kleinen Ausläufern mit andern verbunden. Der Austausch von Informationen ist reger als der Telefonverkehr in einer geschäftigen Großstadt. Die Zahl der »Telefonanschlüsse« in einem einzigen Gehirn übertrifft die Anzahl der Sterne in einer Galaxie. Mehr als 1000 Milliarden sollen es sein. Keine Rechen-

---

[2] Psalm 69,21
[3] Psalm 73,26
[4] Man denke hier an Bild gebende Verfahren wie CT, SPECT und PET; an neuroimmunologische Verfahren zum Aufspüren und Synthetisieren von Neurotransmittern oder an die rasanten Fortschritte der Genetik, die auch in der Erforschung der Neurorezeptoren erstaunliche Resultate erbracht hat.

anlage und kein Kommunikationszentrum dieser Welt ist in der Lage, so viele Informationen auf so kleinem Raum zu speichern und auszutauschen, wie das menschliche Gehirn.[5]

Doch das Gehirn steht nicht für sich allein. Der ganze Körper spielt mit, wenn unser Gehirn fühlt und denkt. Aber wie ist das möglich? Warum werden wir rot, wenn wir etwas Peinliches denken oder sagen? Warum löst der Duft eines guten Abendessens das eigenartige Gefühl von Hunger im Magen aus? Warum kann das Anschauen eines Bildes Veränderungen in den Sexualorganen hervorrufen? Warum tut das Herz weh, wenn wir an etwas Schmerzliches denken?

Es ist allgemein bekannt, dass jeder Mensch über zwei Nervensysteme verfügt:
– das willkürliche oder motorische Nervensystem,
– das unwillkürliche oder vegetative Nervensystem.

Mit dem *willkürlichen* Nervensystem steuern wir die Bewegungen unserer Muskeln: Wir greifen beispielsweise mit millimetergenauer Präzision und schonender Sanftheit nach einem Apfel – eine Alltagsleistung, die bis heute kaum ein Roboter beherrscht. Doch mindestens so erstaunlich sind die Leistungen unseres *unwillkürlichen oder vegetativen* Nervensystems. Wir müssen keinen Gedanken verschwenden an die Größe unserer Pupille bei plötzlichem Lichteinfall oder an den optimalen Blutdurchfluss bei der Verdauung eines Hähnchens. Das vegetative Nervensystem erledigt das für uns. Und noch viel mehr: Mit feinsten Fasern durchwebt es alle inneren Organe und begleitet jedes auch noch so kleine Blutgefäß.

---

[5] Ausführliche Informationen zu dieser Thematik finden sich bei Eccles 2000 und Damasio 1998.

Häufige funktionelle Syndrome[6]:

- funktionelle Herzbeschwerden
- Spannungs-Kopfschmerz
- Muskuläre Rücken- und Nackenverspannung
- Reizdarm (Colon irritabile)
- Atembeklemmung (bis hin zu Asthma)
- Hautreizungen und -allergien

Anmerkung: Manche Störungen können auch ganz andere Gründe haben. So ist längst nicht jedes Asthma als »psychosomatisch« zu sehen. Eine sorgfältige ärztliche Abklärung ist daher in jedem Fall zu empfehlen.

Jedes Organ unseres Körpers hat über die Verbindung mit dem vegetativen Nervensystem einen direkten Draht zum Gehirn. Dabei wird es durch verschiedenste Hormone (Neuropeptide) unterstützt. Man kennt heute Dutzende von Botenstoffen, die allein die Verdauung regulieren. Andere verändern die Körpertemperatur, die Atmung oder die Herztätigkeit.

Die Vorgänge des vegetativen Nervensystems werden in jener zentralen Region des Gehirns gesteuert, wo man auch den Sitz der Gefühle vermutet.[7] Gerade bei sensiblen Menschen ist dieser Bereich besonders empfindlich und reagiert schon auf feinste Veränderungen.

So wundert es nicht mehr, dass psychische Verstimmungen zu Alarmsignalen im vegetativen Nervensystem führen – zu Herzklopfen, Atembeklemmung, Hitzewellen und Frösteln, Durchfall oder Appetitlosigkeit. Stress kann das ganze vegetative Nervensystem in Aufruhr bringen. Und dieses »Sirenengeheul« in den

---

[6] Mit dem Begriff »funktionell« umschreibt man die Tatsache, dass nicht das Organ geschädigt ist, sondern dessen Funktion sich verändert und auf diese Weise Beschwerden macht.

[7] Im Thalamus und Hypothalamus sowie im limbischen System.

Organen verstärkt wiederum Angst und Depression in einem fatalen psychosomatischen Kreislauf und führt die Patienten oft zum ersten Mal zum Arzt, der dann von einer »vegetativen Dystonie« spricht.

Abbildung 4: *Das vegetative Nervensystem*

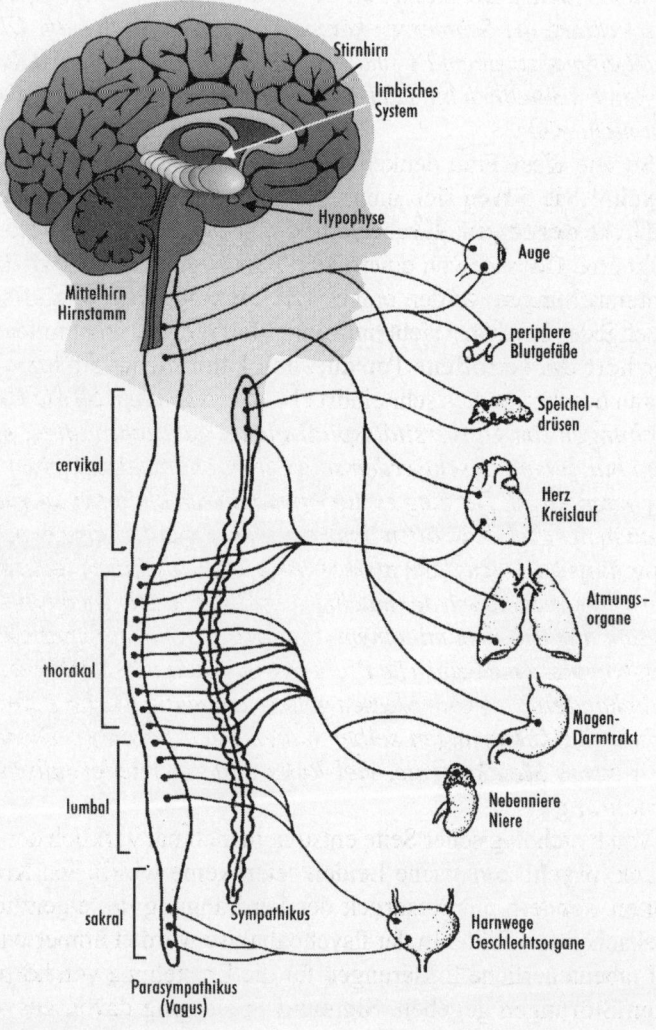

Alles psychisch!?

»Seit längerem leide ich unter Schmerzen im Unterbauch, die mich manchmal so plagen, dass ich mich richtig krümmen muss«, schreibt eine Frau an einen Zeitungsratgeber. *»Ich wurde schon untersucht, sogar in die Röhre bin ich gegangen, aber man konnte nichts finden. Bei meiner Jahreskontrolle hat mir mein Frauenarzt erklärt, die Schmerzen könnten auch psychisch sein. Ob ich nicht einmal zu einem Psychologen gehen möchte. Ich fand das allerhand, schließlich bin ich kein Psycho und bilde mir die Schmerzen nicht ein!«*

So wie diese Frau denken viele Menschen. Ich bin doch kein Psycho! Sie fühlen sich nicht ernst genommen, abgeschoben in die Ecke derjenigen, die eben ein psychisches Problem haben. Oft folgt eine Odyssee von einem Arzt zum andern. Alle High-Tech-Untersuchungen werden eingesetzt, um eine Ursache zu finden. Doch jeder Spezialist sieht nur seinen Teilbereich, und immer wieder hört die betroffene Person: »Ich kann nichts finden!« Ein Mann beschreibt dies sehr eindrücklich: *»Nachdem all die Untersuchungen am Universitätsspital nichts gebracht hatten, sagte man mir, meine Beschwerden seien wohl ein Ausdruck einer verdrängten Angst. Da ging es mir tatsächlich nicht mehr so gut mit meinen nervlichen Kräften. Ich kam immer mehr in eine Erschöpfung hinein. Als ich dann merkte, dass ich medizinisch nicht mehr ernst genommen wurde, machte ich Flucht nach vorne und besprach das Problem mit einem Arzt, der sich darauf spezialisiert hat, komplexe medizinische Probleme ganzheitlich abzuklären und zu behandeln. (...) Unterdessen geht es eindeutig wieder aufwärts. Schon die Abklärungen selber haben mich beruhigt. Dazu kamen etwas Medikamente, viel Ruhe und ein Wiederaufbau der Ernährung.«*

Von psychologischer Seite entsteht manchmal wirklich der Eindruck, psychosomatische Leiden seien keine wirklichen Krankheiten, sondern nur Ausdruck der Verdrängung der eigentlichen seelischen Konflikte. In der Psychoanalyse wurden immer wieder z.T. abenteuerliche Erklärungen für die Entstehung von körperlichen Störungen gegeben. Sigmund Freud ging davon aus, dass unbewusste sexuelle (»libidinöse«) Energie durch körperliche Symptome von der Bewusstwerdung abgehalten und in »somatische Innervationsenergie« umgewandelt werde. [8] Der Psychoanalytiker Franz Alexander vertrat die These, jede funktionelle und hormonelle Erkrankung sei Ausdruck eines ganz besonderen inneren Konfliktes. Leide jemand unter Bluthochdruck, so sei dies Ausdruck versteckter Aggression. Verdauungsstörungen und Asthma hingegen könnten als Wunsch zu deuten sein, »gefüttert, gestreichelt, umhergetragen, versorgt, gelobt, ermutigt zu werden«.

Versucht man psychosomatische Probleme in solch einseitiger Form zu deuten, so fühlen sich die Betroffenen nicht ernst genommen. Ihre körperlichen Beschwerden sind real, quälend bis an die Grenze des Erträglichen. Phantastische Deutungen, die an der Erlebniswelt des Patienten vorbeigehen, und Appelle an den Willen haben in einer Krise wenig Sinn. Die Symptome sind nicht »gemacht«, um »etwas zu erreichen«. Psychosomatische Reaktionen sind nicht willentliche Manipulationsversuche, viel eher schon Ausdruck einer tief sitzenden seelischen Spannung, deren Gründe nicht immer bewusst sind.

Psychosomatische Probleme können auftreten als *Krise* oder als *Dauerzustand*. Manchmal sind sie so dramatisch wie ein reißender Wasserstrudel, der sein Opfer herumwirbelt, unbarmherzig nach unten zieht, ohne Halt, ohne Möglichkeit zur Flucht. Oftmals aber erstarren sie wie die Lava nach einem Vulkanausbruch, in allmählicher Verkrustung als Lebens- und Erlebnismuster, die durch körperliche Störungen nachhaltig geprägt werden. Und nichts ist mehr wie früher.

---

[8] Ganz Unrecht hatte Freud allerdings nicht. Sexuelle Konflikte können enorme psychosomatische Reaktionen auslösen. Freuds Denkfehler bestand darin, dass er dazu neigte, bei allen »neurotischen« Störungen einen sexuellen Konflikt zu vermuten.

Der Reizdarm (colon irritabile) als Beispiel

»Meine Symptome begannen, als ich 19-jährig war – Bauch-krämpfe und Durchfall oder dann Blähungen und Verstopfung. An manchen Tagen war ich bis zu achtmal auf dem WC, aber die Erleichterung war immer nur kurz. Erst Jahre später ent-deckte ich, dass ich ein Colon irritabile hatte und dass man et-was dagegen tun kann.«

Die häufigste Diagnose beim Magen-Darm-Spezialisten lau-tet »Colon irritabile«, zu deutsch »Reizdarm« oder »funktionel-le Darmbeschwerden«. Mit dem Wort »funktionell« wird um-schrieben, dass es sich um eine Störung handelt, die in erster Linie mit einer veränderten Funktion zu tun hat, aber nicht mit einer feststellbaren Veränderung der Darmwand oder der Bio-chemie. Es ist also eine Störung, die man nicht auf herkömm-liche Weise diagnostizieren kann: keine Infektion, keine Ent-zündung, keine Blutung und keine Gewebeveränderung, die man mit Labortests oder bildgebenden Verfahren feststellen könnte. Hier sind die wesentlichen Symptome dieses Leidens, über das Frauen doppelt so häufig klagen wie Männer:

– Bauchschmerzen, z.T. krampfartig
  (aber nicht auf die Menstruation bezogen)

– Blähungen und Völlegefühl

– Durchfall und/oder Verstopfung

– Darmentleerung oder Windabgang
  bringen kurzfristig Erleichterung.

– Die Symptome treten wechselhaft auf und können oft
  nicht auf ein bestimmtes Nahrungsmittel oder Essverhalten
  zurückgeführt werden.

In vielen Fällen beschränken sich die Beschwerden nicht auf den Darm. Kreislaufschwäche, Schwitzen, Schlaflosigkeit oder Kopfschmerzen sind häufige Begleitsymptome. Neue Forschungen haben gezeigt, dass in unseren Eingeweiden ein regelrechtes »Bauchgehirn« wirksam ist.[9] In den Ganglien des Sonnengeflechts finden sich etwa 100 Millionen Nervenzellen, die mit feinsten Netzen jede Darmschlinge, jede Drüse und jedes Blutgefäß im Bauch begleiten und steuern. Manche der Hormone zur Regulation der Darmtätigkeit sind die gleichen wie im Gehirn. Das erklärt auch, dass Sorgen auf den Magen schlagen können, dass Aufregung »Schmetterlinge im Bauch« tanzen lässt oder dass man etwas »zum Kotzen« findet.

Hier liegt aber auch die Hoffnung auf neue Behandlungsmöglichkeiten durch Medikamente: Neue Substanzen sollen den gereizten Darm beruhigen und damit auch dazu beitragen, dass man sich allgemein wieder besser fühlt.[10] Die Beruhigung im Bauch führt somit auch zum besseren seelischen Gleichgewicht.

Die psychosomatische Spieldose

»Diesen Zustand kenne ich schon. Diese Spannungen im Rücken und so ein leichtes Schwindelgefühl im Kopf. Dann weiß ich, dass ich wieder einmal an meinen Grenzen bin. Bei meiner Frau ist das ganz anders: Sie hat dann Kopfweh, eine schlechte Laune und eine unheimliche Müdigkeit.«

So oder ähnlich beschreiben mir Patienten die Reaktion ihres Körpers. Mit der Zeit lernt man sich selbst kennen und versteht etwas besser, was die einzelnen Symptome sagen wollen. Jeder Mensch hat offenbar sein eigenes Reaktionsmuster. Während der eine mit Augenbrennen reagiert, entwickelt ein anderer asthmatische Atembeklemmungen. Der eine leidet an Kopfschmerzen, der andere an kalten Händen. Der eine verspürt plötzlichen Schwindel,

---

[9] Gershon 1999
[10] Aktuelle Informationen findet man auf der Homepage der International Foundation for Functional Gastrointestinal Disorders: http://www.iffgd.org

der andere quälenden Durchfall. Man könnte auch von einem *vegetativen Schema* sprechen, von einer *Disposition*[11], mit gewissen Körpersymptomen zu reagieren.

Vielleicht haben Sie schon einmal in eine Spieldose geschaut: Da dreht sich eine Walze mit vielen kleinen Noppen. Diese klicken feine Metallzungen an und erzeugen so eine Melodie, vom Volkslied bis zur verträumten Nachtmusik, die schon so manches Kind in den Schlaf begleitet hat.

Manchmal denke ich, jeder von uns hat so seine ganz besonders angeordneten Noppen auf der psychosomatischen Walze. Halten Sie einmal inne und überlegen Sie, welche Melodie Ihre vegetativen Beschwerden spielen. Kennen Sie sich und Ihre Körperreaktionen? Oft kann schon das Wissen um solche Reaktionen eine gewisse Beruhigung bringen.

Von der normalen Psychosomatik zum Syndrom

Es besteht ein fließender Übergang von der »normalen Psychosomatik des Alltags« zu ausgeprägteren Krankheitsbildern, die von körperlichen Beschwerden begleitet sind. Auch Gesunde können an funktionellen Stresssymptomen leiden. Doch Gesunde (oder weniger Sensible) verarbeiten ihre Beschwerden anders und werden dadurch nicht wesentlich behindert. Wenn Sensibilität zur Krankheit wird, dann können die vegetativen Beschwerden derart überhand nehmen, dass die Betroffenen keine Kraft mehr haben, ihre Lebensaufgaben zu bewältigen. Ich erinnere mich noch lebhaft an den Bericht einer 40-jährigen Sekretärin, die im Rahmen einer Scheidung ein Angstsyndrom mit Platzangst entwickelte.

»Es zitterte einfach in mir. Die Beine versagten mir den Dienst. Mit meinem Kopf sah ich alles ganz klar. Aber mein Körper gehorchte mir nicht mehr.«

---

[11] Bräutigam (1986) schreibt dazu: »Vieles spricht nun dafür, dass bei den meisten psychosomatischen Erkrankungen die formgebenden, d.h. krankheitsspezifischen Elemente in der körperlichen Disposition bereitliegen, wie sie einerseits erblich mitgegeben, andererseits im Laufe der Lebensgeschichte noch verstärkt oder abgeschwächt wurde« (S. 21).

Der Stress der Scheidung hatte ein *vegetatives Schema* in Gang gesetzt, das nun ablief, ohne dass es sich willentlich unterbrechen ließ. Erst nach einem Aufenthalt in einer psychosomatischen Klinik kam sie allmählich wieder zur Ruhe, konnte ihre Arbeit wieder aufnehmen und als allein erziehende Mutter für ihren Sohn sorgen.

Wo kann sich nun psychosomatisches Leiden äußern? Grundsätzlich in jedem Organ, dessen Funktion vom vegetativen Nervensystem mitgesteuert wird. Dabei spielen mindestens vier Faktoren eine Rolle für das richtige Funktionieren und das Wohlbefinden:

a) die *Durchblutung* eines Organs (z.B. Migräne, kalte Hände),

b) die *Produktion von Flüssigkeit oder Schleim* (z.B. Mundtrockenheit, Verstopfung oder Durchfall),

c) die *unwillkürliche Feinmotorik der Muskeln* (z.B. Atembeklemmung durch Verkrampfung der Bronchien) und

d) das *exakte Zusammenspiel* vegetativer Funktionen (z.B. Herzrhythmus, Sexualakt).

Es würde zu weit führen, nun jede mögliche vegetative Störung darzustellen. Vielmehr sollen stellvertretend einige Beispiele gegeben werden, die das komplexe Zusammenspiel vegetativer Funktionen aufzeigen.

Nesselfieber unter Spannung

Beispiel: Vegetative Reaktionen der Hautorgane: Eine Patientin erzählte mir, dass sie unter inneren Spannungen ein juckendes, stark gerötetes Nesselfieber des Gesichts und des Oberkörpers entwickle. Sie hatte bereits recht viel Einsicht und bemerkte, dass sich die Rötung kurz vor einem gefürchteten Familienereignis entwickelt hatte. Sie war voller innerer Spannung: »Wie soll ich meinen Verwandten begegnen, die uns finanziell übervorteilt haben? Wie soll ich mich anziehen – schick oder lässig?« Sie geriet zunehmend in innere Konflikte und entwickelte schließlich neben anderen Symptomen auch diesen Ausschlag an der Haut.

Hier spielten nun mehrere Faktoren zusammen: a) Es besteht eine Disposition, unter Stress mit Hautsymptomen zu reagieren und Reizstoffe (Histamine und Prostaglandine) auszuschütten. b) Gesteuert werden diese Stoffe vom Gehirn aus über das vegetative Nervensystem. c) Es kommt zu einer inneren Erregung: Das vegetative Nervensystem wird angeregt, die Durchblutung in der Haut wird verstärkt und die Nervenendigungen lösen den Histaminstoß aus.

Wie ging nun die Patientin mit dem Konflikt um? Die Versuchung war groß, sich unter einem Vorwand vor dem Treffen zu drücken. Im Gespräch mit ihrer Seelsorgerin und ihrem Arzt entschied sie sich jedoch, einen reiferen Weg einzuschlagen:

a) Sie nahm sich vor, verantwortlich zu handeln, sich den Angehörigen zu stellen und ihnen bewusst positiv zu begegnen (auch im Bewusstsein von Gottes Gegenwart und seinem Durchtragen).

b) Sie nahm ein Beruhigungsmittel und eine Hautcreme, die die Hautrötung weitgehend zum Verschwinden brachten.

Die Folge: Sie machte eine ermutigende Erfahrung, dass sie Konflikte auch anders bewältigen konnte als durch Vermeiden und Rückzug von Verantwortung.

Was wollen Sie mit Ihren Magenkrämpfen ausdrücken?

Beispiel einer Vegetativen Verdauungsstörung: Eine sensible Patientin mit depressiven Verstimmungen klagt über chronische Verdauungsbeschwerden. *»Ich kann nur wenig essen, sonst habe ich sofort ein Völlegefühl. Ein reichliches Essen liegt mir so auf, dass ich nachts oft lange wach liege. Ich fühle mich wie aufgebläht. Manchmal habe ich Wind, manchmal auch nicht. Oft sitze ich eine halbe Stunde auf dem Klo und versuche mich unter Krämpfen zu erleichtern. Dann bin ich wieder tagelang verstopft. Besonders schlimm ist es, wenn ich meine Eltern besuchen gehe.*

Meine Mutter meint es immer so gut mit mir. Wenn ich auf Besuch komme, macht sie ein Festessen. Aber ich muss nachher wieder dafür büßen. Immer bin ich hin- und hergerissen zwischen der inneren Verpflichtung, meine Eltern zu besuchen und meinen Bauchbeschwerden.«

Es handelt sich um die Schilderung eines typischen Reizdarms. Für den geregelten Ablauf der Verdauung bedarf es eines reibungslosen Zusammenspiels vieler verschiedener Vorgänge: Produktion der Verdauungs-Enzyme, Fortbewcgung der Nahrung durch die unwillkürliche Muskulatur, Aufnahme der Flüssigkeit und der Nahrungsstoffe durch die Darmzotten; Gleitfähigmachen für die Ausscheidung durch Schleim usw.

Normalerweise spüren wir nichts von diesen Vorgängen, denn das vegetative Nervensystem und die Hormone im Verdauungstrakt versehen klaglos und still ihren Dienst. Hier aber ist das Gleichgewicht gestört. Die sensible Grundpersönlichkeit trägt dazu bei, dass die Verdauungsbeschwerden – weit über ihren eigentlichen Stellenwert hinaus – das ganze Leben und die Beziehungen zu andern überschatten.

Die Patientin musste sich nicht nur mit ihrer Verdauung beschäftigen, sondern mit der Frage, ob sie aus Angst vor Beschwerden die Beziehung zu ihren Eltern einfrieren sollte. Die Schwierigkeit, einen Mittelweg zu finden, war für sie ein schier unüberwindbarer Berg. Zwei Therapiestunden lang wägte sie ab, wie sie ihrer Mutter verständlich machen sollte, dass sie Diät brauche, ohne ihre Kochkunst abzuwerten und sie damit zu kränken.

Analytisch Vorgebildete werden vielleicht fragen, ob die Verdauungsstörung im letzten Beispiel nicht Ausdruck einer tief gestörten Mutterbeziehung sei. Findet hier nicht eine Regression auf kindliche Essensverweigerung statt, ein neurotischer Weg, die Mutter zu kränken? Oder will die Patientin vielleicht die besondere Zuwendung und Fürsorge der Mutter erwirken?

---

[12] Eine umfassende Meta-Analyse zur Problematik der Colitis ulcerosa, einer anderen psychosomatischen Erkrankung des Verdauungstraktes, hat beispielsweise gezeigt, dass psychogene Kausalzusammenhänge spezifischer Natur nicht belegt werden können. Viel eher handelt es sich auch hier um ein komplexes somatopsychisch-psychosomatisches Geschehen; vgl. North et al. 1990.

Neuere Studien zeigen immer wieder, dass analytische Deutungen dieser Art sich bei umfassender Betrachtung nicht erhärten lassen.[12] Es mag sein, dass im Verlauf der Gespräche auch schmerzliche Erinnerungen an die Kindheit hochkommen. Sicher wird die Beziehung zu den Eltern angesprochen. Es mag sein, dass der Betroffene vielleicht auch einmal seine inneren Bedürfnisse nach Geborgenheit und Fürsorge zugeben kann. Damit sind aber nicht die *Ursachen* der Verdauungsbeschwerden bestimmt. Auch hier gilt es, den Menschen in seinem Erlebnishorizont ernst zu nehmen und ihn trotz weiter bestehender vegetativer Störungen zu angepassten und sinnvollen Verhaltensweisen zu ermutigen.

Ausgeliefert oder verantwortlich?

Je schwerer eine psychosomatische Störung ist, desto eher hat man manchmal den Eindruck, der Betroffene sei ein macht- und willenloses Opfer seiner körperlichen Missempfindungen, ausgeliefert wie eine ruderlose Nussschale auf einem tobenden See, ohne Hoffnung und ohne Möglichkeit, seine Beschwerden zu beeinflussen. Immer wieder werde ich von Angehörigen gefragt: *»Kann meine Frau wirklich nicht anders, oder will sie mit ihren Symptomen etwas vermeiden?«*

Hier liegt eine Gefahr für sensible Menschen mit psychosomatischen Beschwerden: Sie lernen oft früh, dass ihre Beschwerden nicht nur hinderlich und quälend sind, sondern unter Umständen auch Vorteile bringen können. Lärmempfindlichkeit führt dazu, dass man eine lästige Party nicht besuchen kann; Kopfschmerzen sind vielleicht ein willkommener Grund, dem Wunsch des Ehemannes nach Intimverkehr nicht entsprechen zu können.

Am Anfang mögen wirklich die Beschwerden der Grund gewesen sein, um etwas nicht zu tun. Später jedoch treten die Beschwerden vielleicht regelmäßig auf, wenn etwas Unangenehmes zu einer inneren Spannung führt.

Wenn Patienten über ihre Schwierigkeiten nachdenken, so merken sie manchmal, dass ihnen die Befindensstörungen auch etwas gebracht haben. In der Psychologie spricht man von einem »Sekundärgewinn«.[13] So gestand mir einmal eine Patientin: »Um diesen Asthmaanfall war ich schon sehr froh. So musste ich nicht mit meinem Freund auf eine Reise gehen, die mir ohnehin zuwider war.«

Es wäre nun aber falsch, ja geradezu zynisch, daraus abzuleiten, *alle* Asthmatiker bezweckten mit ihrer Atemnot ein verstecktes Manöver. Dafür spielen zu viele körperliche Faktoren mit, die sich nicht tiefenpsychologisch wegdeuten lassen. So braucht es also viel Weisheit, Erfahrung und ein gutes Maß an medizinischem Fachwissen, um psychosomatische Phänomene einzuordnen.

Wo aber übermäßige Sensibilität dazu führt, dass Unangenehmes zunehmend vermieden wird, wo Schwachheit zur ständigen Manipulation der Umgebung führt, dort stelle auch ich in vorsichtiger Weise die Frage, wie der oder die Betroffene mit ihren Beschwerden umgeht. Inwieweit ist sich die Person der Folgen ihrer Beschwerden bewusst? Merkt sie, was sie für Botschaften an ihre Umgebung sendet? Inwieweit sieht die Person den Zusammenhang zwischen der vegetativen Störung und einem auslösenden Ereignis? In welchem Maß können Symptome kontrolliert werden, sei dies durch Schonung, durch Entspannung oder durch eine Anpassung an die Gegebenheiten (z.B. Wechsel des Arbeitsplatzes, Einschränkung des Beziehungsnetzes)?

Wie gehen die Familienmitglieder damit um? Inwieweit kann sich die Familie an die Grenzen der Betroffenen anpassen? Wo muss das Umfeld sich gewisse Freiheiten erhalten, die die Leidende nur schwer erträgt? Soll die Familie einer lärmüberempfindlichen Frau nur noch flüsternd durch die Wohnung schleichen? Kommt es zu einer neurotisierten Gesamt-Atmosphäre?

---

[13] Der Primärgewinn bedeutet beispielsweise bei Kopfschmerzen die Erlaubnis zum bewussten Entspannen, vielleicht auch Fürsorge durch die Umgebung. Sekundärgewinn wäre ein weitergehender Vorteil, der sich ergibt, weil der Betroffene durch seine Symptome gewisse Anforderungen und Aufgaben nicht mehr erfüllen kann.

Allgemein gültige Antworten lassen sich nicht geben. Eines wird jedoch deutlich: Die Beschreibung der Symptome allein ist zum Verständnis von psychosomatischen und angstbetonten Störungen nicht ausreichend. Jedes Symptom erhält im Beziehungsgeflecht Bedeutung. Es entsteht in der Verarbeitung von Erlebnissen und Konflikten und löst seinerseits wieder Reaktionen bei anderen aus. Oft lassen sich Reaktionen schon in der Kindheit beobachten. Welchen Einfluss haben Erfahrungen in der Kindheit? Im nächsten Kapitel soll die Frage nach den frühen Wurzeln übersensibler Reaktionen näher beleuchtet werden.

Kapitel 4

Kindheit, Trauma und Sensibilität

Sensible Menschen leiden in besonderem Maße an ihrer Kindheit. Ihre Erinnerungen spiegeln etwas von dem Drama wider, das ihr Erwachsenenleben so nachhaltig prägt. Es ist ein Drama von Sehnsucht und Trauma, von tiefem Vertrauen und herber Enttäuschung. Es ist ein Drama im Spannungsfeld des Wunsches nach Geborgenheit und dem Streben nach Selbständigkeit; im Spannungsfeld von tiefem Verlangen nach Liebe und Anerkennung und der schmerzlichen Erfahrung, dass auch die nächsten Menschen, nämlich die Eltern, letztlich diese Bedürfnisse nie ganz erfüllen können.

Leiden an der Kindheit

Wie viel Leid kommt in den Kindheitsgeschichten sensibler Menschen zum Ausdruck! Oft werden Weichen gestellt, die das Leben nachhaltig prägen: Uwe ist das Kind eines Seitensprunges seiner Mutter. Seinen leiblichen Vater kennt er nicht. Für seinen Stiefvater ist er die lebende Erinnerung an das Fremdgehen seiner Frau. Während seiner ersten Jahre haben die Eltern viel Streit. Oft hört Uwe den Vater schimpfen über das »fremde Balg«.

Bis ins Schulalter hinein leidet er unter Bettnässen. Wie er sich schämt! In der Familie wird er oft gegenüber seinem älteren (Halb-)Bruder benachteiligt. Der darf in den Sportclub, Uwe nicht. Der darf ins Gymnasium, er muss nach neun Schuljahren eine Lehre machen – ein Studium kostet zu viel! Immer wieder muss er spüren, dass er der »fremde« Sohn ist.

Uwes Mutter ist hin- und hergerissen: Manchmal verwöhnt sie ihn, dann wieder stößt sie ihn von sich, wenn er Trost bei ihr sucht.

Sie ist oft überfordert mit der Erziehung ihrer Kinder, müde, abgearbeitet, gereizt. Dann schreit sie Uwe wegen Kleinigkeiten an, macht ihm Vorwürfe. Uwe frisst die Enttäuschungen in sich hinein, denn es gibt niemanden, der ihn verstehen würde. Manche Erinnerungen verblassen, andere sind wie entzündete Narben – oberflächlich verheilt und doch überempfindlich, schmerzend, wenn man sie berührt.

Vordergründig bewältigt Uwe sein Leben eigentlich recht ordentlich. Er schließt seine Lehre ab, arbeitet in einem kleinen Betrieb. Und doch ist er in seinem Inneren weiterhin enorm sensibel und verletzlich. Als die Freundschaft mit einem Mädchen zerbricht, spürt er wieder das tiefe Gefühl der Ablehnung, das er schon in der Kindheit erlebt hat. Als ein Arbeitskollege befördert wird, fühlt er sich wieder als Versager, als der kleine, fremde Bruder, dem die andern vorgezogen werden.

Die Angst vor Ablehnung und Versagen lässt ihn immer einsamer werden. Er wechselt mehrmals die Stelle, arbeitet lieber unter seinem Niveau, nur um erneut zu erleben, dass er auch da versagt. Er ist zutiefst verbittert, erfüllt von Enttäuschung und Hass gegenüber seinen Eltern. Die Erinnerungen an seine Kindheit lähmen ihn oft und verstellen ihm den Blick auf die Zukunft. Seine Anklage: »Meine Eltern sind schuld an meinen Problemen. Sie haben mein Leben ruiniert!«

Ist die Mutter schuld?

»Mutter!, rief ich – aber es gab keinen Ton … Es klang nicht. Es war Glas zwischen ihr und mir.« So klagte Hermann Hesse, der sensible Dichter.[1] Sensible Menschen erleben oft schon in der Kindheit eine eigenartige Distanz und Spannung zu den Eltern. Selbst wenn die Eltern versuchen, Kontakt aufzunehmen, verspürt das Kind bereits diese unsichtbare Wand aus Glas, die vielleicht sein ganzes Leben prägen wird.

[1] Aus den Lebenszeugnissen Hermann Hesses 1966, S. 86

Die Lebensgeschichten sensibler Menschen scheinen derart stark geprägt von ihren verletzenden Erfahrungen, dass der vereinfachende Schluss nahe liegt: »Weil er das erlebt hat, deshalb ist er so übersensibel, verletzlich und neurotisch!« Doch macht man es sich damit nicht zu leicht?

»Mutter!, rief ich – aber es gab keinen Ton… Es klang nicht. Es war Glas zwischen ihr und mir.«

HERMANN HESSE

Sensible Menschen haben meist eine recht normale Jugend hinter sich, ohne fassbare Grausamkeiten und überdurchschnittliche Verluste. Sie kommen oftmals aus normalen Familien, die versuchten, ihren Kindern das Beste zu geben. Nicht selten sind andere Geschwister seelisch gesund. Wie kommt es dann, dass ängstliche und depressive Menschen so sehr unter ihrer Kindheit leiden? Die Tiefenpsychologie glaubte, die Ursache in der frühen Kindheit, ja sogar im Erleben von Schwangerschaft und Geburt gefunden zu haben. In den Verletzungen der Kindheit liege der Schlüssel für das ganze spätere Erwachsenenleben, ein Schlüssel allerdings, der mit großen Ängsten besetzt sei. Erst wenn man die »Schweigemauer« über der Kindheit abbreche, dann könne man zur Erkenntnis kommen, die einem dazu verhelfe, sein Leben neu zu gestalten.[2]

Wenn in der Tiefenpsychologie von »Verletzungen« die Rede ist, sind nicht nur schwerste Kindheitserfahrungen gemeint, wie Vernachlässigung, Misshandlung, sexueller Missbrauch oder die innere Zerrissenheit als Folge einer Scheidung. Die Belastung durch solche schweren Erfahrungen ist allgemein erkennbar und unbestritten.[3]

Vielmehr sollen es ganz alltägliche Enttäuschungen und Ängste des Kindes sein, die zum späteren Lebensproblem führen. Da muss das Kind doch schon früh die enttäuschende Erfahrung

[2] Besonders vehement werden diese Theorien von Alice Miller vertreten, deren Bücher einen Teil der Psychoszene nachhaltig beeinflusst haben.
[3] Ein umfassender Überblick wird in dem Buch von Egle et al. (2000) gegeben.
[4] Vgl. die Theorie der guten und der schlechten Brust von Melanie Klein.

machen, dass Mutters Brust nicht unendlich Milch gibt.[4] Da zwingt die Mutter das Kind aufs Töpfchen zu gehen, statt seine Ausscheidungen lustvoll in der Wohnung zu verteilen. Es wird für Kleinigkeiten getadelt, erhält vielleicht sogar einmal einen Klaps. Es wird in sein eigenes Bettchen geschickt, obwohl es sich doch am liebsten die ganze Nacht in die warme Decke der Eltern gekuschelt hätte. Das Kind ist der erzieherischen Autorität seiner Eltern wehrlos ausgesetzt.

Endlich glaubt man, die Erklärung für alle Lebensprobleme gefunden zu haben, bei sich und bei andern. Und immer wieder hört man – versteckt oder offen – den Satz: »Die Mutter ist schuld!« Die einseitig analytisch geprägte Psychologisierung des Lebens hat zu einer verbreiteten Elternfeindlichkeit geführt.[5] Mütter und Väter erhalten die Schuld an allem, was im Leben schief geht.

Auch Eltern leiden

Die psychologisierte Gesellschaft macht die Gefühle des Einzelnen zum absoluten Maßstab von Recht und Unrecht, von Gut und Böse. Ihre Kränkungen und Verletzungen spiegeln oft eine unreife Erwartungshaltung an die Eltern wider, die ganz von dem westlichen Kultur-Ideal geprägt ist, den Kindern alles zu geben, was ihre Selbstentfaltung fördert.[6] Wenn sie später auf eigenen Füßen stehen müssen und ihnen der raue Wind des Alltagslebens ins Gesicht bläst, wenn Zeiten kommen, wo man nicht alles erhält, nicht nur Schönes erlebt, dann wird der Grund allzu oft im Versagen der Eltern gesucht. Nicht wenige *Eltern* quälen sich nach den Vorwürfen ihrer erwachsenen Kinder mit Schuldgefühlen und empfinden sich als Versager, weil sie ihren Kindern nicht das erhoffte Glück schenken konnten.[7]

---

[5] Dies wurde eindrücklich in einer Literaturuntersuchung der bekanntesten psychologischen Zeitschriften dargestellt, die unter dem Titel »Mother-blaming in major clinical journals« erschien; vgl. Caplan 1985.
[6] Vgl. Lasch 1986: »Das Zeitalter des Narzissmus«.
[7] Vgl. das Buch »Mütter sind nicht immer schuld!« von A. Pfeifer 1998.

So schreibt der 45-jährige Vater Johannes Hesse an seinen Sohn Hermann Hesse: »Ich trage ja auch schwer am Leben wie Du und empfinde die tiefe Kluft zwischen Ideal und Wirklichkeit aufs Schmerzlichste . . .« – »Warum aber,« so fragt der Psychologe Helmut Hark[8], »gelang es dem leidenden Vater nicht, eine Brücke des Verstehens und der Annahme zu seinem schwierigen Sohn zu schlagen? Es ist zu vermuten, dass der Vater in seinem Sohn ein Spiegelbild seiner eigenen Schwierigkeiten sah und davor lieber die Augen verschloss.«

Gibt es denn nun Belege dafür, dass seelische Probleme wirklich in der Kindheit verursacht werden? Führt das gleißende Licht im Gebärsaal zu unwiederbringlichen seelischen Schäden? Lässt sich Energielosigkeit damit begründen, dass die Mutter sich in den ersten drei Monaten der Schwangerschaft Sorgen gemacht hat?[9] Führen ein barsches Wort oder eine Ohrfeige zu bleibender Ängstlichkeit? Ist die Warnung vor unbedachten sexuellen Erfahrungen der wahre Grund für spätere sexuelle Verklemmung? Ist das Leben ruiniert, bevor es überhaupt richtig angefangen hat?

Diese Fragen wurden in verschiedenen Studien umfassend untersucht.[10] Die Ergebnisse zeichnen ein völlig anderes Bild, als es die Unkenrufe der psychologisierten Gesellschaft vermuten lassen. Sie zeigen einmal mehr den tiefen Graben zwischen dem persönlichen Erleben einzelner Menschen, psychotherapeutischen Glaubenssätzen und nachprüfbaren Tatsachen. So umfangreich sind die Erkenntnisse der neueren Forschung, dass sie nur kurz angerissen werden können. Tabelle 4 gibt eine kurze Übersicht über die wichtigsten Erkenntnisse.

---

[8] Zitate aus der einfühlsamen Bearbeitung von Hermann Hesses Krankheitsgeschichte bei Hark 1984, S. 209–235.

[9] Solcherlei Behauptungen werden auch im christlichen Bereich von bekannten Vertretern der Inneren Heilung vorgetragen (z.B. John und Paula Sandford), wobei man sich dabei meist auf Veröffentlichungen aus dem Umfeld der New Age Bewegung oder auf eigene Einzelerfahrungen beruft.

[10] Eine fachlich kompetente Übersicht geben folgende Publikationen: Hemminger 1982, Ernst und von Luckner 1985, Werner 1989, Kagan 1994 und Bates & Wachs 1994.

Tabelle 4: *Zehn Grundthesen zur Bedeutung der Kindheit*
für die menschliche Entwicklung

1. Kinder sind von ihrer genetischen Anlage her unterschiedlich begabt und temperamentvoll.
2. Schwangerschaft und Geburt sind natürliche Ereignisse und führen als Erlebnis allein nicht zu seelischen Störungen. Problematisch sind aber minimale Gehirnschädigungen, die zu späteren Lern- und Verhaltensstörungen führen können.
3. Die frühkindliche Entwicklung ist weitgehend unabhängig von der Form der Erziehung (Mutterbrust oder Flasche, heile Kleinfamilie oder Kibbutz-Kinderhort), solange das Kind eine feste Bezugsperson hat, die ihm Vertrauen und Sicherheit gibt.
4. Das Temperament des Kindes prägt auch den Beziehungs- und Erziehungsstil seiner Eltern. Unruhige und ablenkbare Kinder brauchen z.B. viel mehr elterliche Ermahnungen und erleben daher mehr Frustration.
5. Einzelne schmerzliche Ereignisse prägen weniger als eine lang dauernde negative Gesamtatmosphäre.
6. Es gilt zu unterscheiden zwischen schweren Problemen (z.B. Alkoholismus oder psychische Krankheit der Eltern, Scheidungsstress) und leichteren Besonderheiten des Erziehungsstils (z.B. freiheitlich oder behütend, unbewusste Erwartungen und Ängste der Mutter).
7. Erinnerungen an die Kindheit werden durch die Stimmungslage und die Persönlichkeit des Erwachsenen gefärbt.
8. Kinder haben Bewältigungsmöglichkeiten, die ihnen auch bei schlechter Ausgangslage eine gute Entwicklung ermöglichen. Zwei Faktoren sind wichtig: 1. die Anlage (z.B. fröhliches Naturell) und 2. die Umwelt (z.B. stabile Schulsituation, christliche Jungschar, verlässliche Freunde).
9. Die Nöte sensibler Menschen sind nicht nur auf äußere Umstände der Kindheit zurückzuführen, sondern vielmehr auf ihre übersensible Verarbeitung von Erfahrungen in Kindheit, Jugend und Erwachsenenalter.
10. Wenn sich objektiv und im breiten Vergleich die Kindheit nicht als Schicksal erweist, so muss man doch die persönliche Verarbeitung von Erfahrungen in der Kindheit ernst nehmen und den Betroffenen helfen, dies in einer reifen Form zu tun.

Der Mythos vom Geburtstrauma

Folgt man manchen Therapeuten und Inneren Heilern [11], so erfährt ein Baby bei der Geburt sein erstes großes Trauma: Neun
Monate lang war es in der wohligen Wärme unter dem Mutterher-
zen sicher und geborgen. Und dann der Schock, das Ur-Erlebnis
der Ablehnung, des Erstickens, des hilflosen Ausgesetztwerdens:
Mit gewaltigen Wehen wird es unbarmherzig durch einen dunklen Kanal gepresst und schließlich nach Atem ringend in die Kälte dieser Welt ausgesetzt, preisgegeben im blendenden Licht der
Operationslampe, umgeben von vermummten Gestalten. Die Geburt sei die entscheidende Ursache für schlechthin jede seelische
Störung. Erst eine Therapie, die Rückführung in den Mutterleib
und das neue, sanfte Erleben der Geburt können die »negativen
Lebensprogrammierungen« wieder auflösen.

Mediziner und Psychologen der Universität Bern wollten es genau wissen.[12] Sie untersuchten 168 ehemalige »Risiko-Neugebo-
rene« im Alter von 5 und 7 Jahren. Diese Kinder hatten nicht nur
den normalen Geburtsstress durchgemacht, sondern waren viel
zu früh und mit erheblichen Komplikationen zur Welt gekommen.
Oft mussten sie noch beatmet werden, wochenlang isoliert im
Brutkasten verbringen. Ihr Leben verdankten sie den aufwändigen
technischen Apparaturen, die ihnen die ersten Monate zur Qual
gemacht hatten.

Wie würden sie sich wohl entwickeln? Das erstaunliche Ergebnis: ganz normal! Schon nach einem Jahr standen sie einer Gruppe von problemlos geborenen Kindern in keiner Weise nach. Auch
im weiteren Verlauf ihres Lebens erreichten sie die Meilensteine
der Entwicklung ohne Schwierigkeiten: Laufen, Reden, Sauberkeit und Selbständigkeit. Sie waren weder aggressiver noch gehemmter als die anderen Kinder.

[11] Besonders zu nennen sind hier die Vertreter des »Rebirthing«, z.B. Leonard Orr. Eine
gut lesbare Darstellung seiner Ideen findet sich in dem Artikel von Goldner 1990.
[12] Vgl. Grichting et al. 1984.

Doch wie wirkt sich ihr Erleben auf den Erziehungsstil der Eltern aus? Wurden die Sorgenkinder von damals nicht ängstlich überbehütet oder grenzenlos verwöhnt? Auch hier zeigte die Untersuchung keine Unterschiede zu den Vätern und Müttern derjenigen Kinder, die kein solches Trauma erlitten hatten. Fazit: Die Geburt, auch eine schwere, komplikationsreiche Geburt, schadet dem Seelenleben nicht.

Frühe Kindheitserfahrungen

Anders scheint es sich aber mit schmerzlichen Erfahrungen in der Kindheit zu verhalten, auf die so viele ihre späteren Schwierigkeiten zurückführen. Wie viel Leid müssen Kinder in der Tat erdulden! Kindesmisshandlung, sexueller Missbrauch in allen Schattierungen, grobe Vernachlässigung und maßlose Verwöhnung, Ablehnung und Unterdrückung, Ausgeliefert- und Alleinsein inmitten der Spannungen einer zerrütteten Ehe.

Manchmal kommt es zu einem fatalen Wechselspiel zwischen Sensibilität, elterlichem Fehlverhalten und schweren Schicksalsschlägen. So erzählte mir eine 60-jährige Frau: »*Geboren wurde ich viel zu früh, schon im achten Monat. Ich war immer sensibel und schwierig, wie meine Mutter sagte. Sie selbst war auch oft am Rand ihrer Kräfte. ›Du regst mich auf, du bringst mich noch ins Grab‹, sagte sie mir mehr als einmal.*«

Als sie 20 war, geschah das Unfassbare: Ihre Mutter sank vor ihren Augen tot hin, getroffen von einer Massenblutung im Gehirn. Daraufhin wandelte sich die Sensibilität der Tochter in eine schwere Depression, die geprägt war von übermächtigen Schuldgefühlen: »Ich habe meine Mutter umgebracht!« Erst nach etwa einem Jahr stabilisierte sie sich und machte eine gute berufliche und persönliche Entwicklung durch. Allerdings blieb sie immer sensibel und musste mit ihren Grenzen leben.

Die Not schmerzlicher Kindheitserfahrungen darf also nicht unterschätzt werden. Und doch lässt sich aus einer seelischen

Störung nicht automatisch auf eine schwere Kindheit rückschließen. Tragische Einzelberichte täuschen darüber hinweg, dass schwerste Traumatisierungen eher die Ausnahme sind.

Schmerzliche Erfahrungen prägen sich umso stärker ein, je mehr sie mit starken Gefühlen verbunden sind. Wie mit eisernem Griffel werden sie in die wachs-gleiche Kinderseele eingraviert. Das Erlebnis, von einem Hund angefallen zu werden und sich gegen seine fletschenden Zähne nicht wehren zu können, kann bis ins Erwachsenenalter hinein eine Angst vor Hunden begründen. Doch Wachs ist formbar: Macht das Kind später wieder gute Erfahrungen, so kann neues Vertrauen wachsen, das das traumatische Erlebnis allmählich verblassen lässt.

Graufilter im Gedächtnis

Depressive Verstimmungen lassen die Kindheit in einem seltsam düsteren Licht erscheinen, einer nächtlichen Landschaft gleich, in der das fahle Mondlicht jeden Busch zu unheimlichem, bedrohlichem Leben erweckt. Das innere Erleben einer Erfahrung überwiegt bei weitem die reale Welt.[13]

Studien haben gezeigt, dass die Befindlichkeit der Gegenwart die Erinnerung an die Kindheit maßgeblich prägt.[14] Depressive Menschen haben deutlich negativere Erinnerungen an ihre Eltern. Sie erlebten sie viel häufiger als lieblos, strafend, überbehütend und überkritisch als Nicht-Depressive. Wenn sich die Depression aufhellte, kam es oft auch wieder zu einer Aufhellung der negativen Kindheitserinnerungen.

So deutet vieles darauf hin, dass die Depression sensibler

---

[13] In der Psychologie spricht man von »selektiver Wahrnehmung«.
[14] Als Beispiel sei die Studie von Lewinsohn und Rosenbaum (1987) sowie ein Übersichtsartikel von Gotlib et al. (1988) genannt. Der interessierte Leser findet dort viele weitere Literaturhinweise.

Menschen nicht nur das Denken über die Gegenwart mit einem Grauschleier verdunkelt, sondern auch die Erinnerungen an die Kindheit. Wenn Therapeuten nur diese negativen Kindheitserinnerungen betonen, erhalten sie ein völlig verzerrtes Bild der Kindheit, das geprägt ist von Ablehnung, Strafe, Angst und Schuldgefühlen. Die intensive Bearbeitung kann zu einer Verfestigung von Anklage und Selbstmitleid führen, die sich langfristig als schädlich erweist: Dem Betroffenen wird es schwer gemacht, seinen Eltern wieder unbefangen gegenüberzutreten. Oft werden auf diese Weise Beziehungen zerstört, die für den ohnehin vereinsamenden Menschen so wichtig gewesen wären.

Die Bedeutung der Geschwister-Reihe

»Von meinem großen Bruder wurde ich immer unterdrückt – nie konnte ich mich entfalten!« »Meine kleine Schwester hat es ständig verstanden, die Aufmerksamkeit der Eltern auf sich zu lenken. Mit ihrer Gehbehinderung erhielt sie viel mehr Zuwendung, und ich musste abseits stehen!«

Gerade sensible Menschen erleben Spannungen in der Beziehung zu ihren Geschwistern besonders schmerzlich. Erfolg und Misserfolg im Leben werden oftmals auf die Stellung in der Geschwister-Reihe zurückgeführt. Erstgeborene und Einzelkinder seien überdurchschnittlich häufig erfolgreich, sagen die einen.[15] Erstgeborene Kinder litten unter der Unerfahrenheit ihrer Mütter oder könnten womöglich gar nicht richtig Kind sein, sagen die andern. Mittlere Kinder seien besonders benachteiligt, als »Sandwich-Kind« eingeklemmt zwischen dem starken Ältesten und dem verwöhnten Jüngsten. Sie lernen aber auch, zwischen den Welten der Großen und der Kleinen zu vermitteln und sich später im Leben besser durchzusetzen.

[15] Eine Studie der NASA hat gezeigt, dass 21 von 23 Astronauten Erstgeborene waren. Weitere Ausführungen zum Thema finden sich bei K. Leman (2000), bei G. Unverzagt (1995) oder in einem bereits etwas älteren Artikel im Spiegel 1984.

Die Erfahrung zeigt: Das Erlebnis der Beziehungen in der Familie ist so individuell, dass sich keine starre Regel daraus ableiten lässt. Eine Familienaufstellung kann aber oft lange verschüttete Gefühle wachrufen und wesentliche Impulse für das Verständnis eines Menschen geben.

Leben trotz widriger Kindheit

Was hilft einem Menschen, sein Leben trotz widriger Umstände in der Kindheit zu bewältigen? Diese Frage wird im therapeutischen Alltag oft nicht gestellt, weil man so gefangen ist in all dem Negativen, Schmerzlichen und Niederdrückenden, das man zu hören bekommt. Und diejenigen Menschen, die das Leben trotz einer schwierigen Jugend meistern, begeben sich nicht in eine Therapie.

Die kalifornische Psychologieprofessorin Emmy Werner hat in einer Studie 698 Kinder von der Geburt bis zum 32. Lebensjahr untersucht.[16] Ihr Ziel war es, die Schutzfaktoren herauszufinden, die einem Kind helfen, mit schweren Erfahrungen umzugehen, die es widerstandsfähig machen gegen negative Einflüsse in der Kindheit. Erfasst wurden alle Kinder einer Insel auf Hawaii, die im Jahre 1955 geboren wurden. Die Bevölkerung wurde über das Projekt orientiert, und die Eltern konnten zur Mitarbeit in der großen Untersuchung motiviert werden. Etwa jedes fünfte Kind litt (oft als Folge einer schweren Geburt) an Lern- und Verhaltensproblemen in der Schule. In einer stabilen Familie konnten diese Nachteile gut aufgefangen werden.

Besonders gefährdet waren jedoch diejenigen Kinder, bei denen die Geburtsprobleme verbunden waren mit ständiger Armut, Streit in der Familie, psychischer Krankheit der Eltern oder dauernden schweren Erziehungsfehlern. Diesen verletzlichen Risikokindern galt das besondere Interesse der Forscherin. Wie würden sie wohl das Leben meistern? Rund zwei Drittel hatten auch im späteren

[16] vgl. Werner 1989

Leben echte Probleme: Sie kamen mit dem Gesetz in Konflikt, beendeten ihre Ausbildung nicht und erlebten das Zerbrechen einer Ehe.

Doch 72 Kinder schafften es, obwohl auch sie mit den gleichen Nachteilen zu kämpfen hatten. Da war zum Beispiel Michael: Als untergewichtiges Frühgeborenes eines 16-jährigen Mädchens verbrachte er die ersten vier Wochen im Brutkasten. Der Vater, ein Soldat, hatte sich abgesetzt, die Mutter war nicht an ihm interessiert. Doch Michaels Großmutter nahm sich seiner an und gab ihm die Liebe und Fürsorge, die ein Kleinkind braucht. Er entwickelte Kraft und Selbstvertrauen und schaffte die Schule, obwohl er mit acht Jahren von seiner Mutter ganz verlassen wurde. Er wurde beruflich erfolgreich und ein glücklich verheirateter Vater zweier Kinder.

Zwei Faktoren waren es, die einem Kind in der Bewältigung widriger Umstände halfen:

1. *Ein angeborenes ausgeglichenes Temperament*, das es den Betreuern leicht machte, sie gern zu haben.
2. *Ein günstiges Umfeld*, in dem sie wenigstens eine feste Bezugsperson hatten. Dazu kam oft die Unterstützung in einer kirchlichen Jugendgruppe, die ihrem Leben Sinn und Halt gab.

Auffallend war, dass sich auch problematische junge Menschen mit Ende 20 stabilisierten und ihr Leben meisterten. Hilfe erhielten die meisten allerdings nicht von den bezahlten Helfern wie Sozialarbeitern oder Psychotherapeuten, sondern sie holten sich, was sie brauchten, bei Freunden und Angehörigen.

Gibt es ein Leben nach der Kindheit?

Das Leben und Leiden eines Menschen lässt sich nur auf dem Hintergrund seiner Entwicklung besser verstehen. Die Kindheit stellt eine wichtige Phase dieses Lebens dar, in der die Persönlichkeit entscheidend geprägt wird. Doch wer nur in der Kindheit stehen bleibt, wer die Schwierigkeiten des Erwachsenen nur auf unerfüllte Wünsche und Bedürfnisse in der Kindheit zurückführt, der blendet die Tatsache aus, dass es auch ein Leben nach der Kindheit gibt.

Was bedeutet das für Seelsorge und Therapie? Zum einen scheint es wichtig, einen Ratsuchenden in seinem persönlichen Erleben ernst zu nehmen – in seinen enttäuschten Hoffnungen und Wünschen, in seinen Verletzungen und in seinem ganz persönlichen Erleben der Kindheit. Doch die Seelsorge hat auch die Aufgabe, die Sichtweise des Lebens zu erweitern und eine umfassende Betrachtung der Lebensentwicklung zu fördern. Sie wird deshalb den Ratsuchenden ermutigen, nicht nur im Negativen der Kindheit zu verharren, sondern ihn zur Bearbeitung der Gegenwart hinführen.

Irgendwann muss ein Punkt erreicht werden, wo man seine Lebensgeschichte mit all ihren Höhen und Tiefen als schicksalhafte Realität annehmen lernt, mit wehem Herzen zurückblickt auf die Verletzungen, ohne zu vergessen, in Dankbarkeit an all das zu denken, was einem geholfen hat, das Leben zu bewältigen. Der gläubige Mensch kann noch einen Schritt weiter gehen: Der Sinn schweren Erlebens mag ihm oft rätselhaft sein. Dennoch weiß er, dass Gott Wunden heilt und auch aus dem Bösen und Dunklen Gutes schaffen kann. Gerade diese Geborgenheit kann ihm die Kraft zur Vergebung und zur Lebensbewältigung geben.

Kapitel 5

Das Immunsystem der Seele –
Wie sich sensible Menschen schützen

Die 40-jährige Cornelia Nemeth wurde nach einem Zusammenbruch in eine psychosomatische Klinik eingewiesen. Äußerlich schien es keinen Grund zu geben. Sie lebte in guten Verhältnissen und war glücklich verheiratet. Ihre Kinder waren dabei, sich selbständig zu machen. Vor kurzem hatte sie einen Wiedereinstieg in den Beruf gewagt und eine Weiterbildung an einer höheren Fachschule begonnen.

Sie wurde dabei von ihrer Familie tatkräftig unterstützt. Zuerst war sie überglücklich. Hier öffnete sich ein Weg, ihre ständigen Minderwertigkeitsgefühle – »Ich bin ja nur Hausfrau!« – zu überwinden. Aber nach sechs Wochen wich die Begeisterung ganz allmählich einer grauen Ernüchterung. Sie freute sich nicht mehr auf den nächsten Tag. Manchmal fühlte sie sich schon am Morgen nervös und musste mehrfach aufs Klo. Eines Tages blieb sie das erste Mal wegen Magenschmerzen zu Hause. Sie wurde zunehmend depressiv und hatte vor allem Angst. Alles Zureden half nichts mehr. Schließlich kam es zum Nervenzusammenbruch.

Seelische Konflikte und ihre Auswirkung

Was war geschehen? Lange Zeit konnte sich Frau Nemeth den Zusammenbruch nicht erklären. Erst allmählich zeigte sich ein Grund für die Ängste: Sie war als Kind eine gute Schülerin gewesen, die immer das Ziel hatte, möglichst bei den Besten zu sein. Auch später hatte sie immer Höchstleistungen von sich verlangt. Lief einmal etwas nicht so gut, so reagierte sie mit

Niedergeschlagenheit und einem flauen Gefühl im Magen. Die nun begonnene Weiterbildung war verbunden mit hohen Erwartungen. Aber dann bekam sie den Eindruck, dass andere besser waren als sie, mehr Ideen hatten, den Stoff schneller auffassten. »Ich bekam zunehmend Angst vor der Schule. Ich wollte doch nicht als Versagerin dastehen. Aber der Weg zurück in den Haushalt war keine Alternative. Ich wurde in meinem inneren Konflikt immer mehr zerrissen.«

Die Beschwerden sensibler Menschen stehen nicht isoliert da. Sie sind eingebettet in den Kontext ihrer Lebensgeschichte, ihrer Erlebnisverarbeitung und aktueller Belastungen. Mehr noch: Die Symptome werden nicht selten ausgelöst durch innere Konflikte. Was ist eigentlich ein Konflikt? Es handelt sich um

- ein Spannungsfeld zwischen zwei Strebungen von vitaler Bedeutung,
- die widersprüchlich und unvereinbar sind, und
- die durch die aktuelle Situation eine Entscheidung erfordern.

Gehen wir zurück zum obigen Beispiel: Welches waren die inneren Strebungen oder Bedürfnisse, die Frau Nemeth bestimmten? Da war einerseits das Streben nach Anerkennung und Selbstverwirklichung in einer neuen beruflichen Karriere. Aber andererseits war da auch das Bestreben, sich zu schützen vor Versagen und Ablehnung durch die anderen. Ihr Grundsatz: »Ich bin nur gut, wenn ich die Beste bin!« ließ diese beiden Strebungen zu einem unüberbrückbaren Widerspruch werden. Jeder Schulungstag verstärkte den Konflikt und machte eine Entscheidung immer drängender. Doch wie sollte sie sich aus dem Konflikt retten, ohne das Gesicht zu verlieren?

Schon diese letzte Frage stellen sich sensible Patienten häufig nicht mehr bewusst. Da ist höchstens noch der diffuse Wunsch, dass doch irgendetwas geschehen möge, das dem Konflikt ein Ende macht. Die innere Spannung steigt an, und schließlich kommt es zur Auslösung eines »sensiblen Schemas« (vgl. Kapitel 6). Nicht eine bewusste und willentliche Entscheidung führt dann zur Veränderung, sondern die psychischen und körperlichen Beschwerden.

Doch versuchen wir etwas systematischer an die Problematik des neurotisch-sensiblen Konflikts heranzugehen. Wir wollen uns fragen:
– Welches sind die Grundbedürfnisse des Menschen, und welche Ängste leiten sich daraus ab?
– Welches sind die Strebungen, die zu Konflikten führen?
– Welches sind häufige Konflikte?
– Welche Strategien wendet der Mensch an, um mit Konflikten umzugehen und sich vor seelischem Schmerz zu schützen (»Abwehr«)?

Die Grundbedürfnisse des Menschen

»Ohne Liebe kann ich nicht leben!« Dieser verzweifelte Satz einer Patientin umschreibt eines der großen Grundbedürfnisse des Menschen. Der bekannte Psychologe und Motivationsforscher Abraham Maslow hat einmal die menschlichen Bedürfnisse als Pyramide dargestellt. Vereinfacht lassen sich fünf Grundbedürfnisse herauskristallisieren:
1. leibliche Bedürfnisse: Nahrung und Obdach
2. äußere Sicherheit: Habe ich auch morgen zu essen?
3. Bedürfnis nach Geborgenheit und Liebe
4. Bedürfnis nach Geltung und Anerkennung
5. Bedürfnis nach Selbstverwirklichung

Abbildung 5: *Die Bedürfnispyramide nach Maslow*

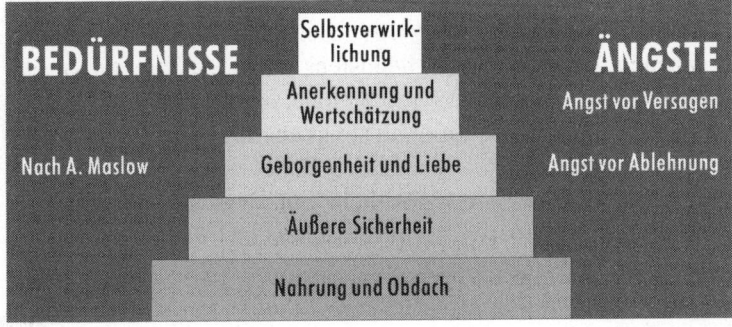

In der Regel sind in unserer Gesellschaft die Grundbedürfnisse nach Nahrung und Obdach gedeckt. Die Probleme beginnen meist erst mit dem Bedürfnis nach Liebe und Anerkennung. Hier entspringen auch die größten Ängste des Menschen, nämlich

a) die Angst vor Ablehnung,

b) die Angst vor dem Versagen.

So vielfältig die Ängste hochsensibler Menschen auch sind, so lassen sie sich doch immer wieder auf diese beiden Grundängste zurückführen. Beim sensiblen Menschen werden sie so übermächtig, dass sie sein ganzes Leben beherrschen und alle anderen Daseinsfragen stören. Andere psychologische Schulen haben »vitale Strebungen« und Triebregungen, die in neurotischen Konflikten eine wichtige Rolle spielen, wie folgt umschrieben:

– Streben nach Versorgung und Sicherheit
– Streben nach mitmenschlicher Nähe und Zuwendung
– Streben nach Geltung und Anerkennung
– Streben nach Genuss, Besitz und Wissen
– sexuelle Triebregungen
– Aggressionsregungen
– Macht-Ansprüche und Beherrschungswünsche

Ich, Es und Über-Ich

Sigmund Freud, der bekannte Wiener Nervenarzt und Begründer der Psychoanalyse, hat ein einfaches und attraktives Modell für die Funktion der Persönlichkeit entworfen: Ich – Es – Über-Ich. Es dient bis heute vielen Therapeuten als Richtlinie, auch wenn das Konzept seither viele Erweiterungen und Abänderungen erfahren hat. Immer wieder findet man im Gespräch mit konflikthaften, sensiblen Menschen das große Spannungsfeld zwischen diesen drei Bereichen. »*Ich versuche wirklich eine gute Mutter für meine Kinder zu sein und mich zu beherrschen, auch wenn ich am Rand der Kräfte bin, aber manchmal überkommt es mich einfach; die Tränen brechen einfach aus mir heraus.*« Diese Aussage enthält beide Worte, das ICH und das ES: »Ich versuche«, und: »Es überkommt mich«. Noch ein weiteres Beispiel. Eine junge Frau erzählte mir: *»Früher waren meine Cousine und ich die besten Freundinnen. Aber letzthin hat sie bei anderen schlecht über mich geredet. Ich war so verletzt! Als ich sie dann wiedersah, da zog sich mein Magen zusammen, es wurde mir ganz heiß, und dann stieg es auf in mir. Es brodelte in mir… ein Gefühl, ein Zorn auf sie; am liebsten hätte ich sie gewürgt!«* Hören Sie einmal genauer auf diese Worte, wenn Menschen ihre Probleme beschreiben – achten Sie auf das kleine Wörtchen »ES«. Hören Sie vielleicht auch vermehrt auf Ihre eigenen Gedanken, wenn Sie sich mit inneren Konflikten beschäftigen.

Das ICH ist derjenige Anteil der Persönlichkeit, der bewusst im Leben steht und versucht, eigene Bedürfnisse, Wünsche und Triebregungen mit der täglichen Wirklichkeit in Einklang zu bringen. Dabei orientiert sich das ICH an seinen Idealen (»Ich möchte eine gute Mutter sein«). Aber das ICH ist nicht der einzige Akteur in unserem täglichen Verhalten. Selbst der Apostel Paulus erlebte schon, dass es nicht nur das ICH in seinem Leben gab, sondern auch ein »anderes Gesetz«.[1]

Unter dem ES verstehen wir denjenigen Teil des Menschen, der ihm nicht immer bewusst ist, den Sitz der unbewussten Regungen und Triebe.[2] Dabei geht es nicht nur um unsere Sexualität: Ein Trieb wird verstanden als Bedürfnis, das Unlust erzeugt, solange es unbefriedigt bleibt, und zur quälenden Rastlosigkeit führen kann, wenn die Befriedigung unerreichbar ist. Am intensivsten wird dies wohl (vor allem bei Männern) in der Sexualität spürbar; aber auch ein hungriger Magen kann zu einem intensiven ES werden, das den Menschen viele seiner Höflichkeits-Ideale vergessen lässt. Und die seelische Verletzung der oben erwähnten jungen Frau war so stark, dass der aufsteigende Zorn alle Dämme des Anstands und der Friedfertigkeit zu überwältigen drohte.

Damit kommen wir auch zum dritten Element: Die Normen,

---

[1] Vgl. Römer 7,14–25.
[2] Für Sigmund Freud stand im Mittelpunkt der sexuelle Trieb. Neuere psychoanalytische Schulen haben sehr viel differenziertere Sichtweisen der Persönlichkeit entworfen und lehnen insbesondere die zentrale Stellung sexueller Impulse ab. Speziell zu nennen ist hier die Ich-Psychologie (vgl. Hartmann 1964 oder die interpersonelle Psychiatrie von Harry Stack Sullivan, 1953).

die einen Menschen prägen, umfasst man mit dem Begriff des ÜBER-ICH. Persönlich spreche ich hier lieber vom ICH-IDEAL – »So sollte ich eigentlich sein! So sollte ich denken oder handeln, um ein guter Mensch zu sein (oder um Gott zu gefallen)!« Jeder von uns hat Ideale, an denen er sich selbst und sein Handeln misst. Diese Ideale haben wir z.T. von unseren Eltern übernommen, z.T. von Vorbildern und aus unseren eigenen Erfahrungen gewonnen. Oftmals wird das Ideal auch mit *Gewissen* umschrieben, obwohl sich die beiden Begriffe nicht unbedingt decken.[3] Das Gewissen wirkt im übertragenen Sinne wie eine Alarmanlage, die uns signalisiert, dass wir mit unserem Handeln und Denken von unseren Wertvorstellungen abweichen. Gerade bei sensiblen Menschen ist diese Anlage viel zu empfindlich: Ihr Gewissen kann sie verdammen, obwohl sie nichts Falsches getan haben.[4]

Doch was sind denn nun die Konflikte, die einen Menschen in Spannung versetzen können? Welche Ängste und Störungen können sie auslösen?

Häufige Konflikte

Unter Konflikten darf man sich keineswegs nur Konflikte mit anderen Menschen vorstellen. Viel häufiger sind es verinnerlichte Spannungen, die eine Person umtreiben, und die sie mit sich selbst aushandelt:

Konflikte zwischen andrängenden Wünschen und Trieben und äußeren Ordnungen (harmloses Beispiel: ein herzhaftes Gähnen in der Kirche; mäßiger Konflikt: Parken an einer verbotenen Stelle; schwerer Konflikt: sexuelles Verlangen nach einer verheirateten Frau.[5]

---

[3] Vgl. den Beitrag von B. Narramore in der Baker Encyclopedia of Psychology and Counseling, hrsg. von Benner & Hill 1999, und den Beitrag von M. Jost im Wörterbuch Psychologie und Seelsorge, hrsg. von Dieterich & Dieterich 1996, S. 121–122.

[4] Vgl. 1. Johannesbrief 3,20.

[5] Während das Gähnen kaum einen großen inneren Konflikt auslösen wird, ist dies im letzteren Fall sehr viel häufiger.

Konflikte zwischen zwei Strebungen, die nicht gleichzeitig verwirklicht werden können (harmloses Beispiel: Die Entscheidung zwischen zwei Menüs auf der Speisekarte; schwerer Konflikt: Sehnsucht nach einem Lebenspartner und gleichzeitiges Bedürfnis nach Ruhe und Eigenbestimmung).

Frustration: die Versagung einer als lebenswichtig empfundenen (»vitalen«) Strebung (Beispiel: eine lärm-überempfindliche Frau fühlt sich durch das Klavierspiel des Nachbarn gestört, aber der Ehemann will nicht umziehen).

Versuchungs-Situation: der Anreiz, ein Bedürfnis trotz herrschender Verbote oder innerer Gewissensbisse zu befriedigen (harmloses Beispiel: das Verlangen nach einem Tortenstück trotz Diätverordnung; konfliktgeladenes Beispiel: Eine junge Frau aus behütetem christlichen Elternhaus lernt einen wohlhabenden Mann kennen, der den Eltern nicht genehm ist und ihre Glaubensüberzeugungen nicht teilt).

Durchsetzung oder schöpferische Lösung?

Jeder Mensch befindet sich täglich in Konflikten – von den harmlosen Nebensächlichkeiten bis hin zu schwereren Entscheidungen. Doch längst nicht alle Menschen entwickeln deshalb krankhaft übersensible Muster. Was ist der Unterschied zwischen gesunder (adäquater) Konflikt-Verarbeitung und krankhafter (dysfunktionaler) Verarbeitung?

Psychisch gesunde Menschen bleiben in der Wirklichkeit; sie gehen mit Konflikten also realitätsgerecht um. Der Konflikt bleibt ihnen bewusst und wird unter vernünftigem Abwägen gelöst, ohne dass übermäßige innere Spannungen auftreten. Das bedeutet nicht immer, dass der Schritt zur Lösung auch optimal ist. Für den Betroffenen aber ist seine Entscheidung ein annehmbarer Kompromiss. Grundsätzlich gibt es *drei Wege zur gesunden Konfliktlösung*[6]:

---

6 Die folgenden Ausführungen gelten nur im Vergleich mit neurotischen Abwehrmechanismen. Ich bin mir sehr bewusst, dass die Frage der sinnvollen Konfliktlösung in zwischenmenschlichen Beziehungen einer erheblich umfangreicheren Beschreibung bedürfte.

Durchsetzung eines Wunsches gegen Widerstände: »Ich liebe diese Frau und werde sie heiraten, auch wenn ihr dagegen seid!«

Verzicht auf einen Wunsch: »Es wäre zwar schön, wenn wir ruhiger wohnen könnten, aber das Einkommen meines Mannes lässt einen Wohnungswechsel nicht zu.«

Anstreben einer schöpferischen Lösung bzw. eines Kompromisses: »Mama, ich kann dich nicht jedes Wochenende besuchen, obwohl du das gerne möchtest. Aber ich komme jedes zweite Wochenende, und dazwischen telefonieren wir zweimal pro Woche.«

Der übermäßig sensible Mensch hingegen wird beim Auftreten eines Konfliktes sehr bald konfrontiert mit seinen *verletzlichen Persönlichkeitseigenschaften*, mit den schlecht angepassten Lebensgrundsätzen (kognitiven Verzerrungen), mit seiner Neigung zu Angst und Schuldgefühlen und mit seinen körperlichen Missempfindungen (vegetativer Labilität). Für ihn steht viel mehr auf dem Spiel als die Lösung des Konfliktes. Bei ihm wird jeder Konflikt zu einer persönlichen Bedrohung, die tief greifende Ängste auslösen kann.

Jeder Mensch baut einen gewissen *Schutzwall* um sich herum auf, um sich vor Verletzungen zu schützen. Beim sensiblen Menschen sind diese Schutzwälle aber noch stärker, versehen mit *versteckten Minen der Angst*, die ihm oft selbst nicht bewusst sind. Berührt ein Konflikt diese sensiblen Punkte, so löst er eine für Außenstehende kaum verständliche Reaktion aus.

Ich erinnere mich an eine hochsensible Pianistin, Mitte vierzig. Ihr Mann war viel unterwegs, und ihre einzige Tochter löste sich in einer stürmischen Art und Weise ab und zog zu ihrem Freund. Es kam zu einem Nervenzusammenbruch und zu einer massiven Erschöpfung*: »Ich bin so verspannt und habe keine Kraft«,* sagte sie mir. *»In den Raum, wo das Klavier steht, wage ich nicht zu gehen. Es verkrampft mir fast das Herz. Einerseits würde ich mir gerne die Spannung von der Seele spielen. Aber dann steigt die Angst auf, ich könnte nicht so gut spielen wie sonst. Das würde noch mehr zeigen, wie unfähig ich bin – eine totale Versagerin!«*

Abwehr – Das Immunsystem der Seele

So stark ist das Bestreben eines Menschen, die innere Spannung abzubauen, die ihm Lebensfreude und Leistungsfähigkeit raubt, dass er vieles in Kauf nimmt, um sie nicht mehr erdulden zu müssen. Die Reaktionsmuster, die ihm dabei helfen, nennt man auch *Abwehrmechanismen*.[7]

Jeder Mensch hat sein eigenes Arsenal an Waffen – sanfte und spitze, verborgene und offenkundige, Rückzug und Angriff –, die ihm helfen, mit Konflikten in seinem Alltag umzugehen.

Der Begriff »Abwehr« klingt allerdings viel zu negativ. Dabei ist es überlebenswichtig, dass eine Person all den äußeren Erwartungen und dem inneren seelischen Widerstreit nicht schutzlos ausgeliefert ist. Deshalb spricht man heute auch von *Bewältigungsmechanismen (Coping)*. Abwehr wird so zur positiven Form der Lebensbewältigung – zumindest dort, wo ein Mensch in reifer Form mit seinen Konflikten umgeht.

Der Vergleich mit dem menschlichen Immunsystem lässt etwas besser verstehen, was auch in der Seele vorgeht. Jeder Mensch verfügt über eine Vielzahl von Zellen, deren Aufgabe es ist, Gefahren zu erkennen und ihnen rechtzeitig zu begegnen. Dringt ein Virus ein, so schlagen diese Zellen sofort Alarm und aktivieren eine Reihe von Vorgängen, die eine schwere Krankheit abwehren sollen.

Diese Vorgänge sind nicht nur angenehm für uns. So soll eine laufende Nase dazu beitragen, den Virus rascher auszuscheiden, aber die betroffene Person leidet an Schnupfen. Das Fieber, das uns lahm legt, hilft dem Körper, sich ganz auf die Bekämpfung der schädlichen Eindringlinge zu konzentrieren. Der Mensch fühlt sich krank, aber in ihm läuft ein heilender Prozess ab. Heute wissen wir auch, dass unser Immunsystem regelmäßig einzelne Zellen im Körper aufspürt, die zu Krebszellen entartet sind. Nur weil sie rechtzeitig vernichtet werden, erkranken wir nicht viel häufiger an einem Krebsleiden.

---

[7] Eine gute Übersicht findet sich bei Vaillant 1988. In der internationalen psychoanalytischen Literatur werden viele weitere Abwehrmechanismen beschrieben, doch würde deren Beschreibung den Rahmen dieses Buches sprengen. Für den Interessierten findet sich eine umfangreiche Übersicht bei Cramer 2000 und bei Mentzos 1982. Empfehlenswert ist zudem das klassische Buch von Anna Freud 1984.

Und schließlich gibt es auch enge Verbindungen zwischen Nervensystem und Immunsystem, so dass Stress bei sensiblen Menschen auch zu einem Nachlassen der körperlichen Abwehrkräfte führen kann.[8] Abwehr ist also nicht nur negativ, sondern überlebenswichtig. Wenn wir überleben wollen, brauchen wir ein funktionierendes Schutzsystem. Was geschieht denn nun, wenn die Abwehr nicht mehr richtig funktioniert?

Abwehrschwäche: Der Körper wird überrollt von Infektionen und Tumorzellen, die sonst aus dem Weg geräumt würden. Ähnlich können sensible Menschen dermaßen von all den Erwartungen anderer Menschen, von den Stürmen in ihrem Inneren oder von den schmerzlichen Erinnerungen an vergangene Verletzungen überwältigt werden, dass sie keine Kraft mehr zum Leben haben. Ihre inneren Konflikte und Verletzungen überwuchern das Gesunde und nehmen allen Raum zum Leben ein.

Allergie oder übermäßige Abwehrreaktion: Der gesunde Mensch kann mit einer gewissen Dosis von Widerwärtigkeiten leben; sein Immunsystem kann zwischen den ungefährlichen Pollen einer Frühlingswiese und wirklich bedrohlichen Krankheitserregern unterscheiden. Das verleiht uns eine gewisse Unbeschwertheit inmitten einer Welt, die noch viel Unbekanntes enthält. Anders bei einer Allergie: Da werden selbst harmlose Duftstoffe einer Erdbeere zum Sirenengeheul, das Großalarm auslöst, von Hautrötungen über Asthma bis hin zum Schock. Im übertragenen Sinne erlebt die sensible Seele intensive Warnsignale auch dort, wo man doch einmal vertrauen sollte, wo man tolerant sein dürfte, wo man ohne ständiges Hinterfragen genießen könnte. Doch es mangelt an Urvertrauen, weil selbst kleine Veränderungen scheinbar die Existenz der Person gefährdet.

Die Seele ist in einem »Fieberzustand« von Angst, Depression und Zweifel und so mit sich selbst beschäftigt, dass sie keine Kraft mehr für die Bewältigung des Alltags hat.

---

[8] Eine hervorragende Übersicht gibt das Buch von Schedlowski & Tewes 1996.

Reife Abwehrmechanismen

Wenn also das Immunsystem für unseren Körper nützlich ist, so gibt es sicher auch in der Seele Abwehrmechanismen, die sinnvoll, ja notwendig sind, um in den Anforderungen unseres Lebens zu bestehen. Jeder Mensch braucht Schutz vor den seelischen Schmerzen, die ihm sein Umfeld zufügen könnte. Abwehr dient dazu, Seelenschmerz und Angst in einem erträglichen Maß zu halten, um das Leben als Ganzes bewältigen zu können. Dort wo dies bewusst geschieht, wo es darum geht, nicht nur Eigeninteressen zu verfolgen, sondern auch auf die Beziehungen zu anderen Menschen zu achten, dort spricht man in der Psychologie von Bewältigung (Coping) oder von *reifen* Abwehrmechanismen:

Innere Vorbereitung[9]: Man sieht ein Ereignis kommen und stellt sich auf mögliche Schwierigkeiten ein. Beispiele: Man stellt sich bei einem Spiel darauf ein, dass man auch verlieren kann. – Eine 42-jährige Frau stellt sich darauf ein, dass ihre Mutter nicht auf sie eingehen wird, sondern nur von ihren Sorgen und Gebrechen reden wird. Sie sagt mir: *»Wenn ich mich darauf einstelle, dann fühle ich mich nicht abgelehnt oder verletzt. Ich weiß einfach, dass sie schwierig ist und sich im Alter nicht mehr ändern kann. Das hilft mir, bei dem Besuch freundlich zu bleiben.«* – Ein älteres Ehepaar spricht bewusst über die Möglichkeit, dass ein Partner stirbt, und bereitet sich auf diese Zeit vor.

Sublimation: Weniger akzeptable (»niedere«) Strebungen werden umgewandelt in »höhere« (akzeptablere) Strebungen. Beispiele: ein langer Spaziergang in der nasskalten Dämmerung anstatt eines Wutanfalls, Musizieren statt gekränkter Rückzug (»Ich spiele mir meinen ganzen Frust von der Seele, und allmählich weichen die abgehackten Dissonanzen wieder einer sanfteren Harmonie«), wissenschaftlicher Forscherdrang oder philosophischer Tiefgang statt sexueller Erfüllung in einer Ehe.

Bewusster Verzicht: Gerade wenn zwei Strebungen nicht miteinander vereinbar sind, muss man bisweilen eine schmerzliche Entscheidung treffen. *»Eigentlich sehne ich mich nach einem*

---

[9] auch »Antizipation« genannt

Menschen, mit dem ich mein Leben teilen kann«, sagte mir eine 34-jährige Frau, *»aber als es dann ernst wurde, wurde mir klar, dass ich in all den Jahren so selbständig geworden bin, dass eine Ehe mir viel von meiner Freiheit rauben würde. Ich habe mich zu einem bewussten Nein durchgerungen.«*

Kompensation: Manchmal entwickeln gerade Menschen mit Grenzen und Schwächen eine besondere Gabe. Sie lernen sich auszusöhnen mit ihrer Behinderung oder werden bewundert für ihre besonderen Leistungen. So gesehen, kann Kompensation ein gesunder Weg sein, Selbstachtung und Wert zu erreichen. Allerdings kann übermäßige Kompensation zum narzisstischen Auftrumpfen werden, das Schwäche überdecken soll.

Humor: Ein bewusstes Lachen über sich selbst und seine Empfindlichkeiten. Hierher gehören auch die peinlichen oder makabren Witze, die man in einer Situation macht, die man als gefährlich oder unangenehm erlebt. Sie können einem über den ersten Schreck hinweghelfen und die Angst erträglicher machen.

Nächstenliebe (Altruismus): Eigentlich war ich überrascht, diesen »Abwehrmechanismus« in der Literatur zu finden.[10] Aber ist es nicht so, dass ein offener Blick für die Nöte der Mitmenschen die eigenen seelischen Schmerzen vermindert und einen neuen Fokus für ein erfülltes Leben aufzeigen kann? Damit werden nicht alle Wünsche und Bedürfnisse erfüllt, aber es kann etwas Neues, viel Wertvolleres entstehen. Als Beispiel wird in der Literatur ein gebesserter Alkoholiker genannt, der nun im Rahmen der »Anonymen Alkoholiker« anderen hilft.

Glaube: Auch dieses Thema mag im Zusammenhang von Abwehr- oder Bewältigungsmechanismen eigenartig anmuten. Und dennoch kann der Glaube an einen liebenden Gott jenseits von allem menschlichen Unglück entscheidend dazu beitragen, dass ein Mensch in der Not nicht zerbricht. Vielleicht ist etwas davon gemeint, wenn der Psalmist sagt: »Der Herr ist meine Stärke und mein Schild!«[11] Und dieser Schutzschild bewahrt die Seele davor, dass die Angriffe von außen durchdringen bis ins Mark und die Person zerstören.

Tabelle 5: *Bewältigungsstrategien und Abwehrmechanismen*
(Erläuterungen im Text)

Bewältigungsstrategien	Abwehrmechanismen
Innere Vorbereitung	Verdrängung
(Antizipation)	Verleugnung
Sublimation	Verschiebung
Bewusster Verzicht	Rationalisierung
Kompensation	Reaktionsbildung
Humor	Isolieren
Nächstenliebe (Altruismus)	Projizieren
Glaube	Hypochondrische Klagen
	Wendung gegen sich selbst
	Passive Aggression
	Flucht in die Phantasie
	Spaltung
	Ausagieren

Problematische Abwehrmechanismen

Schwierig werden Abwehrmechanismen dort, wo sie unreif sind, wo sie Leiden für den Betroffenen verursachen und seine Beziehungen zu anderen Menschen empfindlich stören. Hier spricht man von »neurotischen Abwehrmechanismen«. Im Grunde handelt es sich um einen verfehlten Lösungsversuch in einer seelischen Belastungssituation. In der Psychoanalyse geht man davon aus, der erwachsene Mensch versuche diejenigen Mittel einzusetzen, die ihm vielleicht als Kind geholfen haben, mit einem Problem umzugehen (oder von denen er zumindest dachte, sie könnten helfen). Dieses Zurückgreifen auf kindliche Muster wird auch als »Regression« bezeichnet.

[10] Andreasen & Black 1993, S. 408. Bei genauerer Betrachtung könnte man Nächstenliebe auch als eine Art Sublimation ansehen.
[11] Psalm 28,7

Doch diese unreifen Muster, von denen sich eine Person Hilfe erwartet, führen zu einer Verschlimmerung und Verstärkung des Konfliktes. Die daraus entstehende Spannung und Angst wird zur Basis für das neurotische Krankheitsgeschehen oder für die »Symptombildung«. Die Abwehrmechanismen werden zum unzureichenden Versuch, die Spannung zwischen den inneren Bedürfnissen, den eigenen Idealen und den äußeren Ansprüchen und Gegebenheiten zu überbrücken. Oft entsteht ein »schlechter Kompromiss«, ein problematischer Dauerbrenner, der großes Leiden erzeugt und Beziehungen nachhaltig belastet. Hier sind einige der problematischen Abwehrmechanismen:

Verdrängung: Negative Gefühle werden nicht zugelassen, werden ins Unterbewusste verschoben, weil sie zu schmerzlich wären oder nicht dem Ideal entsprechen. (Ein Mann, der von seiner Firma entlassen wurde, sagte mir: »Ich bin nicht zornig! Ich versuche zu verstehen.« Gleichzeitig erzählte er mir, dass er jedes Mal Magenweh bekommt, wenn er nur das Logo der Firma auf einem Plakat sieht.)

Verleugnen: Negative Ereignisse werden ins Unterbewusste verschoben, weil sie zu schmerzlich wären oder nicht dem Ideal entsprechen. Obwohl eine 53-jährige Frau seit 14 Jahren von ihrem Mann geschieden ist, erzählt sie Nachbarn und Bekannten, er sei viel auf Reisen, deshalb sehe man ihn so wenig.

Verschiebung: Ein Trieb richtet sich nicht auf das eigentliche Objekt, sondern verschiebt sich auf ein anderes. Beispiel: Wut auf den Chef wird am Hund ausgelassen (oder an der Familie).

Rationalisierung: Ein schmerzliches Gefühl wird durch »vernünftige« Gründe überdeckt, »weg-erklärt«; ein problematisches Verhalten wird beschönigt: »Ich muss täglich Wein trinken, das ist gut fürs Herz! Die Kündigung hat damit nichts zu tun, das war nur ein Vorwand.«

Reaktionsbildung: Verkehrung ins Gegenteil; ein negatives Gefühl wird (unbewusst) ungeschehen gemacht. Beispiel: Ein unerwünschtes Kind wird übermäßig behütet und verwöhnt.

Spalten: Gegeneinander Ausspielen von Bezugspersonen, Aufspalten in Schwarz und Weiß ohne Zwischentöne. Beispiel: »Zuerst habe ich gedacht, diese Therapeutin kann mir wirklich helfen, aber jetzt merke ich, dass sie mich nur ausnützt. Wegen dieses kleinen Schnitts ins Handgelenk will sie mich gleich in die Psychiatrie abschieben!«

Isolieren: Idealisieren, ohne die Nachteile zu sehen. (»Er ist so ein feuriger, liebevoller Mann. Und wenn wir erst verheiratet sind, dann kann ich immer noch eine Berufsausbildung machen! Verhütung?! – Ach, wissen Sie, wir passen schon auf.«)

Projektion: Man unterschiebt anderen die Motive, die man selber in sich trägt (man sieht den Splitter im Auge des andern, ohne den Balken im eigenen Auge wahrzunehmen). So wirft eine Frau ihrem Mann vor: »Auf dich kann man sich nicht verlassen; ständig änderst du deine Meinung!« – Eine genauere Besprechung zeigt aber, dass dieses Muster viel häufiger bei ihr vorkommt und erst eintritt, wenn er realisiert, dass sie etwas nicht will.

Hypochondrische Klagen[12]**:** Negative Gefühle werden durch ständige Klagen über körperliche Beschwerden und Ängste ausgedrückt. Oft verwenden gerade sensible Menschen diesen Weg, weil sie ihren Körper in seelischen Spannungen so intensiv erleben. »Wenn du mir noch mehr Vorwürfe machst, kriege ich noch einen Herzinfarkt!« Durch die körperliche Bedrohung wird für die betroffene Person die Frage, weshalb es zu Meinungsverschiedenheiten kam und was ihr Anteil daran ist, ganz hinfällig.

Passive Aggression: Innere Feindseligkeit wird nicht direkt geäußert, sondern indirekt, durch Leistungsverweigerung: ständige Verspätung, provokatives Benehmen, Tölpelhaftigkeit, selbstschädigendes Verhalten. Beispiel: Ein Mann bringt seiner Frau Blumen mit, die sie umgehend ins Wasser der WC-Schüssel stellt. Er ist verständlicherweise verletzt. Sie redet sich damit heraus, sie habe keine geeignete Vase gefunden.

Flucht in die Phantasie: Menschen, die äußerlich in einfachen Verhältnissen und unbefriedigten Beziehungen stehen, sehen sich in Tagträumen als Helden, Befreier, umjubelte Stars, in einer romantischen Liaison usw. Beispiel: Eine junge, ledige Frau, die im

---

[12] Hypochondrie kann aber auch eine schwere psychische Störung werden, die sich nicht nur durch neurotische Mechanismen erklären lässt. Die Betroffenen sind in schwerster Weise auf vermeintliche körperliche Störungen eingeengt und davon nicht abzubringen.

realen Leben eine einfache Arbeit als Pflegehilfe verrichtet, schaut
viel Fernsehen und liegt oft das ganze Wochenende im Bett. »Ich
stelle mir dann vor, ich sei unterwegs auf dem Amazonas. Am
Ufer stehen Indianer und begrüßen mich begeistert. Sie hängen
mir Blumengirlanden um und begleiten mich zur Hütte des Häupt-
lings. Ich bringe ihnen Medikamente und verspreche ihnen weitere Hilfe. Am Abend sitze ich als Ehrengast am Lagerfeuer. Da
werde ich gebraucht, wo andere gar nicht hinkommen.«

Aus-Agieren: Triebe, Strebungen und Gefühle werden in dramatischer Weise ohne Rücksicht auf das Umfeld und mögliche
eigene Nachteile ausgelebt. Beispiele: sinnloses Betrinken, wahl-
lose sexuelle Beziehungen, zielloses Davonlaufen. Besonders
häufig und als durchgehendes Muster lässt sich ein solches Verhalten bei Menschen mit einer Borderline-Störung beobachten, doch
kann es auch bei schweren Konflikten auftreten. Beispiel: Ein ca.
35-jähriges Ehepaar hat ernsthafte Differenzen. Immer wieder
kommt es zu heftigen Diskussionen. Anfangs versucht der Mann
noch Rücksicht auf die Kinder zu nehmen, und nimmt sich vor, in
der Beziehung zu bleiben. Doch eines Abends stürmt er nach einer Diskussion aus dem Haus, fährt mit dem Auto in eine Bar,
besäuft sich und verursacht nachher einen Unfall, bei dem er
selbst schwer verletzt wird.

Abwehrmechanismen als Bewältigungsversuch

Abwehrmechanismen sind nicht immer als negativ zu bewerten.
Oftmals sind sie vielleicht der einzige Weg, wie jemand in den
drängenden inneren Konflikten überleben kann. Sie sind in den
Worten Freuds ein »missglückter Reparations- und Heilungsver-
such«. Die Abwehrmechanismen wirken dann wie der Panzer
einer Rüstung[13]: Er schützt seinen Träger vor Verletzungen, aber
er beschwert ihn auch und macht ihn weniger beweglich.

---

[13] Schon W. Reich sprach von der »Charakterpanzerung«, zit. bei A. Freud 1984, S. 28.

Nicht wenige Therapeuten gehen deshalb davon aus, man müsse die Abwehrhaltung eines Menschen mit Nachdruck durchbrechen, sei es durch Umgehen der Abwehr in Hypnose, durch Freisetzen der Gefühle in einer Urschrei-Therapie oder durch massive Konfrontation. Einigermaßen gesunde und psychisch stabile Menschen mögen das als hilfreich empfinden. Doch bei sensiblen Menschen tut sich oft ein Abgrund von Ängsten auf, der das Gegenteil bewirkt. Sie brauchen das geduldige Aufbauen einer Vertrauensbeziehung, die es ihnen ermöglicht, allmählich reifere Formen der Konfliktbewältigung zu entwickeln. *Vom forcierten Durchbrechen missglückter Bewältigungsmuster muss in jedem Fall dringend abgeraten werden,* insbesondere

– wenn die Person nicht genügend »Ich-Stärke« hat (Auslösung einer Psychose!),
– wenn die dadurch geweckten Gefühle und Ängste nicht aufgefangen werden können (Möglichkeit eines Selbstmordversuchs!),
– wenn die Bewusstmachung des Konfliktes neue Konflikte hervorbringt.[14]

Splitter und Balken

Liest man vom Handeln und Erleben der Menschen in der Bibel, so ist man versucht, in so mancher Reaktionsweise problematische Abwehrmechanismen am Werk zu sehen. In der Tat wurde immer wieder der Versuch unternommen, biblische Geschichten tiefenpsychologisch zu deuten.[15] Ich habe Mühe mit einer solchen Vorgehensweise. Wer sind wir, dass wir die zeitlosen Aussagen der Bibel mit unserer vergänglichen Sichtweise klassifizieren?

Allerdings sind auch biblische Personen Menschen mit all den inneren Kämpfen zwischen dem Wunsch, Gott zu gefallen, und den

---

[14] Ich denke hier an Ehekonflikte. Wird sich eine Ehefrau beispielsweise bewusst, wie langweilig und dominant ihr Ehemann ist, so kann es zu einem neuen Konflikt kommen, wie sie mit diesem Menschen noch leben kann. Der Gedanke an Scheidung kann so konfliktgeladen werden, dass er neue Probleme hervorruft.
[15] Vielfältige Beispiele finden sich in den Werken von E. Drewermann.

tiefen Bedürfnissen und drängenden Trieben, die sie in Versuchung bringen. Wir können Parallelen sehen zu unseren Erlebnisweisen und daraus lernen, ohne sie in das Raster psychologischer Erkenntnis zu zwängen.

Dennoch finden wir in der Bibel klassische Aussagen, die in frappierender Weise aufzeigen, wie Jesus die Abwehrmechanismen seiner (psychisch einigermaßen gesunden) Zuhörer konfrontierte. Wohl das bekannteste Beispiel findet sich in der Bergpredigt, wo er seinen Zuhörern aufzeigt, wie leicht sie zu Projektionen neigen[16]: »Was siehst du aber den Splitter in deines Bruders Auge, und nimmst nicht wahr den Balken in deinem Auge?«

Für den Schwachen kann Kompensation (im rechten Maß) auch bedeuten, dass er im Erkennen von Schwachheiten andere Gaben fördert und pflegt. Rationalisieren kann auch bedeuten, dass er auf der Ebene der Vernunft (auch mit Hilfe von Aussagen in der Bibel) etwas bewältigt, das ihn beim vollen Eingestehen seiner Gefühle am Boden zerstören würde.

Durch den Glauben kann es auch gelingen, etwas von dem Schutzpanzer der Schwachheit abzulegen, weil eine Person weiß um die Geborgenheit bei Gott, der ihr »Sonne und Schild« ist, »eine feste Burg«, ein verlässlicher Schutz in schwierigen Zeiten. Der Glaube kann Mut für neue Schritte geben, die sie vorher aus Menschenfurcht nicht wagte. Weil sie sich von Gott getragen fühlt, erhält sie die Kraft, ihre destruktive Energie zu »sublimieren« und sie umzuwandeln in Feindesliebe und Nächstenliebe.

Dass dies allerdings nicht immer gelingt, ist die bedrückende Erfahrung der christlichen Seelsorge. Auch Christen können in ihrem Bestreben, sich vor Angst zu schützen, sehr unreife Abwehrstrategien anwenden, die in der Gemeinschaft mit anderen Menschen und in der persönlichen Lebensbewältigung zu großen Problemen führen.

Nicht selten beobachten wir bei schwierigen Mitmenschen aber auch, dass sie »nicht können trotz wollen«. Oft ist dann die Sensibilität zur Krankheit geworden. Im folgenden zweiten Teil des Buches werden diese Syndrome näher beschrieben.

---

[16] Matthäus 7,3

Kapitel 6

Wenn Sensibilität zur Krankheit wird

»Ich war immer feinfühlig, ein sensibles Kind, sagte meine Mutter. Aber ich habe das früher auch genießen können: Düfte, Musik, eine schöne Landschaft. Jetzt ist alles so anstrengend geworden.« – eine 32-jährige Lehrerin

Störungen mit einer übermäßigen Sensibilität sind häufig. Nimmt man leichtere und schwerere Leiden zusammen, so kommt man insgesamt auf etwa 25 – 30 Prozent *»psychogener Störungen«* in der Bevölkerung.[1] Unter diesem Oberbegriff fasst man eine verwirrende Vielfalt problematischer Reaktionsweisen zusammen, von allgemeiner Hemmung bis hin zu sexuellen Schwierigkeiten, von psychosomatischen Beschwerden bis zu übermächtigen Ängsten, von depressiver Erschöpfung bis zu quälenden Stimmungsschwankungen.

Auffallend ist bei allen Untersuchungen, dass *Frauen* rund *doppelt so häufig* an sensiblen Syndromen leiden wie Männer. Diese Tatsache macht nachdenklich. Verschiedene Gründe mögen dafür verantwortlich sein: Sind Frauen vielleicht durch ihre Biologie und den hormonellen Zyklus stärker für Depressionen und Ängste disponiert? Oder sind sie in ihren Aufgaben in Haushalt und Familie vermehrter Einsamkeit ausgesetzt? Leiden Frauen unter gesellschaftlichen Benachteiligungen? Sicher spielen diese Faktoren eine wichtige Rolle.

Im Gegensatz zu den Männern sind Frauen stärker gefühlsorientiert und eher bereit, Gefühle zu äußern und Schwächen zuzugeben. So fällt es ihnen auch leichter, Hilfe zu beanspruchen,

---

[1] Vgl. Dilling 1981. In einer australischen Studie (Andrews 1990a) wurden ähnliche Zahlen erhoben: 27 Prozent der Befragten berichteten Symptome, die ausreichten, um mindestens einmal in ihrem Leben die Diagnose einer »neurotischen Störung« zu stellen.

als Männer. Männer zeigen zudem ein anderes Verhalten im Umgang mit Ängsten und Depressionen. Sie sind es eher gewohnt, eine starke Fassade aufrechtzuerhalten. Nicht wenige dämpfen ihre Ängste auch mit Alkohol, während Frauen sich rund doppelt so häufig wie Männer Medikamente verschreiben lassen.

Wandlung zur Krankheit

Bis vor etwa zehn Jahren sprach man in der Psychiatrie von »Neurosen«[2]. Man verstand darunter Erkrankungen mit Ängsten, Zwängen und Verstimmungen, bei denen sich keine organischen Befunde fanden, die aber doch zu ausgeprägtem Leiden führen konnten. Oftmals beobachtete man ein angstgeprägtes Verhalten, das man auf Verletzungen in der Kindheit zurückführte. Im Volksmund wird das Wort »neurotisch« häufig für Menschen gebraucht, denen es schwer fällt, sich unbeschwert und flexibel in eine Beziehung einzugeben. Weil der Begriff so schwer fassbar ist, wurde er in den neuen Handbüchern der Psychiatrie völlig aus dem Diagnosen-Vokabular gestrichen. Heute spricht man von *Persönlichkeitsstörungen* sowie von Angst-, Zwangs- und anderen *Syndromen*.[3]

Die Namen ändern sich, die Probleme bleiben die gleichen. Insbesondere gilt es zu bedenken: Wenn Sensibilität zur Krankheit wird, so handelt es sich um *echte Leiden* mit klar beschreibbaren Symptomen und mit Verläufen, die ähnlich anderen psychischen Erkrankungen zu erheblichen Behinderungen führen können.

Woran erkennt man die Wandlung einer vorbestehenden Sensibilität in eine Störung von Krankheitswert? Eine Geschichte mag etwas davon illustrieren: Karen Stendahl, eine 32-jährige Lehre-

---

[2] Eine ausführliche Darstellung des Neurosebegriffes findet sich bei Hoffmann & Hochapfel 1999.

[3] Diese Betrachtungsweise entspricht auch der Grundhaltung, die in der Einleitung betont wurde: Beschreibung ohne Spekulationen über die möglichen Ursachen. Sie wird insbesondere reflektiert im »Diagnostischen und Statistischen Manual psychischer Störungen«, DSM IV.

rin, suchte mich auf, weil sie an starken Stimmungsschwankungen litt. Seit einem Skiunfall vor fünf Monaten konnte sie wegen Schmerzen keine Nacht mehr durchschlafen. *»Äußerlich sei alles geheilt, sagt mir der Arzt, aber innerlich fühle ich mich einfach wund. Er hat mich wieder voll arbeitsfähig geschrieben, aber die Arbeit mit den Kindern macht mir enorme Mühe. Ich habe keine Geduld mit ihnen, fühle mich rasch angegriffen, und manchmal musste ich aufs Klo rennen, um dort zu weinen. Jetzt werde ich allmählich zum Thema der Eltern. Ich sei nicht mehr dieselbe... Der Unterricht kostet mich so viel Kraft, dass ich abends nur noch Stille ertrage. Mit meinem Freund habe ich auch Mühe. Er möchte heiraten, aber ich fühle mich überhaupt nicht bereit. – Ich war immer feinfühlig, ein sensibles Kind, sagte meine Mutter. Aber ich habe das früher auch genießen können: Düfte, Musik, eine schöne Landschaft. Jetzt ist alles so anstrengend geworden.«*

Diagnostisch könnte man das, was Frau Stendahl schildert, als Erschöpfungsdepression einordnen. Inzwischen sind allerdings einige Jahre ins Land gezogen. Eine Behandlung mit Gesprächen und Medikamenten hat zwar Linderung gebracht, aber irgendwann wollte sie nicht mehr dauernd Tabletten schlucken. Die Schmerzen sind nur noch bei Wetterumschlägen spürbar, aber die frühere Kraft ist nicht mehr vorhanden. Ihre Freundschaft hat sie aufgegeben, das Leben empfindet sie weiterhin als anstrengend. Und ihr Arbeitspensum hat sie auf 60 Prozent reduziert, um mehr Zeit für sich selbst zu haben. *Die Sensibilität ist zur Krankheit geworden.*

Wenn wir die Wandlung von der »gewöhnlichen Alltagssensibilität« zu einem Geschehen, das als Krankheit bezeichnet werden muss, verfolgen wollen, so gilt es, gut zuzuhören: Was berichten uns die Betroffenen von ihrer ganz persönlichen Krankheitserfahrung? Ihre Geschichten der Sensibilität sind mehr als eine Ansammlung von Symptomen; sie sind die Geschichte einer Odyssee, die in zunehmend stürmische Gewässer führt und das Lebensboot schließlich mit hängenden Segeln an einer unwirtlichen Küste auflaufen lässt, die nichts mehr gemeinsam hat mit dem Bild eines sicheren Hafens, nach dem sich gerade sensible Menschen sehnen.

Drei Kennzeichen

Drei Kennzeichen sind es, die anzeigen, dass es sich nicht mehr nur um eine »gewöhnliche« Sensibilität handelt. Es kommt zu einer Verminderung von drei Bereichen, die für die Lebensbewältigung von absoluter Wichtigkeit sind, nämlich eine Verminderung (a) der Genussfähigkeit, (b) der Beziehungsfähigkeit und (c) der Leistungs- oder Arbeitsfähigkeit. Lassen Sie mich zu jedem Punkt einige Zitate von betroffenen Menschen anführen:

a) **Verminderung der Genussfähigkeit:** »*Früher habe ich ein gutes Essen genossen, heute liegt es mir auf. Ich muss auf vieles verzichten, wenn ich mich wohl fühlen will.*« – »*Früher waren Zärtlichkeit und Nähe so schön; heute verspanne ich mich oft im Zusammensein mit meinem Mann.*« – »*Früher hörte ich gerne Musik bei den Hausaufgaben. Heute fühle ich mich von den vielen Geräuschen rund um mich herum bedrängt. Alles wird mir zu laut!*«

b) **Verminderung der Beziehungsfähigkeit:** »*Als Lehrerin sah ich früher eine Aufgabe an den Kindern; heute regen sie mich oft auf. Ich kann nicht mehr gelassen auf sie eingehen!*« – »*Meine Übergenauigkeit ist ein Problem. Meine Freundin sagt, ich sei ihr zu pingelig; sie fühle sich ständig von mir kontrolliert. Jetzt hat sie Schluss gemacht. Aber ich bin schon 36, da sollte man doch eine Frau finden!*« – »*Andere Menschen sind so anstrengend. Oft reicht schon ein falsches Wort, und in mir verschließt sich etwas. Ich will nicht nachtragend sein, aber es ist, als wäre mir eine Nadel unter die Haut gegangen. Ich kann mich dann nicht mehr entspannt unterhalten, bis die Meinungsverschiedenheit ausgeräumt ist.*«

c) **Verminderung der Leistungsfähigkeit:** »*Eigentlich habe ich einige Hobbys; aber ich habe alles aufgeben müssen. Ich brauche meine gesamte Freizeit, um mich wieder für die Arbeit zu erholen.*« – »*Bei meiner Arbeit muss ich viel telefonieren. Aber irgendwie habe ich jedes Mal Angst, wenn es klingelt. Manch-*

mal wird es mir fast schwindlig. In letzter Zeit war ich oft so erschöpft, dass mich mein Arzt für einige Wochen arbeitsunfähig geschrieben hat.« – »Seit unsere Firma aufgekauft wurde, ist nichts mehr wie früher. Mein Büro haben sie mir weggenommen, jetzt sitze ich in einem Großraumbüro mit 30 andern. Jeder sieht, wie sich die Aktenberge bei mir türmen. Ständig mehr Leistung bringen, das halte ich nicht mehr aus! Lieber würde ich etwas kürzer treten. Aber wie soll ich dann unser Haus abzahlen?«

Diese dreifache Verminderung von Genuss-, Beziehungs- und Arbeitsfähigkeit ist nicht nur vorübergehend, sondern sie hält über lange Zeit an. Sie wird zum bestimmenden Faktor für die Lebensgestaltung, zur Einengung der gesamten Perspektive, zur Überschattung der ganzen Erlebniswelt.

Auch die Hoffnung, einen medizinischen Grund für die Schwierigkeiten zu finden, führt häufig ins Nichts: Die Laboruntersuchungen erbringen keinen organischen Grund für die verminderte Belastbarkeit, auch dort, wo scheinbar körperliche Beschwerden im Vordergrund stehen, wie chronische Müdigkeit, diffuse Schmerzen oder allergische Reaktionen. Von diesen körperbetonten Ausprägungen der Sensibilität wird noch zu reden sein.

Versuch einer Definition

Versuchen wir nun, die Gruppe der Leiden etwas klarer zu umschreiben, bei denen Sensibilität zur Krankheit wird.

Es handelt sich um »psychische Störungen, die sich in bestimmten Symptomen – Angst, Zwang, traurige Verstimmung, übermäßige Sensibilität – oder in bestimmten Eigenschaften – Hemmung, Selbstunsicherheit, Gefühlsschwankungen, innerer Konflikthaftigkeit – äußern. Der Wirklichkeitsbezug ist im Allgemeinen intakt. Gestörte Gedanken und Gefühle gehen oft einher mit körperlichen Funktionsstörungen. Das Verhalten verletzt gewöhnlich die Normen der Umgebung nicht aktiv, doch kann es die Leistungsfähigkeit herabsetzen und zu Beziehungsstörungen führen. Zudem gelten folgende Grundregeln:

– Die Symptome treten ohne Behandlung anhaltend oder phasenweise auf.
– Die Symptome sind nicht eine vorübergehende Reaktion auf eine Belastung.
– Bei den meisten dieser Störungen lässt sich keine organische Ursache im engeren Sinne nachweisen.«[4]

Trotz der Vielgestaltigkeit der Symptome beobachtet man viele Gemeinsamkeiten[5], die in Tabelle 6 zusammengefasst sind. Wie wir später sehen werden, bezeichnet man diese auch als verletzliche (»vulnerable«) Persönlichkeit, die die Entstehung von Ängsten, Depressionen oder Zwängen (sensiblen Syndromen im engeren Sinne) begünstigt.

Tabelle 6: *Gemeinsamkeiten sensibler Menschen*

---

a) Konflikthaftigkeit (d.h. die Neigung, vieles zu hinterfragen, sich selbst und andere anzuzweifeln und die Unfähigkeit, mit einer »Leichtigkeit des Seins« durchs Leben zu gehen)

b) Hemmungen

c) Kontaktstörung (diese ergibt sich aus den anderen gemeinsamen Eigenschaften)

d) Stimmungsschwankungen

e) verminderte Leistungsfähigkeit

f) körperliche (vegetative) Beschwerden

Doch gehen wir mit dieser reinen Beschreibung von Symptomen nicht zu wenig weit? Muss nicht auch etwas gesagt werden über *gemeinsame Ursachen*? Gibt es nicht vorgeburtliche Traumata,

[4] Mester und Tölle 1981
[5] Was Nervenärzte schon seit jeher beobachtet hatten, wurde durch eine systematische Studie umfassend belegt und als »Allgemeines neurotisches Syndrom« bezeichnet (vgl. Andrews et al. 1990b).

frühkindliche Verletzungen, einengende Familienstrukturen, subtile und offene Gewalt in der Schule, sexuellen Missbrauch, mangelnde Liebe und Wertschätzung, die übermäßig sensiblen Menschen gemeinsam sind?

Vieles deutet darauf hin, dass sensible Menschen ihre Umgebung schon in der Kindheit anders erleben – intensiver, belastender und konflikthafter. Doch die Forschung ist weit davon entfernt, einen gemeinsamen Nenner zu finden.

Was ist gesund, was krankhaft?

Was ist eigentlich gesund, was krankhaft? Wie ermisst man den Schweregrad einer Störung? Dies zu ergründen, ist nicht immer einfach. Manche stellen überhaupt in Frage, ob man in der Vielfalt menschlichen Erlebens die Diagnose einer Störung stellen dürfe. Geht nicht das Einmalige des persönlichen Schicksals verloren, wenn man es in Kategorien einteilt?

Wer therapeutisch mit übermäßig sensiblen Menschen arbeitet, wird am Anfang überwältigt von den Beschwerden und der Not, die der Leidende ihm entgegenbringt. Erst mit wachsender Erfahrung ergeben sich Muster der Beziehung und der Kommunikation, die immer wiederkehren. Allmählich entsteht ein Bild, das langsam Konturen annimmt, wie eine assyrische Tontafel, die erst nach umfassendem Verständnis von Kultur und Wissen längst versunkener Zeiten ihre Geheimnisse preisgibt.

Und immer bleibt ein unbekannter Rest, das dumpfe Gefühl des Stückwerks. Bei manchen Patienten hinterlassen die Symptome übermäßiger Sensibilität tiefe und bleibende Spuren – fixierte Ängste und Zwangsrituale etwa – wie ausgewaschene Felsen in einem Wildbach.

Bei andern jedoch erscheint ein ständig wechselndes Bild von Symptomen – etwa mimosenhafte Empfindlichkeit abwechselnd mit klettenartiger Anklammerung, körperliche Beschwerden abwechselnd mit depressiven Verstimmungen – wie die scheinbar sinn- und ziellos sich ändernden Sandmuster am Meeresstrand.

Der Versuch, die geschilderten Beschwerden zu ordnen und ihren Sinn zu entdecken, der Versuch einer Diagnostik also, wird von vielen dankbar angenommen. Auf diese Weise werden ihre persönlichen Nöte in einen größeren Zusammenhang gestellt. Und der seelsorglich orientierte Arzt wird nicht nur die medizinischen, innerseelischen und sozialen Aspekte berücksichtigen, sondern auch versuchen, dem Patienten den Zusammenhang mit seinen ganz persönlichen Fragen zu erhellen. Solange der Patient nicht zum »Fall« wird, solange wir uns fragen, in welcher Lebenslage dieser besondere Mensch mit seiner Persönlichkeit und mit seiner Lebensgeschichte seine Schwierigkeiten entwickelt hat, so lange halten wir ihm die Tür zum Gespräch und zum besseren Verständnis seiner Nöte offen.

Doch damit ist die Frage nach der Norm, nach den Werten und Maßstäben bei der Beurteilung seelischer Gesundheit noch nicht beantwortet. Der Psychotherapieforscher Prof. Hans Strupp[6] und seine Mitarbeiter haben ein wertvolles Modell zur Annäherung an diese Frage entworfen. Es seien drei Gruppen, die die Sichtweise seelischer Gesundheit bestimmten, eine jede aus ihrer Perspektive: a) das Umfeld (Familie, Kollegen, Arbeitgeber); b) die betroffene Person selbst; c) die Psychotherapeutin oder der Seelsorger.

Jeder von ihnen hat seine eigenen Werte und Maßstäbe zur Beurteilung seelischer Störungen und zur Überprüfung, ob eine Therapie Erfolg hat. Das *Umfeld* eines Menschen beurteilt seine Gesundheit danach, wie gut er seine Aufgaben erfüllt und sich an die Regeln der Gesellschaft hält. *Die betroffene Person* misst ihre Gesundheit daran, ob sie sich wohl fühlt und ob ihre Bedürfnisse erfüllt werden. Der *Therapeut* (oder die Seelsorgerin) schließlich geht von seinem Menschenbild aus. So fragt er vielleicht danach, ob jemand schon Einsicht in die Entstehung seiner Störungen hat, selbständig ist und sich durchsetzen kann.

---

[6] Strupp und Hadley 1977; eine Anwendung auf die Seelsorge findet sich bei Pfeifer 1991, S. 123 ff.

Zwei Beispiele

Zwei Beispiele sollen verdeutlichen, wie unterschiedlich diese Sichtweisen sein können.

Beispiel 1: Alexander B., ein 26-jähriger Computerfachmann, ist aus der Sicht der *Gesellschaft* völlig gesund: Er arbeitet regelmäßig, verdient gut, zahlt seine Steuern und ist in der Firma ein zurückhaltender, aber angenehmer Kollege. Doch Alexander *selbst* ist nicht glücklich. Ständig fühlt er sich im Stress. Sein Magen ist sehr empfindlich, und oft hat er einen schlechten Schlaf. Wegen seiner Hemmungen und seiner hohen Ansprüche hat er bis heute noch keine Frau gefunden. Sein *Therapeut* ist der Meinung, dass er sein Potential noch zu wenig ausgeschöpft habe, und in seiner emotionalen Intelligenz noch starken Entwicklungsbedarf habe.

Beispiel 2: Christa D., eine 35-jährige Kunststudentin, lebt in einer alternativen Wohngemeinschaft. *Sie selbst* findet ihren Lebensstil toll und fühlt sich gesund. Anders sieht es ihre *Umwelt*: Die Eltern klagen: »Nun studiert sie schon seit 14 Jahren, und wir müssen immer zahlen, sonst hagelt es Vorwürfe. Kann sie nicht endlich selbständig werden?« Mit ihrer selbstherrlichen Art eckt sie auch in der Wohngemeinschaft an. Ihr *Therapeut* versucht ihr zu helfen, sich besser an die Realität anzupassen.

Die Schwelle zwischen gesund und krank

Viele Menschen, die unter ihrer übermäßigen Sensibilität leiden, erleben ihre Schwachheit und ihre Nöte so intensiv, dass sie sich selbst nur noch von ihren Defiziten her sehen. Die gesunden Anteile treten für sie völlig in den Hintergrund. Auch die Angehörigen und nicht zuletzt die Therapeuten stehen in der Gefahr, einen Menschen nur noch in seinen kranken Bereichen zu sehen. Es ist deshalb ermutigend, dass heute vermehrt darauf geachtet wird, in welcher Weise ein Mensch seine Schwierigkeiten mit gesunden Strategien bewältigen kann.[7]

[7] Fachbegriff: »Coping«, Literatur bei Tesch-Römer 1997

Offenbar gibt es eine *Schwelle*, an der sensible Menschen derart von Ereignissen und Gefühlen überwältigt werden, dass sie das Leben nicht mehr im Griff haben. Eine 55-jährige Frau erzählt: »*Vor neun Jahren hatte ich meine letzte große Krise. Ich brauchte zwei Jahre, bis ich mich erholte. Die Kinder wurden erwachsen, ich arbeitete ein wenig und sorgte für unseren gemeinsamen Haushalt. Das Leben war wieder schön. Aber dann bat mich meine Tochter, drei Wochen lang auf meine zwei Enkel aufzupassen, während sie mit ihrem Mann eine Reise machte. Ich habe sie ja gern, die beiden Kleinen, aber mit der Zeit wurde mir alles zuviel. In mir stiegen ganz eigenartige Ängste auf, wie ich sie schon lange nicht mehr erlebt hatte, Todesbilder, so dass ich mich mit den Kindern nicht mehr auf die Straße wagte. Ich konnte nicht mehr schlafen, kam nicht mehr zur Ruhe, und dann kam es zum Nervenzusammenbruch.*«

Diese Frau kannte zwar ihre Sensibilität, aber die gesunden Anteile waren ausreichend stark, dass sie das Leben gut bewältigte. Erst als der ungewohnte Stress der vollen Verantwortung für die kleinen Enkel einsetzte, stieg die Belastung wieder über jene Schwelle, die bei ihr das Gefühl der Überforderung und der Krankheit kennzeichnete.

Wann ist es zu viel? Die Schwelle ist für jede Person anders, je nach Belastbarkeit und zusätzlichem Stress. Solange eine Person mit ihren Kräften die Aufgaben meistert, die an sie herangetragen werden, so lange ist die Sensibilität »unterschwellig«. Doch auch bereits diese innere Angespanntheit kann zu deutlichem Leiden führen. Wer in ständiger Angst davor leben muss, ob er wohl eine Belastung erträgt, in einer Begegnung stark ist, sich nach außen fröhlich geben kann trotz innerer Traurigkeit, wer also in dieser Spannung lebt, leidet erheblich, auch wenn er die äußere Schwelle zur Krankheit noch nicht überschritten hat.[8] Bildlich lässt sich dieser Sachverhalt wie folgt darstellen (Abbildung 6).

---

[8] In der Medizin hat sich dafür der Begriff der »subthreshold disorders« eingebürgert; vgl. die Übersicht von Akiskal 2001.

Abbildung 6: *Schweregrad und Schwelle*
bei psychischen Problemen

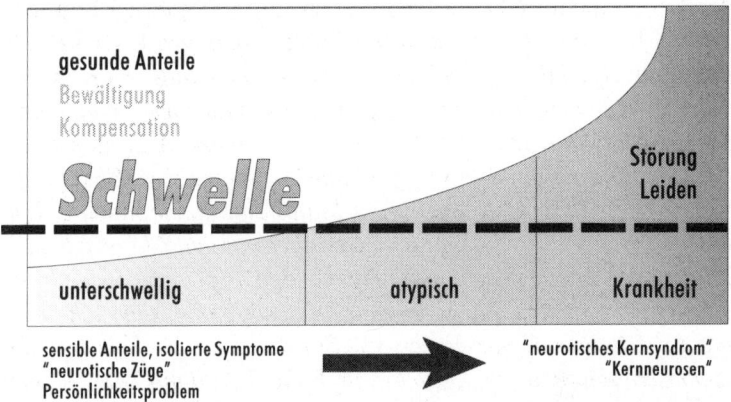

Der Schweregrad ergibt sich also anhand des Ausmaßes der Symptome und der allgemeinen Lebensbehinderung. Je nach Zustandsbild kann der störende Anteil größer oder kleiner sein. Während die Störungen in einer Krise übermächtig werden und zur Arbeitsunfähigkeit führen können, treten sie im Laufe der Entwicklung oft wieder in den Hintergrund.

Oft ist es eine belastende Erfahrung oder das Zusammentreffen verschiedener Ereignisse, die eine Krise auslösen. Für die sensible Person wird alles zu viel, und sie entwickelt schließlich Krankheitssymptome. Manchmal allerdings ist die Seele so wund, dass es gar nicht mehr viel braucht, um wieder Ängste und depressive Verstimmungen auszulösen, die deutlich über der Schwelle liegen.[9]

Doch nun scheint es an der Zeit, ein umfassendes Modell vorzustellen, das aufgrund der neueren Forschungsergebnisse die wichtigsten Faktoren der Entstehung neurotischer Störungen zusammenfasst (vgl. Abb. 7).

---

[9] Es scheint, dass extremer Stress eine toxische Auswirkung auf die feinen Strukturen der Gefühlsverarbeitung im Gehirn hat, die zu einer lebenslangen Sensibilisierung führen können; vgl. z.B. Bremner 1999.

Abbildung 7: *Entwicklung sensibler Krankheitsmuster*

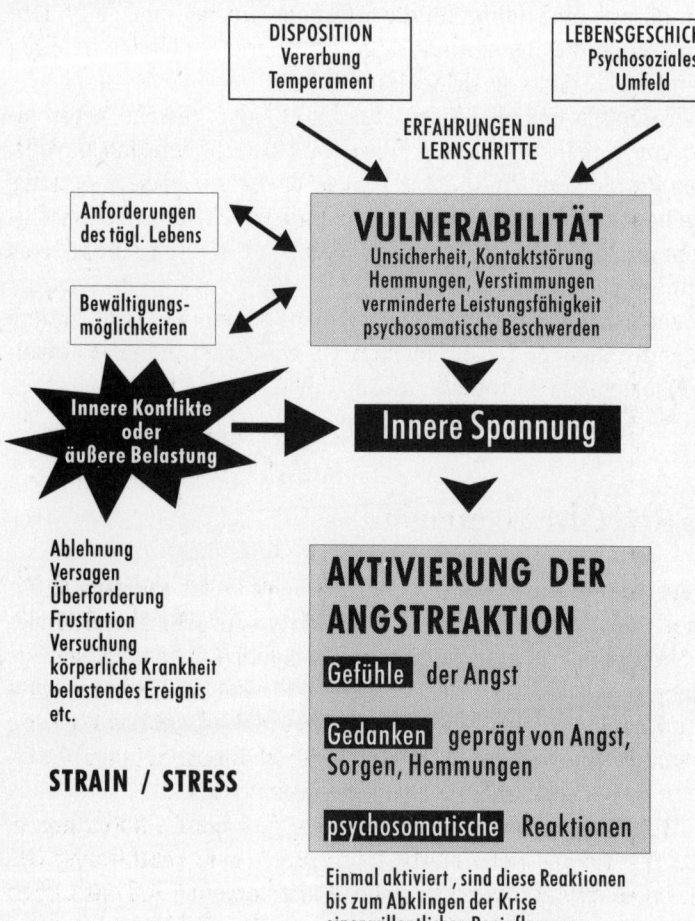

Die Bausteine des Modells

Mit der obigen Abbildung wird ein Modell beschrieben, das die vielfältigen Ursachen aufzeigt, die auf lange Sicht zu dem führen, was man schließlich als übermäßige Sensibilität erlebt. Insbesondere kommt zum Ausdruck, dass die Krankheitssyndrome mehr sind als nur eine fehlgeleitete Erlebnisverarbeitung. Vielmehr kann gerade die Sensibilität oder die »Verletzlichkeit« zu einer veränderten Sicht von Erlebnissen führen.

Wir müssen uns also lösen von dem Cliché, falsche Verarbeitung von Lebensproblemen führe zu körperlichen und psychischen Problemen. Vielmehr geht man davon aus, dass vegetative (psychosomatische) Beschwerden und psychische Schwierigkeiten auch den Umgang mit äußeren und inneren Erlebnissen beeinflussen.

Manche Elemente des Modells sind allgemein bekannt, andere mögen für manche Leser neu sein. So wollen wir nun die einzelnen Bausteine des Modells im Einzelnen durchgehen.

Die Rolle der Vererbung

1. Vererbung: Die Erfahrung zeigt, dass es in der weiteren Familie hochsensibler Menschen oft eine Häufung psychischer Schwierigkeiten gibt.[10] Wie oft hört man von Patienten Aussprüche wie »Schon meine Mutter hatte schwache Nerven« oder »Mein Vater war immer ein schwerblütiger Mensch«. »Ich war schon als Kind ein Schreibaby, sagt meine Mutter« oder »Ich hatte schon als kleiner Junge weniger Energie als meine Kameraden.«

2. Behinderungen: Körperliche und geistige Behinderungen, wie z.B. eine hässliche Narbe im Gesicht, eine Fehlbildung des Fußes oder eine Rechenschwäche können einem Kind das Leben schwer machen. Vielleicht kann es beim Sport nicht mithalten, wird ausgelacht, schämt sich. Es kommt öfters zu Konflikten mit der Umwelt, sei es, weil das Kind auf störende Weise Aufmerksamkeit auf sich lenken will, sei es, dass die Eltern Mühe haben, mit seiner Behinderung oder Sensibilität umzugehen. Kinder mit

---

[10] Vgl. Andrews et al. 1990a; ein klassisches und sehr gut dokumentiertes Fallbeispiel findet sich in der Familie des bekannten Dichters Hermann Hesse (dokumentiert in der Biographie von Freedman 1991).

einem P.O.S.[11] sind der Bewältigung von Lebenskonflikten weniger gewachsen als hirngesunde Kinder. Sie können in der Folge übermäßige Scheu, Ängstlichkeit und Minderwertigkeitsgefühle entwickeln, die sich zu einem tief eingegrabenen Muster der Sensibilität verfestigen.

3. Psychosoziales Umfeld: Jeder Mensch wird maßgeblich geprägt von der Umgebung, in der er lebt. Sicher ist da zuerst einmal die Familie, dann aber auch die Schule, der Freundeskreis, die Arbeitsstelle. Was erlebt ein Mensch in seiner Familie? Erfährt er Liebe, Annahme, Wertschätzung, Ermutigung auch in schwierigen Zeiten? Oder wird er abgelehnt, überfordert, abgewertet? Erfährt er Schicksalsschläge, wie z.B. den Tod eines guten Freundes?

4. Erfahrungen und Lernschritte: Der Mensch ist nicht einfach Spielball des »Schicksals«. Vielmehr lernt er durch jede Erfahrung, er bewertet sie, in seinen Gedanken, in seinen Gefühlen. Mehr noch, er leitet daraus ab, wie er sich in seiner Umwelt verhält. Manche Lernschritte verlaufen sehr *bewusst* (*»In eine so peinliche Situation werde ich mich nie mehr begeben!«*), andere äußern sich nur *indirekt* (*»Ich kann mir das nicht erklären: Jedes Mal, wenn ich diese Person sehe, bekomme ich Magenschmerzen«*). Negative Erlebnisse können entmutigen, positive Erfahrungen wirken befreiend und geben Mut zu neuen Schritten. Dabei spielt das Denken, die Bewertung einer Erfahrung, eine entscheidende Rolle. Unser Erleben und Verhalten ist das Resultat komplexer Lernschritte, nicht nur in der Kindheit, sondern während des ganzen Lebens.[12] Besonders wichtig: Wir sind nicht nur Erlebende, sondern wir prägen auch wieder die Umwelt anderer mit unserem Verhalten. Jeder Mensch hat seinen eigenen Willen, und oft trifft man Entscheidungen, die man nicht mehr rückgängig machen kann.

---

[11] P.O.S. bedeutet psycho-organisches Syndrom, auch M.C.S. = minimale cerebrale Schädigung genannt. Sie kann sich äußern in übermäßigem Bewegungsdrang, vermehrter Ablenkbarkeit, Gefühls-Instabilität und verminderter Schulleistung (oft trotz guter Intelligenz). Allerdings wird die Diagnose heute viel zu häufig und aus nichtigem Anlass bei kleinsten Verhaltensauffälligkeiten gestellt. Eine gute Übersicht findet sich bei Neuhaus 2000; Hilfen für Eltern bei Döpfner, Schürmann & Lehmkuhl 1999.
[12] Eine umfassende Darstellung der Bedeutung sozialen Lernens gibt Bandura 1979.

Verletzlichkeit und Lebenskampf

5. Vulnerabilität: Gelingt es einem Menschen, mit seinen Anlagen im Rahmen seines Umfeldes gute Erfahrungen zu machen und auch in widrigen Erlebnissen zu bestehen, so entwickelt sich ein inneres Gleichgewicht, mit dem er sein Leben weitgehend erfolgreich bewältigen kann. Ist dieses Gleichgewicht verschoben, so sprechen wir von »Verletzbarkeit« oder »Vulnerabilität«. Bei sensiblen Menschen ist diese gekennzeichnet durch drei Faktoren:

5.1 Verzerrungen des Denkens [13]*:* Die Denkmuster sind nicht an die Wirklichkeit angepasst. Zu hohe Erwartungen an sich selbst und andere, Schwarz/Weiß-Denken oder einseitige Betrachtung eines Vorganges drücken sich in übersensiblen und unangepassten Reaktionen aus.

5.2 Angstneigung: Angst ist das gemeinsame Merkmal sensibler Verletzlichkeit. Je schwerer das Leiden, desto ausgeprägter die Angst in gewissen Situationen.

5.3 Vegetative Labilität, die sich in psychosomatischen Beschwerden äußert (Kapitel 4).

6. Lebensanforderungen und Bewältigungsmöglichkeiten: Normalerweise gelingt es uns ohne größere Schwierigkeiten, die Aufgaben zu bewältigen, die uns das Leben stellt: Arbeit, Beziehungen, Freizeitgestaltung etc. Wir haben Bewältigungsmöglichkeiten, die uns helfen, mit den Anforderungen umzugehen. Hier zeigt sich beim sensiblen Menschen ein Ungleichgewicht: Durch seine Vulnerabilität fürchtet er in den Anforderungen des täglichen Lebens zu versagen.

Die Auslöser

7. Äußere und innere Erlebnisse: Nicht immer sind es äußere Erlebnisse, die den sensiblen Menschen belasten. Schon ein

---

[13] Kognitive Verzerrungen oder »Denkfehler« wurden insbesondere bei depressiven Menschen erforscht und in dem hervorragenden Buch »Kognitive Therapie der Depression« von Beck 1981 umfassend dargestellt.

Gedanke, ein Traum, eine Erinnerung kann zum lebensbeherrschenden Problem werden. Insbesondere stehen die Ereignisse oft in keinem Verhältnis zu den dadurch ausgelösten Reaktionen. Schon eine harmlose Bemerkung kann – bedingt durch die sensible Verletzlichkeit – als massive Kränkung empfunden werden, die eine Lawine von Ängsten, Aggressionen und psychosomatischen Reaktionen auslöst. Oftmals drehen sich die Auslöser um Ablehnung, Versagen, Überforderung, Frustration oder Versuchung.

Körperliche Krankheiten wie Grippe, chronische Infekte und rheumatische Erkrankungen können zu einer zusätzlichen Schwächung führen, die den Beginn einer übersensiblen Entwicklung mit deutlich verminderter Belastbarkeit auslösen.

8. Innere Spannung: Sensible Menschen leben in ständiger Spannung (psychisch und körperlich), die ihre Lebenskraft und Lebensfreude absorbiert. Sie fragen sich bei allen Anforderungen, ob sie ihnen gewachsen sind: ob ein Besuch sie nicht zu viel Schlaf kostet, das fremde Essen ihren Magen zu sehr belastet oder der frische Herbstwind sie nicht völlig unterkühlt. Ängstlich-unsichere Menschen gehen jeder Begegnung mit tausend Bedenken entgegen, die schon im Vorfeld zu unerträglichen Spannungen führen können. Dann braucht es oft nur einen kleinen Anlass, der zum Auslöser einer neurotischen Krise werden kann.

Sensible Schemata

»Ich habe lange versucht, mich zusammenzureißen. Ich habe jede unnötige Belastung vermieden.« Frau Kremer rang um Worte: »Aber nun ist alles zusammengekommen: das Telefonat mit meiner Schwiegertochter, das Ohr-Ekzem bei meinem Hund und die schrecklichen Nachrichten im Fernsehen. Ich spüre, wie mich meine Kraft verlässt. Ich bin wieder ganz depressiv. Ich kann nicht mehr ...« Die Patientin, der es über einige Zeit recht gut gegangen war, war in eine neue depressive Krise hineingerutscht.

Erreicht die Spannung einen gewissen Grad, so kann es zur Auslösung eines »sensiblen Schemas« kommen, das – einmal aktiviert – willentlich nur noch schwer zu beeinflussen ist. »Ich versuche nach Kräften, diese Gedanken und Gefühle abzustellen, aber es gelingt mir nicht. Ich schone mich, ich gehe früh zu Bett, ich schaue nicht einmal die Zeitung an, ich esse nur leichte Kost – aber alles nützt nichts. Es läuft einfach in mir drin ab!«

Der Vorgang ist vergleichbar einer Spieldose, die auf Knopfdruck ihre Melodie klimpert, bis die Walze ihre Umdrehung beendet hat. Die Walze dreht sich, weil sie zuvor durch den Schlüssel aufgezogen worden, unter Spannung gestellt worden ist. Die kleinen Stifte der Walze sind in einem festen Muster verteilt, das dann die Melodie auf den Metallzungen spielt. So ähnlich, wenn auch unendlich komplexer, können wir uns ein sensibles Schema vorstellen.[14] Dabei unterscheiden wir zwischen

– Gefühlsschemata,
– Denk- und Verhaltensschemata,
– vegetativen Schemata.

Diese spielen oft zusammen und formen das wechselhafte Bild eines Syndroms, das früher als »neurotisch« umschrieben wurde. Die oben erwähnte Patientin zeigte alle drei Schemata: Ihre *Gefühle* wurden von Verzweiflung und Angst überschwemmt. Eine innere Unruhe ergriff sie, die ihr das Alleinsein fast unerträglich machte. Die *Gedanken* engten sich ein auf die schrecklichen Erfahrungen der Flüchtlinge, die sie im Fernsehen gesehen hatte, und die ständige Frage, ob sie das aushalten würde.

Gleichzeitig machte sie sich Vorwürfe bezüglich ihrer Tochter, die sie nicht richtig erzogen habe. Auch wenn sie die Gedanken abstellen wollte, so drehten sie sich von alleine weiter, in zwanghafter Grübelei über ihre Fehler. Schließlich machten ihre *vegetativen Beschwerden* sich wieder bemerkbar: ein unerträgliches Frieren trotz normaler Zimmertemperatur, ein Druck in der Magengegend und ein ständiges Schwächegefühl in den Armen. Frau Kremer kennt diese Zustände von früheren Krisen. Es ist ihre Art, auf Belastungen zu reagieren, ihr »Schema«, das sich über die Jahre entwickelt hat.

---

[14] Eine umfassende Darstellung der Rolle des limbischen Systems bei der Auslösung psychosomatischer Reaktion findet sich bei Schmidt und Thews 1987, S. 379. Der Begriff der Schemata wird hier mit »fixen Programmen« umschrieben.

Wir haben nun verschiedene Aspekte des sensiblen Menschen kennengelernt. Kapitel 2 beschäftigte sich mit der Persönlichkeit, Kapitel 3 mit dem vegetativen Nervensystem und Kapitel 5 mit den Schutz- und Abwehrmechanismen des sensiblen Menschen. In diesem Kapitel haben Sie etwas mehr darüber gelernt, wie Sensibilität zur Krankheit werden kann. Doch welches sind denn nun die wichtigsten Krankheitsbilder, an denen sensible Menschen leiden? Abbildung 7 zeigt die verschiedenen Störungen auf.

Abbildung 7: *Das Kaleidoskop möglicher Krankheiten*[15]
bei einer sensiblen Grundpersönlichkeit

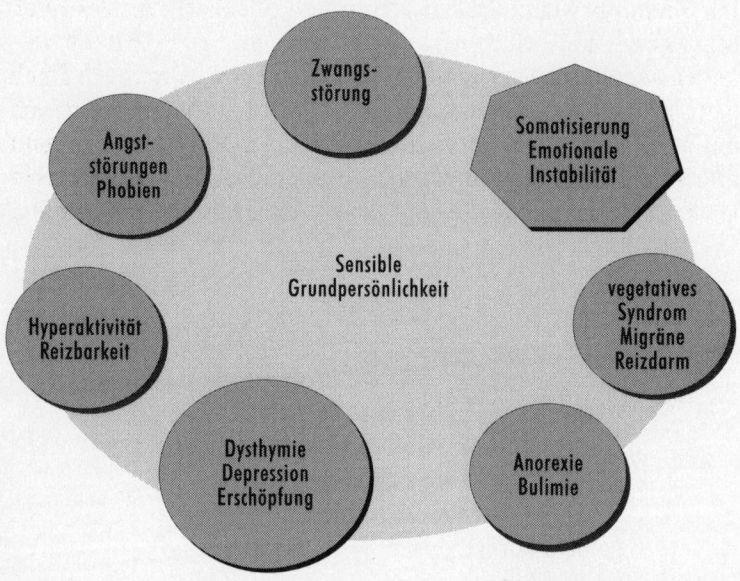

Nach einem Exkurs in das Leben von Prinzessin Diana, einer äußerst sensiblen Frau, betrachten wir einen Bereich, der zwar noch nicht als Krankheit gewertet wird, aber bei den Betroffenen

[15] In der wissenschaftlichen Literatur spricht man heute von Spectrum Disorders; vgl. Frank et al. 2000 und Cassano et al. 1999.

und ihren Mitmenschen doch ausgeprägtes Leiden verursachen kann – die Persönlichkeitsstörungen. Danach wenden wir uns den Zustandsbildern zu, die bei sensiblen Menschen zur Krankheit werden können:

1. Depression und Erschöpfung (Dysthymie);
2. Angstsyndrome, speziell soziale Phobie, Panik und Agoraphobie;
3. Emotionale Instabilität und »Hysterie«;
4. Zwang und Zweifel;
5. Störungen mit körperlichen Missempfindungen (Somatisierung).

Ich bin mir bewusst, dass man zu jedem Thema ein ganzes Buch schreiben könnte, doch möchte ich mich um der Lesbarkeit willen einschränken. Der Schwerpunkt liegt im vorliegenden Buch ganz speziell beim Erleben von sensiblen Menschen. So bitte ich um Nachsicht, wenn ich nicht alle Facetten der Depression und alle Tiefen der Angst umfassend ausleuchte. Der interessierte Leser kann sich durch die angegebene Literatur weiter vertiefen.

Kapitel 7

Diana – die sensible Königin der Herzen (1961–1997)

Wer das hochgeschossene Kindermädchen mit dem verlegen gesenkten Blick im Alter von 18 Jahren kennen lernte, hätte sich nicht träumen lassen, dass sie eines Tages als eine der schönsten und bekanntesten Frauen des ausgehenden 20. Jahrhunderts gelten würde. Ihr Leben[1] war ein Drama, das täglich von der Presse der ganzen Welt verfolgt wurde. Sie ist der Prototyp einer sensiblen Frau mit Ausstrahlung, Mitgefühl und Empfindsamkeit, die daran zerbrach, dass sie von den Zwängen des britischen Hofes und den widerstreitenden Gefühlen ihres Herzens überwältigt wurde.

Doch gehen wir der Reihe nach: Diana Spencer (1961–1997) wuchs zusammen mit ihrem Bruder und zwei älteren Schwestern in einer wohlhabenden englischen Adelsfamilie auf. Doch äußerer Glanz und Reichtum wurden durch die Scheidung der Eltern überschattet, als Diana sechs Jahre alt war. Äußerlich schien sie

---

[1] Das Leben von Prinzessin Diana wird in vielen Büchern dargestellt. Ich stütze mich hier besonders auf das Buch von Sally Bedell Smith (1999): »Diana in search of herself. Portrait of a troubled princess«, New York: Random House.

es gut zu verarbeiten, aber innerlich litt das Mädchen enorm. Ihrem Biografen erzählte sie später: »Ich fühlte mich innerlich immer anders als die andern, sehr fremd … Ich konnte nicht darüber reden, aber es war da … es war, als lebte ich im falschen Körper.«

Diana war fast übermäßig ordentlich: Ihr Zimmer hielt sie immer sorgsam aufgeräumt, Kleider und Spielzeuge wurden perfekt arrangiert. Ganz wichtig waren ihre Stofftiere für sie, die sie auch noch als längst erwachsene Prinzessin immer in ihrem Schlafzimmer aufgestellt hatte. Sie war sorgsam auf ein makelloses Äußeres bedacht. In der Schule räumte sie auch noch die Plätze ihrer Mitschülerinnen auf. Ein Kinderpsychiater interpretierte das Verhalten als einen Weg der Bewältigung: »Sie war ein liebes Mädchen, das seine schlechten Gefühle aufräumte, wenn sie um sich herum sauber machte.«

Nach außen war sie voller Energie, ideenreich, redselig und eine begabte Schauspielerin, die sich für Familienfotos dramatisch in Pose werfen konnte. Sie hatte einen starken Willen, aber auch eine feinfühlige Sensibilität für alles, was um sie herum vorging. Ihre großen Schwestern bewunderte sie, aber sie fühlte sich ihnen auch unterlegen, weil diese begabter waren als sie, schneller im Lernen, besser im Klavierspielen. Sie litt oft unter Minderwertigkeitsgefühlen und hielt bis ins Erwachsenenalter den Blick schüchtern gesenkt, wenn sie andern begegnete. Ihr Bruder bezeichnete sie wörtlich als »sehr sensibel«.

Später, in der Internatsschule, entdeckte sie trotz mäßiger Leistungen auch so manche Gabe bei sich selbst. Sie war eine hervorragende Schwimmerin, eine begeisterte Balletttänzerin und eine Person, die man gern um sich herum hatte, lustig und voller Ideen. Bereits damals kümmerte sie sich um andere, half schwächeren Schülerinnen bei den Aufgaben, besuchte psychisch kranke Menschen in einer nahe gelegenen Klinik und schaute jede Woche bei einer einsamen älteren Frau vorbei.

Mit 16 kam es zu einem schweren Einschnitt in ihrem Leben: Sie fiel zweimal bei den Prüfungen der Mittleren Reife (O-Level) durch. Ihre Karriere war in Gefahr. Auf Drängen der Eltern ging sie an eine schweizerische Privatschule, kam aber bald wieder frustriert nach England zurück. Ein Versuch, in einer Ballettschule zu unterrichten, scheiterte daran, dass sie sich schon mit zwölf Kindern überfordert fühlte. Sie absolvierte verschiedene Praktika, machte einen Kochkurs und fühlte sich am wohlsten, wenn sie für Kinder sorgen konnte. Sie lebte mit zwei Kolleginnen in einem Londoner Appartement, war aber selbst mit 18 so schüchtern, dass sie kaum zu Partys ging und auch keine Männerfreundschaften suchte. Alles, was außerhalb ihrer kleinen, sicheren Welt lag, schien sie zu überwältigen.

Große Liebe – die unbeschwerte Jugend ist vorbei

Doch eines Tages warf der Thronfolger des britischen Reiches, Prinz Charles, sein Auge auf sie. Die beiden kannten sich von gegenseitigen Besuchen der adligen Familien. Ihre unbeschwerte Fröhlichkeit und ihre aufrichtige Anteilnahme an seinem Leben, die schöne Seite ihrer Sensibilität, gewannen sein Herz. Wie viele junge Frauen träumte sie von einem fürsorglichen Mann, der sie unterstützen und ermutigen würde.

Prinz Charles hingegen suchte das Mädchen, das einmal Königin von England werden sollte. Diana war sich in ihrer ersten Liebe nicht bewusst, welche Last ihr damit auferlegt würde.

Im Sommer 1980 wurde ihre Liebe zum großen Thema der Massenblätter. Zu Beginn fühlte sie sich noch geschmeichelt, doch bald wurde sie bis in ihr Privatleben hinein verfolgt und in die Enge getrieben.

Nach der Verlobung am 6. Februar 1981 zog sie ins Palais der Königinmutter, weg von ihren Kolleginnen in London. Auf einmal war sie umgeben von Dienstboten, die sie auf ihre Pflichten als Prinzessin vorbereiten sollten. Die unbeschwerte Jugend war vorbei.

Prinz Charles wird als introvertierter, tiefgründiger und geistvoller Mensch beschrieben, der ein hohes Pflichtgefühl für seine Rolle als zukünftiger König besaß. Gefühle zu äußern, fiel ihm schwer, obwohl er anfangs wirklich versuchte, Diana seine Liebe zu zeigen.

Diana hatte enorm Mühe damit, dass Charles nur an seine Pflichten dachte, obwohl es ihr doch seelisch schlecht ging. Sie konnte nicht verstehen, weshalb er nicht bei ihr bleiben konnte, obwohl er doch als Prinz tun und lassen konnte, was er wollte. Schon kurz nach der Verlobung musste er zu einer langen Reise nach Australien aufbrechen, und Diana blieb allein im königlichen Quartier zurück, ein 19-jähriges Mädchen voller Angst und Unsicherheit. Weil sie so selbstunsicher war, reagierte sie oft schroff, vermutete hinter harmlosen Aussagen »Lügen und Verrat« und war von starken Stimmungsschwankungen gequält.

Die Tatsache, dass Prinz Charles vor ihr schon einmal eine Beziehung (mit Camilla Parker-Bowles) gehabt hatte, erfüllte sie zeitweise mit rasender Eifersucht, die immer neue Nahrung fand und zu hässlichen Szenen führte. Anfangs bemerkte niemand den Rückfall in ein Muster, das Diana schon während ihres Prüfungsversagens gehabt hatte: eine *Bulimie*.

Sie fand Trost im Essen, fühlte sich dann aber so voll, dass sie bis zu vier Mal pro Tag die Toilette aufsuchte, um zu erbrechen. Unterstützt wurde diese Neigung noch durch Kommentare in der Presse über »ein paar Pfund von Babyspeck« und ihre Entschlossenheit, eine gute Figur zu machen.

Hinter der strahlenden Fassade der glücklichen Braut, wie sie sich an der Hochzeit vom 29. Juli 1981 präsentierte, kam es immer häufiger zu raschen Stimmungswechseln, von sorgenvoller Ängstlichkeit bis zu vehementen Wutausbrüchen. Für ihre Umgebung war es häufig nicht zu erkennen, warum sie derart »ausrastete«. Prinz Charles, der anfangs sehr bemüht war, sich Zeit für sie zu nehmen und seine Interessen mit ihr zu teilen, fühlte sich zunehmend hilflos in ihren Gefühlsstürmen, die in depressives Grübeln und verzweifelten Rückzug mündeten.

Die Sehnsucht nach Zuwendung und Verständnis wurde oft nicht erfüllt. Er als reifer Mittdreißiger interessierte sich für Bücher, Architektur und Sport und genoss es, sich in Ruhe etwas zurückzuziehen; sie als 20-Jährige hingegen interessierte sich für schöne Kleider, oberflächlichen Klatsch und unbeschwerten Spaß. Wenn er sich mit einem Buch zurückzog, fühlte sie sich von ihm abgelehnt und verlassen. Schon als junges Ehepaar galt für sie die

Aussage: »Diana und Charles waren viel mehr daran interessiert, verstanden zu werden, als wirklich zu versuchen, den andern zu verstehen.«

Zwischen Zerbrechlichkeit und Auflehnung

In den Monaten nach der Hochzeit nahm Diana weiter an Gewicht ab, schlief schlecht und weinte oft stundenlang vor sich hin, ihren Kopf auf die Knie gelegt – ein Häufchen Elend, an das keiner herankam.

Ein Problem, sie zu trösten, war diese Mischung aus Zerbrechlichkeit und Auflehnung.

Sie wollte getröstet werden, aber sie stieß alle Versuche zurück, sie aufzumuntern – besonders die von Prinz Charles. Um ihn für sich zu haben, verbot sie ihm, seine alten Freunde zu sehen, die ihm wichtig waren. Auch Dienstboten und persönliche Sekretäre des Prinzen behandelte sie derart launisch und tyrannisch, dass diese oft nach wenigen Jahren den Dienst quittierten. »Ihr langes brütendes Schweigen, oftmals ein Zeichen von Vorwurf, war besonders schwer zu deuten, weil es letztlich aus Dianas Unfähigkeit entstand, das in Worte zu fassen, was ihr Mühe machte.«

Bereits drei Monate nach der Hochzeit suchte sie zum ersten Mal Ärzte und Psychiater in London auf, doch diese konnten wenig ausrichten. Diana sagte ihnen wenig über ihr Inneres und täuschte mit ihrem Lächeln über die Abgründe ihres Herzens hinweg. Zudem argwöhnte sie, man wolle sie einfach ruhig stellen, um sie zu einem guten Mitglied des Hofes zu machen.

Als dann bekannt wurde, dass sie schwanger war, ließ sich alles erklären und verzeihen, und jedermann hoffte auf eine baldige Stabilisierung. In der Öffentlichkeit wurde sie immer beliebter, eine richtige Märchenprinzessin.

Die Liebe des Volkes war Labung und Leiden zugleich. Nach außen war sie ein strahlender Star, aber innerlich rang sie mit ihrer neuen Rolle, ihren Pflichten und Aufgaben und mit ihrer Einsamkeit inmitten der Menge. Lautstarke und dramatische Konflikte häuften sich im Hause Windsor. Manchmal rannte sie einfach zu ihrem Auto und fuhr ziellos in die Nacht hinaus. Einmal stürzte sie sich eine Treppe hinunter, »um Charles' Aufmerksamkeit zu erzwingen«, wie sie später bekannte.

Schon kurz nach der Geburt von Prinz William (1982) fiel sie in eine ausgeprägte depressive Verstimmung, die sie als Beginn ihres »dunklen Zeitalters« erlebte: »Man wacht am Morgen auf und würde sich am liebsten im Bett verkriechen. Ich fühlte mich ständig missverstanden und einfach nichts wert.« Bemerkungen der Presse, sie sei aus der Form geraten, verstärkten ihre Bulimie. Und immer wieder war da die Angst, Charles könnte sich von ihr abwenden und zu seiner Jugendliebe Camilla zurückkehren. Diese Befürchtungen wurden verstärkt, als sie einmal heimlich ein Telefonat der beiden belauschte.

Die Reaktion war dramatisch: Diana zerschlug ein Fenster und fügte sich mit Scherben vielfältige Schnitte an den Unterarmen und Beinen zu. Sie habe das Gefühl gehabt, »keiner hört mir zu… Da war soviel Schmerz in mir drin, und dann verletzt man sich eben auch äußerlich, weil man Hilfe will«, erklärte sie später. Doch ihre Stimmung änderte sich rasch: Schon wenige Tage darauf absolvierte sie in strahlender Laune ein anstrengendes Besuchsprogramm an der Seite ihres Gatten.

Spielzeug der Medien

Die Berichterstattung in den Medien, die zwischen dunklen Andeutungen und überschwänglichen Berichten schwankte, war schwer zu ertragen: »In einer Minute war ich ein Nobody, in der nächsten die Prinzessin von Wales, Mutter, Medien-Spielzeug, Mitglied der königlichen Familie, und das war einfach zu viel für eine Person.«

Charles versuchte verzweifelt, mit ihren enormen Gefühlsschwankungen Schritt zu halten. Er lernte, dass eine Beziehung zu Diana nur möglich war, wenn man sich ihren Ansprüchen völlig unterwarf. Nach etwa fünf Jahren waren die Kraftreserven des

Prinzen so gut wie erschöpft, und es kam zu einer wachsenden Entfremdung. Charles konnte emotional nur überleben, wenn er nicht mehr alle ihre Launen persönlich nahm.

Dafür aber bezahlte er den Preis, seine Gefühle abstumpfen zu lassen – womit natürlich der Kreislauf von Ablehnung, Verletzung und Abkühlung zwischen den beiden verstärkt wurde. Das Paar ging zunehmend getrennte Wege, auch wenn es dazu verurteilt war, im gleichen Palast zu wohnen. In dieser Zeit suchte Charles auch wieder vermehrt die Nähe seiner früheren Liebe Camilla.

Diana ihrerseits suchte in ihrer Einsamkeit und Sehnsucht nach Liebe in der Nähe anderer Männer. Da war ihr Leibwächter, der sie anfangs tröstete, wenn sie weinte und Angst vor einem Auftritt hatte. Sie fragte ihn in allen Dingen um Rat, wie sie aussehe, ob ihr das Kleid stehe, ob der Schmuck zu dieser Bluse passe etc. Wenn Prinz Charles abwesend war, bat sie ihn mehrfach, sie nicht allein zu lassen und die Nacht bei ihr zu verbringen.

Die Geschichte erinnert stark an Potiphars Frau und ihre Beziehung zu Josef. Dies führte auch für den Leibwächter zu einer explosiven Lage, die erst durch seine Versetzung entschärft wurde.

Bald darauf entwickelte Diana eine Beziehung zum Rittmeister James Hewitt, der ihr voller Verständnis und Liebe das Reiten beibrachte und ihr zuhörte, wenn sie von ihren Nöten sprach. Bald entwickelte sich das gleiche anklammernde und launenhafte Muster. Wenn er wieder gehen musste, empfand sie dies als Ablehnung, die kaum zu ertragen war. Hewitt beobachtete: »Sie konnte manchmal ganz ruhig dasitzen, doch dann wurde sie unvermittelt von heftigen Anfällen der Verzweiflung geschüttelt.« Sie war dann derart aufgewühlt, dass er mehrfach befürchtete, sie würde sich das Leben nehmen.

Zuflucht bei Heilern, Astrologen und Wahrsagern

In ihrer Auflehnung gegen das Königshaus war die junge Frau von Prinz Andrew, Fergie, für Diana eine wichtige Bezugsperson. Als frühere Schulkolleginnen hatten sie vieles gemeinsam erlebt und konnten oft ausgelassen miteinander lachen. Fergie war es aber auch, die Diana in die ganz eigene Welt von Astrologen, Geistheilern und Alternativtherapeuten einführte. Die Sterne sollten Sinn in ihr Leben und ihre Zukunft bringen.

Oft telefonierte sie stundenlang mit ihren Astrologinnen und ließ sich von ihnen Wegweisung geben. Die Geistheilerin Simmons berichtete [2], Diana hätte die Angewohnheit gehabt, zu jeder Tag- und Nachtstunde anzurufen, um sie zu sich zu bitten. Oft seien es Notrufe gewesen, beispielsweise als sich Diana mit einer Gabel an ihrem Körper Verletzungen zufügte. Die Prinzessin sei regelrecht therapiesüchtig gewesen.

»Sie konnte an einem Tag eine Aromatherapie besuchen, anschließend ins Shiatsu gehen und sich noch durch Akupunktur behandeln lassen.« Häufig suchte sie Wahrsagerinnen auf, die sich auf die Stimmen von Geistern aus dem Jenseits beriefen. Visualisierung sollte ihr dazu verhelfen, ihre einschießenden Zorngefühle »den Kamin hoch zu schicken, um sich dann wie in Luft aufzulösen«. Besonders bizarr: Durch regelmäßige Spülungen des Dickdarms versuchte sie Aggressionen abzuleiten und gleichzeitig Gewicht zu verlieren.

Daneben versuchte sie es auch mit Psychotherapie, um ihre Bulimie besser in den Griff zu bekommen – ohne Erfolg. Sie war so viel unterwegs, dass eine regelmäßige Therapie gar nicht möglich war. Zudem brachten die privaten Konflikte und die täglichen Medienberichte dauernd neue Probleme, die Gefühle und Verdauung ständig neu in Aufruhr brachten und eine geordnete Arbeit an ihren seelischen Wunden gar nicht zuließen. Therapeutische Beziehungen endeten oft abrupt: Wenn sie sich nicht verstanden fühlte, feuerte Diana ihre psychologischen Betreuer von einem Tag auf den andern.

2 Simone Simmons (1998f): »Diana – die geheimen Jahre«

Engagement für die Kranken und Schwachen

Als sensible junge Frau blieb sie vom Leiden anderer Menschen nicht unberührt. Schon als junges Mädchen machte sie regelmäßige Besuche im Altenheim. 1986, mit 25 Jahren lernte sie die ersten AIDS-Kranken kennen. Ein Foto zeigte sie – how shocking! – ohne Schutzkleidung mit einem Arm um die Schultern eines Kranken gelegt.

Das Bild hatte enorme Signalwirkung für einen entspannteren Umgang mit der mysteriösen Krankheit. »Ich kam zunehmend in Kontakt mit Menschen, die von der Gesellschaft abgelehnt wurden ... und ich fand hier eine innere Verbindung.« Und so begann ihr Ruf als »the caring princess«, die Prinzessin, die sich um die Menschen kümmert.

Nur wenige wussten, wie sehr sie unter ihrer Unsicherheit litt. Bisher hatte sie noch kaum mehr als einen Satz in der Öffentlichkeit gesagt. Nun wurde sie gebeten, bei der Jahreskonferenz einer Entzugsklinik eine Ansprache zu halten. Der bekannte Filmemacher Richard Attenborough musste ihr helfen, ihre Gedanken in Worte zu fassen. Tagelang übte sie ihre kleine Rede vor der Kamera. Es war für sie eine große Leistung, zum ersten Mal sechs Minuten am Stück zu sprechen. Ihre Worte berührten die Herzen und weckten Verständnis für die Menschen, die von Alkohol, Drogen und Medikamenten abhängig waren.

„Mit ihrer natürlichen Wärme, ihrer echten Anteilnahme am Leben leidender Menschen und ihrer intensiven Ausstrahlung konnte sie augenblicklich Kontakt herstellen. Sie sah etwas Besonderes in jedem menschlichen Wesen.«

Im Mitgefühl mit leidenden Menschen konnte sie etwas von dem verarbeiten, woran sie selber litt. Es war gerade ihre große Sensibilität, ihre eigene Not und Leere, die ihr Mitgefühl mit andern so tief und echt machte. Hier konnte sie das geben, wonach sie sich selbst so sehr sehnte: Zuwendung, Anteilnahme, Liebe. Ihre Besuche bei Kranken und Sterbenden gaben ihr neue Kraft zum Leben.

In der Welt der Starken, Schönen und Erfolgreichen fühlte sie sich oft minderwertig, kraftlos. Dort war sie ängstlich darauf bedacht, nichts Falsches zu sagen. Aber wenn sie behinderte Kinder und benachteiligte Menschen besuchte, dann erlebte sie echten Lebenssinn. Ihnen fühlte sie sich näher als all den glitzernden Adligen in ihrem Umfeld. Die Leidenden und die Ausgestoßenen »sind offener und verletzlicher und viel echter als andere Leute«, sagte sie einmal.

Kampf mit unfairen Mitteln

Bei aller Liebe und allem Mitgefühl für die sensible Prinzessin im goldenen Käfig darf man nicht übersehen, dass sie in ihrem Kampf ums seelische Überleben oft nur sich selbst sah, ihre Verletzungen, ihre Enttäuschungen, ihre Not. Oft drehte sie sich nur noch um sich, ständig darauf bedacht, im Wettbewerb um öffentliche Anerkennung gut dazustehen, wenn möglich alle andern im Königshaus zu übertrumpfen.

Ihre Schönheit und ihr bezaubernder Charme halfen ihr dabei, im Hintergrund die Fäden zu ziehen. In ihrem Kampf griff sie aber immer öfter zu unfairen Mitteln, ohne Rücksicht auf die Gefühle ihrer Familie und die Pflichten ihres Standes. Sie hatte einen zielsicheren Instinkt für Publicity, Glamour und Ehre und war sorgsam darauf bedacht, diejenigen Wohltätigkeitsorganisationen zu unterstützen, die ein besonders hohes Presse-Echo garantierten.

Freundschaften mit ihr waren schwierig. Fühlte sie sich von jemand angesprochen, so konnte sie rasch eine intensive Beziehung aufbauen, Anteil nehmen und großzügige Geschenke machen. Doch dann forderte sie immer mehr und nahm die Person ganz in Beschlag. Gleichzeitig sollte die neue Freundin alle ihre Stimmungswechsel ertragen und ihre Pläne nach Dianas Launen ausrichten. Immer wieder kam es zu einem abrupten Wechsel zwischen überschwänglicher Zuneigung und intimer Vertraulichkeit und – aus nichtigem Anlass – zu unvermittelter Abwendung und offener Ablehnung.

1992 kommt es zum Eklat: Die Prinzessin lässt den Klatschjournalisten Andrew Morton ein Buch über sie schreiben, in dem sie öffentlich intimste Details über ihre Ehe und ihre seelischen Schwierigkeiten preisgibt – »ihre wahre Geschichte«. Schuld an allem war aus ihrer Perspektive einzig und allein Prinz Charles, der gefühllos, steif und unaufmerksam gegenüber ihren Bedürfnissen und zudem ein schlechter, abwesender Vater für seine Söhne sei.

Viele Freunde waren tief verletzt, weil sie sich von Diana missbraucht fühlten, ihre Version der Dinge in der Presse darzulegen. Dabei schreckte Diana auch vor offenen Lügen nicht zurück. Das Buch gab schließlich den Anlass für die offizielle Trennung Ende 1992.

Kampf ums seelische Überleben

Nach ihrer Trennung stand Diana allein im Leben. Sie hatte keine Diener mehr, auch wurde die Anzahl der Leibwächter reduziert. Selbst mit ihrem Butler und ihrer Pressesprecherin überwarf sie sich. Und doch war sie nicht allein. Sie war ja umschwärmt von allen, die etwas von ihr wollten, ständig belagert von Pressefotografen. Sie lebte ein außerordentlich hektisches Leben im dauernden Kampf um die besten Schlagzeilen.

Immer musste sie im Mittelpunkt stehen – »süchtig nach Scheinwerferlicht, es ist wie eine Droge«, sagte sie einmal von sich. Ihr pausenloser Einsatz für Benachteiligte und Opfer wurde zu ihrem Weg, sich nicht den wesentlichen Fragen ihres eigenen Lebens zu stellen. Schlafen konnte sie oft nur mit einem Schlafmittel.

Mittlerweile war sie in über 100 Wohltätigkeitsorganisationen und hetzte von einer Veranstaltung zur nächsten. Kein Wunder, dass ihr alles zu viel wurde. Manchmal kam es zu öffentlichen Tränen, die kurz darauf wieder ihrem strahlenden Lächeln wichen – wenigstens nach außen hin.

Mit ihrem ständigen Redefluss versuchte sie nur, ihre Spannung und ihre panische Angst zu verbergen. Sie suchte Rat und Hilfe von allen Seiten, wobei sie ganz widersprüchliche Signale aussandte. Als sie sich eines Tages impulsiv dazu entschied, sich aus dem öffentlichen Leben zurückzuziehen, bereute sie diesen Schritt schon kurz darauf: »Zeit und Raum für sich zu haben, das brachte die Schrecken und Ängste des Alleinseins über sie.«

Mit offenen Augen in die Katastrophe

Auch mit Männern hatte sie kein Glück. Diana besuchte in der Zeit nach ihrer Scheidung oft nachts in Verkleidung herzkranke Kinder im Krankenhaus – nicht einmal die Presse merkte es. Dort verliebte sie sich in den jungen pakistanischen Herzchirurgen Hasnat Khan. Einmal mehr vermischte sich Liebe und Besitzanspruch. Oft rief sie ihn im Krankenhaus an und konnte nicht verstehen, dass er nicht abnahm, weil er bei einer Operation war. Als die Beziehung öffentlich wurde, verleugnete sie Khan mit sehr verletzenden und abwertenden Worten.

Wie um Khan zu bestrafen, ließ sie sich mit dem Sohn des Kaufhauskönigs von London, Dodi Al-Fayed, ein; einem 40-jährigen Mann, der – reichlich finanziert durch seinen Vater – ziellos durch das Leben schlitterte, ständig umgeben von schönen Frauen. Als Diana auftauchte, verließ er auf Geheiß seines Vaters kurzfristig seine Verlobte, um die Liaison mit der noch berühmteren Prinzessin einzugehen. Diana sah die Warnlichter nicht und hätte ihren Kopf auch gegen viele gute Ratschläge durchgesetzt. Sie raste mit offenen Augen in die nächste Beziehungskatastrophe. Sie beruhigte sich mit dem Trost ihrer Astrologin, Dodis Horoskop sei mit dem ihren sehr gut verträglich.

Das tragische Ende der Geschichte ist bekannt. Am Abend des 29. August 1997 verließ sie das Pariser »Ritz«, um mit Dodi zu dessen Wohnung zu fahren. Das Hotel war belagert von einer blitzenden Meute von Paparazzi, bereit, ihr schönes Opfer bis zur Erschöpfung zu hetzen, nur um ein neues, aufregendes Foto zu schießen. Das Paar flüchtete mit dem gepanzerten Mercedes des Hotels, am Steuer der betrunkene Sicherheitchef. Mit aufheulendem Motor rasten sie davon. In einem Tunnel kam der Wagen ins Schleudern, raste in eine Mauer, alle drei Insassen starben.

Ikone der Sensibilität

Die Nachricht vom Tod der Prinzessin war ein Schock, der die Welt bewegte. Menschen, die Diana nie gekannt hatten, weinten um die Prinzessin. Über eine Milliarde Menschen verfolgte das feierliche Staatsbegräbnis am Fernseher. Und Elton Johns Ode an die »Rose von England« wurde zum meist gespielten Lied zwischen Rio de Janeiro, London und Hong Kong.

Was war es, das die Menschen so bewegte? Was berührte Diana in den Herzen? Ihre Biographin schreibt: »Seit Diana ins öffentliche Bewusstsein kam, vermittelte sie ihre Verletzlichkeit mit ihren Augen, ihren Gesten, ihrem Reden und ihrer Berührung. Neben ihrer Schönheit war es ihre Zerbrechlichkeit, die sie zum Star machte. Und als ihre seelischen Abgründe bekannt wurden, klang noch eine tiefer liegende Saite an: Sie wurde zur Märchenprinzessin, die die Nöte der sensiblen Alltagsfrau durchlebte.« Diana wurde zur Ikone der sensiblen Frauen schlechthin – Opfer, Leidende, Märtyrerin – zur Identifikationsfigur für Millionen von Frauen zwischen Lebenskampf und Sensibilität.

Kapitel 8

Störungen der Persönlichkeit

»Ich leide unter mangelndem Selbstvertrauen«, sagt mir ein 30-jähriger Mann. *»Ich habe nach der Ausbildung fast jedes Jahr die Stelle gewechselt. Ich möchte perfekt sein und kann nicht Nein sagen. In meiner Unentschlossenheit lasse ich mich ständig von anderen ausnützen.*

Wenn es mir zu viel wird, habe ich Angst vor Gefühlsausbrüchen, aber bevor es so weit kommt, ziehe ich mich lieber zurück. Ich habe eine riesengroße Angst vor tieferen Beziehungen. Ich hatte noch nie eine Freundin; auch meiner Mutter und meinem Bruder gegenüber kann ich mich nicht öffnen. Ich wollte einen schlanken Body wie andere auch, die umschwärmt werden. Ein Zeit lang hatte ich dann enorme Probleme mit dem Essen: essen und kotzen, so in Richtung Bulimie. Ich habe abartige sexuelle Neigungen: Gummihosen und Windeln erregen mich, vor Frauen habe ich eher Angst.

Ich bin ein schlechter Zuhörer und lasse mich schnell ablenken. Ich bin leichtgläubig und labil. Aber ich bin auch introvertiert und weiß in einer überraschenden Situation nicht, wie ich mich verhalten soll. Dann schlägt es mir auf den Magen. Ich trete auf der Stelle, und aus eigener Kraft kann ich nicht aus diesem scheinbar geschlossenen System heraus.«

Machos und Mimosen

Menschen mit Persönlichkeitsstörungen sind eine große Herausforderung, nicht nur für den Arzt, sondern auch in der Seelsorge. Problematische Persönlichkeits-Eigenschaften sind oft über viele Jahre gewachsen und gehören zur Person wie die Maserung im Holz eines Baumes.

Das akustische Geheimnis der Geige

Geigenbauer haben ein ganz besonderes Verhältnis zu dem Holz, aus dem einmal ein klingendes Instrument werden soll. Für sie hat jedes Holz seine eigene, unverwechselbare Geschichte, seine Zeichnung und seine Jahre. Da ist die Rede von »Drehwuchs«, über Jahrzehnte geformt und verformt durch die Bürde von Schnee und Eis, den Druck von Wind und Wetter und vielleicht auch durch die einseitige Last überreicher Frucht. Da gibt es »Reaktionsholz«, das dickwandig und kurzfaserig im Stamm gebildet wird, wo dieser über lange Zeit dem starken Wind ausgesetzt war. Unter seinem Wölbungshobel spürt ein Geigenbauer die feinsten Vibrationen, die auf »Abhölzigkeiten« hinweisen. Niemals kann eine (auch noch so perfekte) Schablone zu einer guten Geige führen. Immer braucht es eine ganz individuelle Gestaltung des Holzes. Für einen guten Klang muss die Form dem Holz gerecht werden. Das Wesentliche im Werdegang eines Instrumentes ist die Abstimmung seines Resonanzbodens, denn nur so wird das Instrument seiner Berufung gerecht, dass nämlich die Anregungen des Musikers »auf Resonanz stoßen«.

»Nicht die theoretisch ideale Form ist die vollkommene Wölbung«, schreibt ein Geigenbauer, »sondern diejenige, die dem Faserverlauf gerecht wird und darin das klangliche Ziel verwirklicht. Dem Holz gerecht zu werden und immer tiefer zu begreifen, wie daraus jene klangprägenden Resonanzen geformt werden, das ist das akustische Geheimnis der Geige.«

Es gibt hartes Holz und weiches Holz, »Starke« und »Schwache«, Machos und Mimosen. Diejenigen, die sich nach außen stark geben, werden von ihren Mitmenschen in erster Linie als »schwierig« erlebt; in ihr Herz lassen sie sich nicht gerne blicken. Leiden wird oft nur kurz spürbar, wenn sie mit ihren Kanten bei andern anstoßen, eine Freundschaft oder einen Job verlieren. Oft sehen sie nicht ein, warum sie sich ändern sollten – eine frustrierende Situation für die Beratung.

Tabelle 6: *Gemeinsamkeiten sensibler Menschen*

Persönlichkeitsstörungen zeigen folgende Besonderheiten [1]:

A. Das überdauernde Muster von innerem Erleben und Verhalten weicht merklich von den Menschen im Umfeld ab. Dieses Muster wirkt sich aus auf das Denken über andere Menschen, auf die Gefühle (ihre Intensität, Schwingungsbreite, Angemessenheit und Labilität), auf die Gestaltung von Beziehungen und auf die Impulskontrolle.

B. Das Muster ist unflexibel und hat einen tief greifenden Einfluss auf persönliche und zwischenmenschliche Situationen.

C. Das Muster führt zu deutlichem Leiden oder Beeinträchtigung in Beziehungen, im Beruf oder anderen wichtigen Aufgaben.

D. Das Muster ist stabil und lang dauernd, und sein Beginn reicht bis ins Jugendalter oder die frühe Erwachsenenzeit zurück.

E. Das Muster lässt sich nicht als Folge oder Begleiterscheinung einer anderen psychischen Störung oder auf die Einwirkung einer Substanz (z.B. Alkohol, Drogen oder Medikamente) erklären.

Viele leiden aber auch an einer »schwachen«, »verzagten«, eben an einer sensiblen Persönlichkeit: Sie sehen oft keinen Weg, aus ihrem Muster auszubrechen, über ihre Minderwertigkeitsgefühle hinauszuwachsen, von ihrer traurigen Grundstimmung loszukommen. Jede Änderung ist für sie mit übergroßen Ängsten verbunden.

Doch ihre Hilflosigkeit macht oft auch den Seelsorger und den Therapeuten hilflos. Bei keiner Problematik gibt es so viele Therapieabbrüche wie bei den Persönlichkeitsstörungen; bei keiner Problematik fühlen sich Therapeuten und Seelsorger so ratlos und geradezu inkompetent. Um so wichtiger ist es, Störungen der Persönlichkeit diagnostisch zu erfassen und praktische Wege zur Beratung der Betroffenen und ihrer Angehörigen zu kennen.[2]

---

[1] in Anlehnung an das DSM-IV

[2] Manche Autoren versuchen, Störungskonzepte aus den Berichten über prominente Figuren in der Bibel abzuleiten. Ich halte diesen Ansatz aber für begrenzt, weil er vieles in eine Person hineinliest, das sich nur beschränkt mit der heutigen klinischen Diagnostik belegen lässt (vgl. z.B. Pate & Pate 2000).

127

Ursachen der Persönlichkeitsstörungen

Immer wieder werde ich gefragt: »Wie kommt es, dass ein Mensch so anders denkt und fühlt? Wie können so tiefe Empfindungen der Wertlosigkeit entstehen? Warum erlebt ein Mann jede Rückfrage als Angriff und als Kränkung? Warum neigt jemand scheinbar grundlos zu Aggressionen oder zur Selbstzerstörung? Was ist im Leben dieser Person falsch gelaufen?«

In der Tat lassen sich krankhafte Persönlichkeitsmuster bis in die frühe Jugendzeit zurückverfolgen. Nicht selten zeigt sich auch in der weiteren Familie oder bei den Eltern eine ähnliche Reaktionsweise. »Schon mein Vater war sehr pingelig und hielt Unordnung nicht aus!« – »Meine Mutter war auch sehr feinfühlig und häufig kränklich.« – »Mein Cousin lebt ganz vereinsamt in einer Wohnung in Berlin, ohne irgendwelche Kontakte.«

Die Grundzüge von Selbstsicherheit oder Ängstlichkeit, von Vertrauen oder Rückzug scheinen schon genetisch vorgegeben zu sein.

Aber Stärken und Schwächen werden durch spätere Erfahrungen und seelische Verletzungen zusätzlich geprägt. Aus der Lebensgeschichte werden manche Verhaltens- und Reaktionsweisen besser verständlich. Gelingt es einmal, etwas hinter den Schutzwall blicken, so finden sich auch bei äußerlich stark auftretenden Menschen Ängste und Verstimmungen, die durch einen Panzer von Missmut, Überheblichkeit oder Zwanghaftigkeit abgewehrt werden.

Im folgenden Überblick ist es mir wichtig, *nicht zu werten*. Seelsorger sollten sich darin üben, bei der *Beschreibung* der Persönlichkeit möglichst neutral zu bleiben, um sich nicht einer Vorverurteilung schuldig zu machen. Sensible Menschen leiden in besonderem Maße, wenn man ihre Antriebsschwäche als »Faulheit« abwertet, ihre Empfindsamkeit als »beleidigten Stolz«, ihre komplizierte Art als »Widerstand und Ungehorsam«, ihre Hemmungen als »Ausreden und Flucht«. Es ist für sie verletzend, wenn man ihnen unterschiebt, sie wollten mit ihren Ängsten doch nur andere manipulieren oder mit ihrer Schwachheit »Macht ausüben«.

Gleichzeitig dürfen inakzeptable und verletzende Verhaltensweisen nicht verniedlicht werden. Die Last eines Menschen mit einer unflexiblen Persönlichkeit liegt darin, dass er mehr Mühe in Beziehungen hat und manche Erwartungen nicht erfüllen kann. Wenn er dann aber mit Aggressionen oder gar mit Tätlichkeiten reagiert, muss man ihm sehr deutlich vermitteln, dass dieses Verhalten Beziehungen zerstört, auch wenn es ihm vielleicht nachher wieder Leid tut. *Bei Gewalt in der Familie geht Opferschutz vor Therapie.*

Ein Zweites: Die Typologie soll nicht Ausdruck von Resignation sein. Vielleicht war schon das Bild der Holzmaserung zu einseitig. Eine *positive Veränderung* ist in günstigen Fällen durch Nachreifung oder bewusste Bearbeitung störender Muster in Therapie und Seelsorge möglich. Immer wieder gelingt es, die schwierigen Persönlichkeitszüge in einem größeren Ganzen so einzubauen, dass Beziehungen eher gelingen und Aufgaben besser erfüllt werden können. In manchen Fällen muss man aber den Betroffenen und ihren Angehörigen helfen, konstruktiv mit den Grenzen zu leben, die ihnen durch ihre Charaktereigenart gesetzt sind.[3]

Die Formen der Persönlichkeitsstörungen

Der amerikanische Schriftsteller Theodore Dreiser hat einmal geschrieben: »*Es gibt kein vergeblicheres Bemühen auf der Welt als den Versuch einer genauen Charakterschilderung!*« Das gilt auch für die Beschreibung der gestörten Persönlichkeiten in ihrer weitläufigen Vielschichtigkeit. In seinem großen Lehrbuch über »Persönlichkeitsstörungen«[4] beschreibt der deutsche Professor Dr. Peter Fiedler nicht weniger als 165 verschiedene Störungen!

---

[3] Ein wertvolles Buch über den Umgang mit »anstrengenden Mitmenschen« stammt von Parrott 1997: Allerdings erfüllen viele Verhaltensweisen, die dort beschrieben werden, noch nicht die Kriterien für eine Persönlichkeitsstörung.
[4] Fiedler 1998

Die große Zahl von Störungen ergibt sich durch verschiedene Einteilungen und Schwerpunkte. Verwandte Störungen werden dann aber in größere Gruppen (oder Cluster) zusammengefasst. Wegen der guten Forschungsgrundlage wird im vorliegenden Kapitel die Einteilung nach DSM-IV verwendet.

Tabelle 8: *Persönlichkeitsstörungen im Überblick*[5]

Gruppe A: sonderbar-exzentrisch [6]	Paranoide Persönlichkeitsstörung
	Schizoide Persönlichkeitsstörung
Gruppe B: dramatisch-emotional	Antisoziale Persönlichkeitsstörung
	Borderline-Persönlichkeitsstörung
	Histrionische Persönlichkeitsstörung
	Narzisstische Persönlichkeitsstörung
Gruppe C: ängstlich-furchtsam	Vermeidend-selbstunsichere Persönlichkeitsstörung
	Dependente Persönlichkeitsstörung
	Zwanghafte Persönlichkeitsstörung

Die obige Tabelle scheint so klar und eindeutig. Doch die schöne Auflistung täuscht. Oftmals kommt es zu Überschneidungen der Typen und zur Überlappung mit Störungen von Krankheitswert. Man kann sich die Verteilung der unterschiedlichen Störungen in einem großen Feld zwischen ausgeprägter Sensibilität und normalen, angepassten Persönlichkeitseigenschaften vorstellen, wie dies in Abbildung 8 dargestellt wird.

---

[5] nach DSM-IV
[6] Im DSM-IV wird noch die schizotypische Persönlichkeitsstörung erwähnt, die im ICD-10 bereits im schizophrenen Spektrum angesiedelt wird.

Dabei zeigt sich bei allen Persönlichkeitsstörungen eine deutliche Beziehung zu dem, was man in der Diagnostik als *Neurotizismus* bezeichnet. Dieser grundlegende Persönlichkeitszug setzt sich aus folgenden Elementen zusammen: Ängstlichkeit, depressive Verstimmbarkeit, Neigung zu Schuldgefühlen, Stimmungsschwankungen, niedriges Selbstwertgefühl, angespannt, irrational, schüchtern, gefühlsbetont (nach Eysenck). Zudem möchte ich eine weitere Unterscheidung einführen: Da sind einmal die Störungen einer Sensibilität im engeren Sinne, diejenigen, die an ihrer Schwachheit leiden. Aber es gibt auch »die dunkle Seite der Sensibilität«, diejenigen Menschen, die nicht nur selbst leiden, sondern durch ihre Schwierigkeiten anderen Menschen das Leben schwer machen können.

Abbildung 8: *Das Spektrum der Persönlichkeitsstörungen, Überlappungen und Abgrenzung zum Normalen*[7]

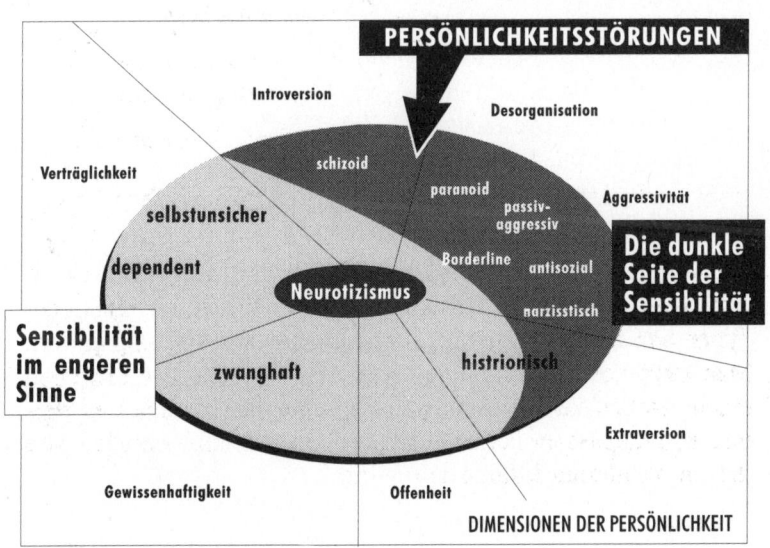

---

[7] in Anlehnung an Saß und Herpertz 1999, S. 3

Leider fehlt der Raum für eine umfassende Darstellung aller Persönlichkeitsstörungen. Im Zentrum steht die Frage nach dem Erleben des sensiblen Menschen und nach dem Grenzgebiet, in dem Sensibilität zur Krankheit wird. Ein Problem ist bei sensiblen Menschen derart ausgeprägt, dass ich es in einem eigenen Kapitel beschreiben werde, nämlich die histrionische Persönlichkeitsstörung (vgl. Kapitel 11, Gefühle auf der Achterbahn).

Die wohl schwerste Störung, nämlich die Borderline-Störung, ist für manche die Persönlichkeitsstörung schlechthin. Über sie habe ich ein eigenes Buch unter dem Titel »Die zerrissene Seele. Borderline und Seelsorge«[8] herausgegeben, das alle Facetten von der emotionalen Instabilität über die Tendenz zu Selbstverletzung bis hin zur Störung mit multipler Persönlichkeit ausführlich darstellt. Zudem gibt es über Borderlinestörungen ein reichhaltiges Angebot von Büchern für Fachleute und Betreuende.[9] So will ich mich im Folgenden bewusst auf jene Störungen konzentrieren, die für das Verständnis der Sensibilität wichtig erscheinen. Seien Sie nicht erstaunt, dass darunter auch so fremd wirkende Bereiche wie die antisoziale oder die schizoide Persönlichkeitsstörung auftauchen. Hier treffen wir auf die dunkle Seite der Sensibilität: Oft verbirgt gerade eine raue und abweisende Schale einen sehr verletzlichen und sensiblen Kern.

Misstrauisch und vorwurfsvoll

Paranoide Menschen reagieren sehr empfindlich auf Misserfolg und vermeintliche Demütigung. Sie neigen dazu, neutrale und freundliche Handlungen zu verdrehen und sie als feindlich oder verächtlich zu erleben. »Herr Meier hat etwas gegen mich. Jedes Mal, wenn ich an seinem Haus vorbeigehe, schaut er mich so vorwurfsvoll an!«

Auf meine Rückfrage, ob sie sich nicht auch täuschen könnte, meinte eine Frau: »Wissen Sie, ich habe eine feine Antenne. Ich

[8] Pfeifer & Bräumer 1999
[9] Gneist 1997, Linehan 1996, Kernberg 2000, Kreisman & Straus 2000

132

Paranoide Persönlichkeitsstörung

Tief greifendes Misstrauen und Argwohn gegenüber anderen, so dass deren Motive als böswillig ausgelegt werden. Einige Beispiele:

- Verdächtigt andere ohne hinreichenden Grund, ihn/sie auszunutzen, zu schädigen oder zu täuschen.

- Ungerechtfertigte Zweifel an der Loyalität und Vertrauenswürdigkeit von Freunden und Partnern.

- Vertraut sich nur zögernd anderen Menschen an, aus ungerechtfertigter Angst, die Informationen könnten in böswilliger Weise gegen ihn/sie verwendet werden.

- Liest in harmlose Bemerkungen oder Vorkommnisse eine versteckte, abwertende oder bedrohliche Bedeutung hinein.

- Fühlt sich rasch gekränkt oder angegriffen.

- Ist lange nachtragend und hat Mühe, Verletzungen zu verzeihen.

- Verdächtigt wiederholt ohne jede Berechtigung die Ehefrau oder den Partner der Untreue.

Abgrenzung: Die Störung ist nicht begleitet von Symptomen, die auf eine schwere psychische Erkrankung (insbesondere Schizophrenie) hinweisen.

reagiere sehr sensibel auf Stimmungen und verborgene Gefühle. Wenn ich so etwas spüre, dann täusche ich mich nicht!« Manche sind sehr streitbar für »Recht« und »Wahrheit« und machen Gerichten, Kirchen- und Vereinsvorständen das Leben schwer (Fanatiker und Querulanten). Andere entwickeln regelrechte Verschwörungstheorien und schaffen schwarz-weiße Systeme, in denen kein Zwischenton Platz hat.

Wenn dann auch noch die Bibel als Begründung herhalten muss, gilt es, besonders vorsichtig zu sein. Paranoide Menschen sind auch besonders anfällig für Fremdenhass und Verfolgungsängste. In ihrer ständigen Grundhaltung von Misstrauen, Verdacht und Kränkbarkeit zerstören sie das gegenseitige Vertrauen. *Die Vorwürfe, die sie andern gegenüber in so ätzender Form machen, widerspiegeln etwas von ihren eigenen Ängsten.* Zunehmende Einsamkeit ist die Folge. Paranoide Menschen haben ein überhöhtes Selbstwertgefühl, leben aber gleichzeitig mit dem Eindruck, ständig gedemütigt und von andern ausgenutzt zu werden. Sie können sich in intelligentem Sarkasmus über andere lustig machen; doch eines können sie nicht: auch einmal über sich selbst lächeln.

Besonders schmerzlich ist es, wenn es in einer Ehe zu Vorwürfen der Untreue kommt, wenn ein Partner also einen Eifersuchtswahn entwickelt. Da wird aus kleinsten Anzeichen vermutet, der Mann gehe fremd – dahinter steht oft die übersensible Angst, nicht mehr genügend attraktiv für ihn zu sein. Oder die Angst, sexuell nicht zu genügen, führt dazu, dass ein Mann der Ehefrau vorwirft, sie habe (oder wolle) ein Verhältnis mit einem andern Mann, nur weil sie ein freundliches Wort über jemand geäußert hat. Man kann sich leicht vorstellen, wie in einer solchen Beziehung ein Klima der Angst und des zunehmenden Schweigens entsteht. Was darf man noch sagen? Wie legt er es aus, wenn ich mit einer Freundin in ein Konzert gehe? Wie schütze ich mich vor Vorwürfen, wenn ich einen Monteur für die Waschmaschine brauche? – Immer wieder kommt es auch vor, dass ein paranoider Mensch seine Familie zwingt, an einen anderen Wohnort zu ziehen, weil er den Eindruck hat, er werde am gegenwärtigen Ort belästigt, geschädigt oder verlacht.

Exzentrisch und einsam

Menschen mit einer **schizoiden Persönlichkeitsstörung** zeigen einen auffallenden Rückzug von zwischenmenschlichen Kontakten. In der Nähe anderer Menschen fühlen sie sich nicht wohl. Gefühle sind ihnen zuwider. Bei ihnen läuft alles über den Kopf. Manche sind hoch intelligent und können sich Tag und Nacht in mathematische Berechnungen oder in die Programmierung eines Computers vertiefen – moderne Eremiten unserer Technologiegesellschaft. Andere leiden unter schlechten Schulleistungen und wirken oft auch im späteren Leben ziellos, als würden sie sich treiben lassen, ohne Ehrgeiz und ohne Bedürfnis nach Kontakten. Zu wem denn auch? Und für wen das alles?

Schizoide Persönlichkeitsstörung

Tiefgreifende Distanziertheit in Beziehungen und deutlich eingeschränkte Bandbreite des Gefühlsausdrucks. Einige Hinweise:

– Hat weder den Wunsch nach engen Beziehungen noch Freude daran, auch nicht in der Familie.

– Macht nichts mit andern zusammen und ist auch in Freizeit und Hobbys ein Einzelgänger.

– Wenig Interesse an sexuellen Erfahrungen, wenn überhaupt.

– Zeigt allgemein wenig schwingende Gefühle: distanziert, humorlos, freudlos. Erscheint gleichgültig gegenüber Lob und Kritik von anderen.

– Hat keine engen Freunde oder Vertraute, außer der engsten Familie.

Abgrenzung: Die Störung ist nicht begleitet von Symptomen, die auf eine schwere psychische Erkrankung (insbesondere Depression oder Schizophrenie) hinweisen. Allerdings kann die Störung im Vorfeld einer späteren Schizophrenie auftreten.

Sie kennen nicht die tiefen Gefühle anderer Menschen, auch nicht die Freude am Zwitschern der Vögel, noch an einem herrlichen Sonnenuntergang oder einem knisternden Feuer. Sie kommen überhaupt nie aus sich heraus, auch nicht in einem Wutausbruch, so als wären sie versteinert in ihren Gefühlen. Was andere über sie denken, scheint ihnen egal zu sein. Lob und Tadel perlen an ihnen ab. Nur in seltenen Momenten des Vertrauens können sie einmal eingestehen, dass sie darunter leiden, so wenig Kontakt zu anderen zu haben.

Wenn sie überhaupt eine Ehe eingehen, dann oft, weil eine Frau Mitleid mit ihnen hat oder von ihrer Intelligenz beeindruckt ist. Um so größer ist nachher die Enttäuschung – und hier ergeben sich manchmal auch Begegnungen in Therapie und Seelsorge. Die Ehefrau eines Philosophie-Professors klagte mir unter Tränen: »Ich kann machen, was ich will; ich erreiche ihn einfach nicht. Er redet kaum. Wenn ich versuche, ihn durch Liebe zu gewinnen, so dreht er sich um, ohne Dank. Schreie ich ihn an, so versteinert er und läuft aus dem Zimmer.« Doch in seinen Büchern zeigte sich eine tiefe Gedankenwelt voller Ideen, eine Welt der Phantasie, die den natürlichen Kontakt zur Umwelt verloren hat.

Antisozial und gefühlsarm

Manchen Menschen fehlt es offenbar an grundsätzlichen Werten, die für das Zusammenleben wichtig sind. Sie zeichnen sich aus durch mangelndes Verantwortungsgefühl, mangelnde Rücksichtnahme und Gefühlskälte. Es braucht wenig, um sie zu reizen, d.h. sie haben eine »niedrige Frustrationstoleranz«. Sie können gewalttätig werden und gleichzeitig ein herzloses Unbeteiligtsein zeigen. Ihre Untaten werden vordergründig gerechtfertigt: »Die Alte wollte mich nicht reinlassen, da musste ich halt etwas nachhelfen!«, heißt es nach einem brutalen Überfall. Alkohol- und Drogenmissbrauch sind häufige Begleiterscheinungen, ein Versuch, sich zu beruhigen und gleichzeitig ein Weg, mit dem die natürlichen Bremsen weiter geschwächt werden.

Betroffen macht die Tatsache, dass bei manchen Menschen mit einer antisozialen Persönlichkeitsstörung schon im Kindesalter eine Auffälligkeit im Sozialverhalten zu beobachten ist (Schlägereien mit anderen Kindern, kleine Diebstähle, Tierquälerei etc.).

Antisoziale Persönlichkeitsstörung

Tief greifendes Muster von Missachtung und Verletzung der Rechte anderer, das seit dem 15. Lebensjahr auftritt. Mindestens drei der folgenden Kriterien müssen erfüllt sein:

– Mangelnde Anpassung an Gesetze und Regeln der Gesellschaft; wiederholter Polizeikontakt.

– Falschheit, wiederholtes Lügen, Betrügen zum persönlichen Vorteil oder Vergnügen.

– Impulsivität oder Versagen, vorausschauend zu planen.

– Reizbarkeit und Aggressivität, Schlägereien oder Überfälle.

– Rücksichtslose Missachtung der eigenen Sicherheit bzw. der Sicherheit anderer.

– Durchgängige Verantwortungslosigkeit: kann Stellen nicht halten, kommt finanziellen Verpflichtungen nicht nach.

– Fehlende Reue, Gleichgültigkeit und Selbstrechtfertigung, wenn die Person andere Menschen gekränkt, misshandelt oder bestohlen hat.

Abgrenzung: Die Störung ist nicht begleitet von Symptomen, die auf eine schwere psychische Erkrankung (insbesondere Schizophrenie oder Manie) hinweisen.

Nicht immer kommen sie aus schlechten Familien. Adoptionsstudien zeigen, dass es eine gewisse Vererbbarkeit solcher negativer Charakterzüge gibt, insbesondere bei Männern. Wenn dann auch noch die Familie zerbricht, ein junger Mensch in »schlechte Gesellschaft« kommt, wo er sich nur durch mutiges und »männliches« Verhalten Anerkennung verschaffen kann, dann wird deutlich, dass das Umfeld doch recht wichtig für die Entstehung einer solchen Störung ist.

Interessant ist der Befund, dass junge Frauen in der gleichen Situation viel häufiger mit Somatisierung und histrionischen Zügen reagieren – sie holen sich ihre Aufmerksamkeit anders als junge Männer. Was wäre wohl aus Prinzessin Diana geworden, wenn sie nicht als Mädchen, sondern als Junge, nicht in einer adligen Familie, sondern in der Unterschicht aufgewachsen wäre?

Mit Recht kann man sich fragen: Gehört das noch zum Thema »Sensibilität«? Sollen etwa Kriminelle durch die psychiatrische Diagnostik zu Kranken gemacht werden, die letztlich keine Verantwortung tragen? Diese wichtigen Fragen können hier nur angetippt werden.[10] Die Bibel spricht von einem Brandmal im Gewissen[11], von einer Stelle, die unempfindlich ist wie eine Brandnarbe. Die fehlende Gewissensbildung wird denn heute auch als wichtiger Faktor angesehen.

Besonders gefährdet sind Kinder mit ausgeprägter Extraversion und gleichzeitiger Hemmung von Schuldgefühlen. Wenn dann noch schlechte Vorbilder dazu kommen (Eltern oder Kollegen), dann verfestigt sich die antisoziale Tendenz. Auch wenn sie unter Sensibilität, Ängstlichkeit und inneren Konflikten leiden, fehlen ihnen die Hemmungen, sich das zu holen, was ihnen ihre Impulse diktieren, ohne Rücksicht auf andere Menschen. Sie sind wie ein Sportwagen, bei dem der starke Motor das Einzige ist, was wirklich funktioniert. Das Gaspedal springt auf die kleinste Berührung an, die Bremsen greifen nicht und das Steuerrad hat so viel Spiel, dass man die Richtung nur noch ungefähr bestimmen kann.

In der Gemeindeseelsorge trifft man diese Menschen selten an, vielleicht am ehesten in der Straßenarbeit oder im Dienst unter Strafgefangenen. Nicht selten finden Männer mit einer solchen Struktur eine sensible Frau, die sich von ihnen ausnutzen lässt, bis es nicht mehr geht. Dann braucht die Frau Unterstützung gegen einen antisozialen und gewalttätigen Mann. Manchmal wird – allerdings nur für kurze Zeit – spürbar, dass die Betroffenen unter ihrem mangelnden Feingefühl leiden. Oft können ihnen aber Strafverfolgung und Gefängnis nicht erspart werden, allein schon, um deutlich zu machen, dass es Grenzen im

---

[10] Eine breite Diskussion findet sich bei Fiedler 1998, S. 189–214.
[11] Vgl. 1. Timotheusbrief 4,2.

Zusammenleben gibt. Die Arbeit mit solchen Menschen braucht viel Tragvermögen und Geduld, doch gibt es auch hier immer wieder erstaunliche Veränderungen zum Besseren.

Verliebt in sich selbst

Etwas anders stellt sich die Verzerrung der Gefühlswelt bei der *narzisstischen Persönlichkeitsstörung*[12] dar. Der Begriff leitet sich her von der griechischen Sagenfigur Narzissus, der sich in ihr eigenes Spiegelbild verliebte.

Narzisstische Menschen leben ständig im Anspruch, etwas Besonderes, Großes, Glanzvolles zu sein. Dabei denke man nicht nur an die Glitzerwelt des Geldes, der Autos und der schönen Frauen. Ein Mann mit dieser Problematik sagte mir einmal: »Ich habe mir vorgenommen, zu einer Erfolgsgeschichte für Ihre Klinik zu werden!« Im Gespräch sprach er immer von seinen Erfolgen, von den Menschen, die ihn bewundern, wie viele Frauen er schon hätte haben können, wenn er gewollt hätte. Es war gar nicht einfach, auf die Gründe zu kommen, die zum Arztbesuch führten. Dabei hielt seine Frau sein tyrannisches Verhalten nicht mehr aus. Sie wollte nicht mehr länger als blondiertes Aushängeschild für ihn herhalten, seinen extravaganten Lebensstil unterstützen, der immer wieder zu Schulden führte. Sein Kommentar: »Ich verstehe nicht, was sie hat. Sie kann stolz darauf sein, mich zu haben. Wenn sie mich mehr unterstützen würde, hätten wir keine Probleme.«

Narzisstische Menschen lechzen nach Aufmerksamkeit und Sonderbehandlung, nach Bewunderung und Applaus. Beziehungen werden rücksichtslos zum eigenen Vorteil ausgenutzt. Die Menschen an ihrer Seite dienen in erster Linie dazu, ihre Bedeutung zu unterstreichen und zu ihrem Glück beizutragen.

---

[12] Narzissmus hat in der psychotherapeutischen Literatur zwei Bedeutungen: 1. die Beschreibung einer Persönlichkeitsstörung nach dem DSM-IV, wie ich sie hier wiedergebe. 2. Der analytische Narzissmusbegriff umfasst alle Formen der Eigenbezogenheit und der Selbstwertproblematik, auch wenn diese in depressiv-abhängiger Form auftritt.

Narzisstische Persönlichkeitsstörung

Ein tief greifendes Muster von Großartigkeit (in Phantasie oder Verhalten), Bedürfnis nach Bewunderung und Mangel an Einfühlungsvermögen. Einige Hinweise:

- Grandioses Gefühl der eigenen Wichtigkeit (übertreibt die eigenen Leistungen und Gaben; erwartet, ohne entsprechende Leistungen als überlegen anerkannt zu werden).

- Ist stark eingenommen von Phantasien grenzenlosen Erfolgs, Macht, Glanz, Schönheit oder idealer Liebe.

- Glaubt von sich, »besonders« und einzigartig zu sein und erwartet Bewunderung und Sonderbehandlung; wirkt arrogant und überheblich.

- Nutzt andere aus, um die eigenen Ziele zu erreichen. Kümmert sich nicht um die Bedürfnisse anderer.

- Ist häufig neidisch auf andere oder glaubt, andere seien neidisch auf ihn/sie.

Es gibt für sie nichts Schlimmeres, als sich einzugestehen, ein ganz gewöhnlicher Mensch wie alle andern zu sein, ein kleines Zahnrad im großen Räderwerk des Lebens, eine Person mit Grenzen und Schwächen, ein Ehepartner mit Schattenseiten, der Ergänzung nötig hat. Es fehlt ihnen die grundlegende Gabe, sich in andere einzufühlen und ihnen Raum zu geben, auch wenn es bedeutet, sich selbst zurückzunehmen.

Doch die ständige Anstrengung, die Fassade aufrechtzuerhalten, kostet Kraft. Kritik können sie nicht ertragen: Entweder reagieren sie mit kalter Wut oder aber mit tiefer Kränkung bis hin zur Depression. Wenn die Grundpfeiler ihres übermäßigen Selbstwertes unterspült werden – wenn eine Frau sie verlässt, wenn im Beruf ein anderer vorgezogen wird, wenn Krankheit den früheren Lebensstil nicht mehr erlaubt – dann gerät der narzisstische Prachtbau ins Wanken.

Und nur in diesen Lebenslagen sucht eine narzisstische Person therapeutische Hilfe. Meist besteht dann eine depressive Störung, manchmal kommt es zu einem Suizidversuch. Eine derartige Krise kann dann aber auch der Ansatzpunkt für eine seelsorglich-therapeutische Begleitung werden, die zu echter Veränderung führen kann.

Ängstlich, angespannt und schüchtern

»Alles, was an mich herankommt, bringt mich ins Zittern, obwohl ich doch genau weiß, dass ich keinen Anlass dazu habe.« Die 32-jährige Hanna G. fährt fort: *»Immer mache ich mir Vorwürfe, auch wenn es keinen Grund dafür gibt. Wenn meine kleine Tochter über das Essen motzt, werfe ich mir gleich vor, ich sei eine schlechte Mutter und Hausfrau. Wenn mein Mann wieder zu spät nach Hause kommt, ängstige ich mich um ihn. Gleichzeitig frage ich mich, ob ich zu viel von ihm verlange, wenn ich ihn bitte, pünktlicher zu sein oder doch vorher anzurufen. Ich hätte so gerne mehr Kontakte. Doch ich fühle mich so unsicher und gestresst. Ach, hätte ich doch mehr Kraft! Es ist schwer, ständig so begrenzt zu sein!«*

Frau G. hat keine schwere Depression. Sie erfüllt ihre Aufgaben als Hausfrau und Mutter von drei Kindern und macht ihre Sache, objektiv gesehen, gut. Doch innerlich leidet sie unter ihrer zerbrechlichen, sensiblen Persönlichkeit.

Sie hat schon vieles versucht: Stärkungsmittel und Kneipp-Anwendungen, Diäten und Kuraufenthalte. Schließlich hat sie eine seelsorglich orientierte Gesprächstherapie begonnen. Sie kennt sich heute besser als früher. Sie hat sich auseinander gesetzt mit ihrer Kindheit. Sie weiß, dass sie dazu neigt, die Schuld immer auf sich zu nehmen.

Sie hat sich auch vorgenommen, ihre Wünsche zuzulassen und sich stärker durchzusetzen. Manchmal geht das recht gut. Doch kleinste Belastungen lösen wieder die gleichen alten Muster aus. Dann werden all die guten therapeutischen Ratschläge zu einer neuen »Sollte"-Tyrannei: »Ich sollte mich nicht schuldig fühlen. Ich sollte mich besser durchsetzen. Aber es gelingt mir oft nicht!«

Vermeidend-selbstunsichere Persönlichkeitsstörung

Ein tief greifendes Muster von Hemmungen, Minderwertigkeitsgefühlen und Überempfindlichkeit gegenüber negativer Beurteilung. Häufige Auswirkungen:

– Vermeidet aus Angst vor Kritik, Missbilligung oder Zurückweisung Berufe, die Kontakt mit Menschen bedingen.

– Lässt sich nur widerwillig mit Menschen ein, wenn er/sie nicht sicher ist, dass er/sie akzeptiert wird.

– Ist in Liebesbeziehungen zurückhaltend, aus Angst beschämt oder lächerlich gemacht zu werden.

– Lebt in dauernder Angst, von anderen kritisiert oder abgelehnt zu werden, und ist in neuen Begegnungen stark gehemmt.

– Hält sich für unbeholfen, unattraktiv oder anderen gegenüber unterlegen und nimmt nur sehr ungern etwas Neues in Angriff.

Das obige Muster entspricht am ehesten einer *selbstunsicheren Persönlichkeit*. Manches deutet auch auf eine übermäßige Abhängigkeit von anderen Menschen hin, wie wir sie in der *dependenten Persönlichkeit* sehen. Diese beiden Persönlichkeitsstörungen sind gerade bei sensiblen Menschen sehr häufig und legen den Boden für Depressionen oder Angststörungen.

Abhängig und anklammernd

Eine 27-jährige Studentin erzählte mir: *»In letzter Zeit spüre ich, dass mein Lieblingsprofessor sich deutlich von mir abwendet. Einerseits verstehe ich es, andererseits macht es mich enorm*

Abhängige Persönlichkeitsstörung

Ein überstarkes Bedürfnis, versorgt zu werden, was zu unterwürfigem und anklammerndem Verhalten und Trennungsängsten führt. Beispiele für Verhaltensmuster:

- Schwierigkeiten bei alltäglichen Entscheidungen; holt ständig den Rat und die Bestätigung von andern ein.
- Benötigt andere, damit diese die Verantwortung für seine/ihre wichtigsten Lebensbereiche übernehmen.
- Hat Mühe, eine andere Meinung zu vertreten, aus Angst, Unterstützung und Zustimmung zu verlieren.
- Wagt es nicht, selber etwas zu beginnen oder durchzuführen, weil sie kein Selbstvertrauen hat.
- Tut alles nur Erdenkliche, um die Versorgung und Zuwendung anderer zu erhalten, bis hin zur freiwilligen Übernahme von unangenehmen Tätigkeiten.
- Ist weit über die Realität hinaus von der Angst eingenommen, verlassen zu werden und für sich selbst sorgen zu müssen. Fühlt sich alleine unwohl oder hilflos aus übertriebener Angst, nicht für sich selbst sorgen zu können.
- Gerät in panische Angst, wenn eine enge Beziehung endet.

traurig und betroffen. – Woran man das merkt? Ich beobachte genau, wie er sich verhält: Wie höflich grüßt er, hält er mir die Tür auf? Sucht er Blickkontakt? Geht er auf mich ein? Wie warm ist seine Stimme, wenn er mich anspricht? Wie oft nimmt er mich dran? Wie lange lässt er mich warten, wenn ich die Hand hebe? Schätzt er meinen Beitrag? Gibt er einen positiven Kommentar? Baut er seinen nächsten Gedanken darauf auf? – Und es ist ganz deutlich, dass er mich nicht mehr gern hat. Wahrscheinlich war ich zu eigenständig im Denken, habe ihm manchmal sogar widersprochen. Jetzt muss ich dafür leiden!«

Wie übersensibel sind diese Antennen! Jeder fragt sich manchmal: »Mag er mich oder nicht?« Aber hier geht es nicht mehr nur um das Wahrnehmen von sozialen Signalen. Hier ist die kleinste Andeutung der Ablehnung schon ein seelischer Schlag, der eine ganze Lawine von Gefühlen ins Rutschen bringt. Hier wird Sensibilität einmal mehr zur Krankheit.

Häufig lassen sich diese Menschen auch in Beziehungen ein, in denen für sie gesorgt ist, wo ihnen Entscheidungen abgenommen werden, wo sie selbst bei kleinen Unsicherheiten ständig nachfragen können. Doch die Bindungen können enorm werden. Zu schweren Krisen kommt es, wenn sie den Menschen verlieren, auf den sie sich gestützt haben. Für manche Bezugspersonen wird die ständige Anklammerung derart belastend, dass sie sich richtiggehend losreißen müssen, was natürlich neue Wunden schlägt.

Pingelig und starrsinnig

»Mit meinem Mann in die Ferien zu fahren, ist fast unmöglich«, klagte mir eine Frau. »Da haben uns Freunde ihre Ferienwohnung im Tessin angeboten. Ich war begeistert und fing schon an zu planen. Aber dann kam er mit tausend Bedenken. Bringen wir alles Gepäck ins Auto? Wo sollen wir Rast machen auf dem Weg? Wie viel Geld sollen wir wechseln? Wenn wir zu früh losfahren, kommen wir bei Zürich in den Stau – und du weißt, dass ich Staus hasse ... Und so weiter und so fort. Schließlich hatten wir derart Streit, dass wir die Ferien absagten. Er ist so furchtbar pingelig und so auf Ruhe und Sicherheit bedacht, dass ich es fast nicht mehr aushalte! Am meisten stört mich, dass er uns seine absurden Regeln aufzwingt und Terror macht, wenn sich die Familie nicht anpasst.«

Die Beratung erwies sich als schwierig. Dieser Mann war nicht krank im engeren Sinne des Wortes. In seinem Beruf als Finanzbeamter funktionierte er, und auch im Schachklub war er ein geschätzter Spieler, der sehr auf die genaue Einhaltung der Regeln achtete. Aber seine Sturheit nahm keine Rücksicht auf die Gefühle

Zwanghafte Persönlichkeitsstörung

Ein durchgängiges Muster von Perfektionismus und Starrheit, das sich in folgender Weise zeigt:

– Vor lauter Perfektion wird die eigentliche Aufgabe nicht erfüllt: übermäßige Beschäftigung mit Details, Regeln, Listen, Ordnung, Organisation oder Plänen, so dass die Hauptsache dabei verloren geht.

– Arbeit und Produktivität werden über Vergnügen und Beziehungen gestellt (ohne materielle Not).

– Mangelnde geistige Beweglichkeit (Rigidität) und Starrsinn. Übermäßige Gewissenhaftigkeit, Besorgtheit und Starrheit gegenüber allem, was Moral, Ethik oder Wertvorstellungen betrifft (dies ist allerdings von kulturellen oder Glaubensüberzeugungen zu unterscheiden).

– Unmäßiges Beharren darauf, dass die eigenen Arbeits- und Vorgehensweisen übernommen werden.

– Knausrigkeit sich selbst und anderen gegenüber. Unfähigkeit, sich von verschlissenen oder wertlosen Dingen zu trennen.

Beachte: Eine zwanghafte Persönlichkeitsstörung ist nicht einer Zwangskrankheit gleichzusetzen; zudem kommt es häufig nicht zu einem Übergang von dieser Störung zur Zwangskrankheit.

anderer. Jeder Versuch, etwas zu ändern, löste große Ängste, z.T. auch Ärger und Aggression aus. Immer deutlicher wurde spürbar: Hinter seiner Detailversessenheit verbarg sich eine seelische Starrheit, unter der seine Familie und manchmal auch er selber litten und aus der er sich doch nicht einfach befreien konnte.

Bei ihm zeigte sich eine übermäßige Sensibilität gegenüber jeder Veränderung. Seine Antennen waren weit ausgefahren und lösten bei der kleinsten Bedrohung ein inneres Sirenengeheul aus, das eine Flut von Sorgen und Bedenken nach sich zog.

Organische Persönlichkeitsveränderungen

Dieses Kapitel wäre unvollständig, würde man nur die »psychischen«, »sensiblen« Persönlichkeiten beschreiben. Die Persönlichkeit kann auch durch organische Gründe nachhaltig gestört werden. Hier sind nicht seelische Verletzungen am Werk. Vielmehr werden Anteile des Gehirns geschädigt oder zerstört, die die Persönlichkeit ausmachen, insbesondere das Stirnhirn. Wir wissen heute, dass sich dort die Zentrale befindet, die das Denken, das Verhalten und die Gefühle steuert. Ein Beispiel mag etwas vom oben Gesagten illustrieren:

Als der junge Förster Marc Rieder zum ersten Mal nach seinem schweren Motorrad-Unfall wieder in die Jugendgruppe kam, freuten sich alle mit ihm. »Was, du warst wirklich vier Wochen bewusstlos?! Dir sieht man ja gar nichts an!«, sagten seine Freun-

Tabelle 9: *Häufige Ursachen für organische Persönlichkeitsstörungen*

---

1) Unfälle mit schwerer Mitbeteiligung des Gehirns (lange Bewusstlosigkeit!)
2) Sauerstoffmangel (z.B. Beinahe-Ertrinken, Narkose-Zwischenfall etc.)
3) Entzündungen des Gehirns (Enzephalitis, z.B. Zeckenencephalitis oder Herpes-Enzephalitis)
4) Langzeit-Folgeschäden von Suchtmitteln, speziell Alkohol

Auswirkungen

a) Abflachung der Gefühle, z.T. auch zu einem raschen Wechsel ohne äußeren Anlass (»Gefühlslabilität«)
b) Verlust oder Einschränkung des logischen Denkens, der Werte oder der Impulskontrolle
c) Einschränkung der Arbeitsfähigkeit durch Verlangsamung im Denken und Verlust der Eigeninitiative

---

de. Immer wieder musste er ihnen die Narbe über seiner Stirn zeigen, sonst aber fehlte ihm nichts. Ja, Marc konnte alles bewegen und war sportlich wie immer. Und doch hatte sich etwas verändert. Was es genau war, konnte anfänglich keiner so recht sagen.

Der zuvor so unternehmungslustige junge Mann war stiller und weniger fröhlich. Seine Arbeit machte er ordentlich, doch manchmal lief er mittendrin davon, um sein Pausenbrot zu essen. Wurde er zurechtgewiesen, brach er in Tränen aus. Doch nur fünf Minuten später umarmte er seinen Chef mit überschwänglichen Worten.

Ähnlich verhielt er sich in der Jugendgruppe. Früher war der Glaube für ihn sehr wichtig, jetzt schien er oft gleichgültig. Mädchen gegenüber wurde er distanzlos und zudringlich. Ermahnte man ihn, so tat ihm sein Verhalten Leid, doch schon nach kurzer Zeit schien wieder alles vergessen.

Eine solche Veränderung ist enorm schmerzlich, nicht nur für die Betroffenen selbst, sondern auch für ihre Angehörigen. Glücklicherweise gibt es heute Selbsthilfegruppen für Menschen mit einer Hirnverletzung, in der Schweiz beispielsweise die »Fragile Suisse«.[13]

Wertschätzung, Unterstützung, Veränderung

Menschen mit einer Persönlichkeitsstörung werden auf seelische Belastungen und schwierige Ereignisse (»life events«) oftmals anders reagieren als Menschen mit einer ausgewogenen Persönlichkeit. Oftmals kommt es zu einer Spirale, die eine Person immer stärker aus dem Gleichgewicht bringt.

Doch wie sehen wir Menschen mit einer Persönlichkeitsstörung in der Therapie?[14] Es wäre völlig falsch, sich nur auf die krankhaf-

---

[13] Weitere Informationen lassen sich im Internet finden, z.B. www.fragile.ch, die auch Links zu anderen Organisationen vermittelt.
[14] Eine breite Darstellung der Therapie von Menschen mit Persönlichkeitsstörungen findet sich in der Fachliteratur, z.B. Fiedler 1998, Sass und Herpertz 1999 oder Linehan 1996.

te, sensible Problematik zu stürzen. Betrachten Sie nicht nur die morschen Balken der Probleme, sondern lassen Sie auch die Schönheit des ganzen Bauwerkes einer Person vor sich erstehen, mit all ihren Hoffnungen und Wünschen, mit ihren Sorgen und Ängsten, mit ihrer Sehnsucht nach einem glücklichen Leben.

Vier Stufen erscheinen mir in der Therapie wichtig:
- Wertschätzung (Validierung)
- Unterstützung und Klärung der Situation
- Erfassung der problematischen Reaktionsweisen
- Hilfen zur Veränderung und zur Vorbeugung.

Therapie und Seelsorge werden also nicht einfach schonungslos die Probleme in den Mittelpunkt stellen, sondern einem Menschen Verständnis und Wertschätzung entgegenbringen. Diese »Validierung« ist eine ganz wichtige Voraussetzung, um sich dann auch den schwierigen Lebensanteilen nähern zu können.

Versetzen Sie sich in die Situation der Person. Warum ist das Zerbrechen der Beziehung so schlimm für sie? Was bedeutet die Kündigung für ihren Selbstwert? Welche Erinnerungen sind durch die Begegnung wieder hoch gekommen? Es ist schon therapeutisch, der Person mit ihren Nöten zuzuhören und ihr selbst Gelegenheit zu geben, ihre Situation darzustellen. Oft klären sich manche grundlegenden Fragen schon in einem solchen Gespräch.

Gleichzeitig werden aber auch Verzerrungen im Denken und im Beziehungsstil spürbar, wie sie in den obigen Persönlichkeitsprofilen beschrieben wurden. Zusammen mit der betroffenen Person kann man sich fragen, ob die Einschätzung richtig war und ob die Reaktion wirklich dazu beiträgt, das Problem zu lösen. Hier kann man aber auch *Information* darüber *vermitteln*, wie sich Sensibilität auf die Persönlichkeit auswirken kann. Dieses Verständnis wirkt entkrampfend und kann einen Menschen in seinem Ringen mit dem Leben stärken.

Und schließlich stellt sich *die Frage nach der Veränderung*. Lassen sich derart tief eingegrabene Muster therapeutisch auflösen? Die Erfahrung zeigt, dass die Grundstruktur oft erhalten bleibt. Das ist nicht einfach, weder für die Betroffenen, noch für ihre Angehörigen. Dennoch bin ich überzeugt, dass eine therapeutische Begleitung Veränderung bringen kann. Es geht darum, mit den Grenzen leben zu lernen, die durch die Persönlichkeit gesetzt werden. Im Gespräch zeigen sich oft bessere Wege, eine Beziehung zu gestalten, sei dies durch Anpassung oder auch durch den Verzicht auf eine engere Beziehung. Manchmal kann auch eine berufliche Veränderung helfen, Stress zu vermindern.

Bei schweren Verbiegungen, z.B. einem anhaltenden Eifersuchtswahn, wiederholter Gewalttätigkeit oder schwerer schizoider Beziehungslosigkeit sind die Lösungen oft »eher geographisch als therapeutisch«.[15] Es kommt zur räumlichen Trennung, nicht zur heilenden Veränderung. Das ist eine schwere Aufgabe, gerade in der Seelsorge, wo man doch so gerne heilen und vermitteln möchte.

Seinen eigenen Klang finden

Auf der anderen Seite gibt es auch erstaunlich positive Verläufe. Nicht selten treten schwierige Verhaltensmuster erst in einer Krise auf, etwa in einer Depression oder in einer Phase der Angst. Es kommt zu vermehrter Anklammerung, Abhängigkeit oder Überempfindlichkeit gegenüber Kritik, wie sie sonst bei der Person nicht vorhanden war. Die übermäßige Sensibilität ist dann einer verbrannten Hautstelle gleich – schmerzhaft, übersensibel, auf Schonung und Schutz bedacht. Mit dem Abklingen der Störung gewinnt ein Mensch seine Selbstsicherheit zurück und kann das Leben wieder mit gesunder und reifer Energie anpacken.

Eine Persönlichkeitsstörung ist wie eine Schwächung im seelischen Grundgerüst eines Menschen. Und doch staune ich immer wieder, wie auch schwache und sensible Menschen ihr Leben meistern.

---

[15] So wurde es einmal von einem englischen Psychiater formuliert (vgl. Shepherd 1961). In der Bibel findet sich ein interessanter Hinweis auf eine »verbogene« Persönlichkeit: Petrus schreibt von den »wunderlichen Herren«, wörtlich jedoch von Leuten, die »skoliois« seien, eben verkrümmt und verhärtet wie ein verbogenes Rückgrat, das in der medizinischen Fachsprache bis heute als »Skoliose« bezeichnet wird (vgl. 1. Petrus 2,18b).

Das Geheimnis liegt darin, dass sie ihre Grenzen kennen und sich nicht Situationen aussetzen, durch die sie überfordert würden. Sie erinnern mich an eine alte Holzbrücke in den Bergen, bei der ein Schild die maximale Belastung signalisiert. Manche Brücken sind so leicht gebaut, dass man sie nur zu Fuß überqueren darf. Sie haben ihre Grenzen, aber sie sind unendlich wertvoll für den Wanderer: Sie ebnen den Weg und eröffnen die Schönheit eines neuen Bergtals, das er sonst nicht erreichen würde.

Und so liegt auch in den tief greifenden Veränderungen einer Persönlichkeit etwas von der Einzigartigkeit des Menschen. Ähnlich wie beim Holz der Violine gilt es, den eigenwilligen Faserverlauf im Leben eines Menschen zu erspüren und ihm zu helfen, seinen eigenen unverwechselbaren Klang zu finden.

Kapitel 9

Leben im Schatten: Depression und chronische Erschöpfung

Veronika H. war 34, als ich sie kennen lernte, äußerlich eine gepflegte Frau, die einen anspruchsvollen Beruf als Laborantin ausübte. Im Vordergrund ihrer Beschwerden standen Schlafstörungen, ständiger Kopfdruck, innere Unruhe, Anspannung, ein dauerndes Gefühl der Schwere. *»Ich habe viel über mich nachgedacht«*, sagte sie mir. *»Hier sind einige Eindrücke, die mir wichtig wurden: Die Kindergärtnerin sagte schon meinen Eltern: ›Sie haben ein Kind mit viel Temperament, das es nicht auslebt!‹ So fühle ich mich heute noch. Mit 11 Jahren entwickelte ich Heuschnupfen, der mich bis heute plagt. Mit 12 wurde ich geschlechtsreif, aber ich konnte meine Sexualität nie richtig entfalten, obwohl mein Mann viel Verständnis für mich hatte. In der Pubertät hatte ich oft verspannte und hochgezogene Schultern, ein Zeichen von Unsicherheit, das aber nach außen oft als arrogant erlebt wurde. Eigentlich bin ich auch heute noch sehr unsicher. Anfang 20 wachte ich morgens mit dem Gefühl auf, mein Gesicht sei nicht entspannt. Bis heute habe ich das Gefühl, geschwollene Augen zu haben. Mit 23 habe ich schlechte Gesichtshaut bekommen. Damals wechselte ich vom Schulleben in den Berufsalltag. Als ich mit 26 von zu Hause auszog, bekam ich Verstopfung – das hat sich etwas verbessert. Aber seit ich 27 bin, habe ich Schlafprobleme. Ich weiß nicht, wie ich das Leben schaffen soll. Ich bin zwar nicht richtig depressiv, aber ständig müde und erschöpft. Ich gehe wohl zur Arbeit, aber daneben habe ich fast keine Kraft für mein Privatleben.«*

Ständig müde und erschöpft, beinahe immer unter der trüben Wolkendecke einer schwermütigen Stimmung – nicht wenige Frauen teilen dieses Schicksal! Wir haben es hier mit einer lang dauernden depressiven Verstimmung zu tun, die ihr Leben erheblich einschränkt. Dennoch erreicht sie nicht den Schweregrad einer ausgeprägten depressiven Episode: Sie kann noch arbeiten, sie funktioniert äußerlich noch, aber sie lebt unter einem allgemeinen Gefühl der Schwere, das sich wie Blei über ihr Befinden legt.

Eine längere Analyse bei einer Psychologin hatte zwar manche Zusammenhänge aufgezeigt, aber keine echte Veränderung gebracht, so dass sie die Therapie wieder abbrach. Sie fühlte sich durch Bücher über positives Denken angesprochen, ohne dass sie die Heilsversprechungen der Entspannungslehren wirklich umsetzen konnte. Medikamente konnten zwar vorübergehend den Schlaf verbessern, die Mittel hatten aber mehr Nebenwirkungen als Wirkungen.

Wie wird eine Dysthymie diagnostiziert?

In der Fachsprache gibt es verschiedene diagnostische Begriffe, die dieses Zustandsbild beschreiben: neurotische Depression, Dysthymie, depressive Persönlichkeit, manchmal auch Neurasthenie.[1] Die Häufigkeit liegt bei etwa 4–6 Prozent der Bevölkerung.[2]

Bis in die 70er Jahre hinein war die Psychiatrie von der Psychoanalyse und ihren Konzepten geprägt: Die Ursachen »neurotischer Depressionen« sah man in der Kindheit, in Erziehungsfehlern der Eltern und in traumatischen Erlebnissen. Doch die Forschung zeigte immer deutlicher, dass sich derartige Einflüsse lange nicht bei allen Menschen mit depressiven Verstimmungen finden. Manche kommen aus einem geordneten, liebevollen Elternhaus und leiden doch an einer schwermütigen Art, während andere aus Problemfamilien stammen, ohne eine Dysthymie zu entwickeln.

[1] wörtlich: Nervenschwäche; ein Begriff, der in anderen Kulturen oft für eine depressive Verstimmung verwendet wird, aber auch bei uns häufiger vorkommt, als man denkt; vgl. Kleinman 1982
[2] Frommer 1995

Kriterien der Dysthymie nach DSM-IV

A) Depressive Verstimmung, die die meiste Zeit des Tages und mehr als die Hälfte aller Tage entweder vom Patienten selbst berichtet oder von anderen beobachtet wird, mindestens zwei Jahre lang andauert.

B) Während der depressiven Verstimmung bestehen mindestens zwei der folgenden Symptome: Appetitlosigkeit oder übermäßiges Bedürfnis zu essen – Schlaflosigkeit oder übermäßiges Schlafbedürfnis – wenig Energie oder Erschöpfung – niedriges Selbstwertgefühl – geringe Konzentrationsfähigkeit oder Entscheidungsschwierigkeiten – Gefühl der Hoffnungslosigkeit.

C) Während einer Zweijahresperiode der Störung gab es keinen Zeitraum von mehr als zwei Monaten ohne die oben genannten Symptome.

Oftmals werden im Vorfeld einer depressiven Neurose andere Störungen beobachtet, wie z.B. Anorexia Nervosa, vermehrte körperliche Beschwerden ohne organischen Befund, Medikamentenabhängigkeit, Angststörungen oder rheumatoide Arthritis.

Das Zustandsbild lang andauernder depressiver Verstimmungen mit Stimmungsschwankungen und Erschöpfbarkeit ist nicht neu. Offenbar taten sich aber Heilkundige und Leidende immer schwer, diese Symptome zu verstehen. Oft gab man der Umwelt die Schuld. Dies wurde eindrücklich von dem kanadischen Medizinhistoriker Edward Shorter in seinem Buch »Moderne Leiden – zur Geschichte der psychosomatischen Krankheiten«[3] dokumentiert. Im letzten Jahrhundert setzte sich zunehmend der Begriff der »Neurasthenie« durch. Sie hatte körperliche und seelische Anteile. Zu den körperlichen Symptomen zählte der Begründer

---

[3] Shorter 1994, S. 371 ff.

des Begriffes, der amerikanische Gynäkologe Dr. Beard, Verdauungsstörungen, Kopfschmerzen, Lähmungen, Schlafstörungen, Empfindungsstörungen, Neuralgien und rheumatische Schmerzen. Ein anderer Arzt beschrieb vor allem Nervosität, krankhafte Reizbarkeit oder reizbare Schwäche als Symptome der Neurasthenie.

Was heute als Chronic Fatigue Syndrome (vgl. S. 163ff in diesem Kapitel) bezeichnet wird, war offenbar auch schon um 1900 in Paris bekannt, wo sich die Neurasthenie durch »Ermüdung und Erschöpfung des Nervensystems auszeichnet und als deren psychische Begleiterscheinungen Labilität, Ermüdbarkeit, Unruhe und Affektgeladenheit auftreten«[4]. Wie auch in der heutigen Zeit, suchten die Betroffenen nur ungern einen Nervenarzt auf, weil sie die Ursachen in körperlichen Störungen sahen. Es fällt auf, wie verzweifelt die Ursachen für die Erkrankung gesucht wurden. So wurde häufig der »technischen Entwicklung« die Schuld gegeben, der »Veränderung des Lebenstempos« und »dem Anwachsen der Großstädte«[5].

Ursachen, Auslöser und Verläufe

Was steckt eigentlich hinter solch einer lang gezogenen Depression? Wie kann man sie erklären? Abbildung 9 gibt einen Überblick über die Entstehung einer Dysthymie, wie sie durch die moderne Forschung gesehen wird. Grundlegend ist ein *vererbtes* Temperament mit eher depressiven, ängstlichen und abhängigen Zügen. Bei nahen Verwandten von dysthym Erkrankten werden deutlich häufiger Depressionen und Angststörungen beobachtet.

Als zweiter Faktor zeigen sich *belastende Erfahrungen im Umfeld* des heranwachsenden Kindes. Diese können in der Familie zu finden sein oder aber in der Schule oder im Erleben von Kameraden. Familiäre Umstände werden als belastend empfunden, Minderwertigkeitsgefühle und Anklage der Umgebung wechseln sich

[4] zit. nach Shorter 1994, S. 381
[5] zit. nach Shorter 1994, S. 388

ab. Überempfindlichkeit, Kränkbarkeit und Rückzug führen zur Abhängigkeit von andern oder zu resignierter Vereinsamung. Schuldgefühle und Selbstanklage prägen oft das innere Erleben.

Oft wird die Wahrnehmung rückwirkend bereits durch die schwermütige Art geprägt und belastet. So erzählte mir eine Frau von ihren inneren Konflikten: »*Meine Eltern hatten oft Streit miteinander. Und ich hatte immer den Eindruck, ich müsste wieder Frieden stiften zwischen den beiden. Ich litt unter den Spannungen. Und wenn ich dann Papa ein Küsschen gab, wurde er wieder ruhiger und weicher. Oft hat mich Mutter dann gebeten, ›Geh, gib deinem Vater ein Küsschen, dann ist er wieder lieb mit uns!‹ Bis heute habe ich den Eindruck, für den Frieden zwischen meinen Eltern verantwortlich zu sein, obwohl ich doch nun schon 37 Jahre alt bin. Oft gehe ich Mutter besuchen, damit sie nicht allein ist. Und dann ärgere ich mich wieder über meine Eltern, die mich so an sich binden. Gleichzeitig ärgere ich mich auch über mich selbst, denn eigentlich sollte ich mich doch ablösen und mich nicht ständig selbst unter Druck setzen. In diesem Konflikt verliere ich so viel Kraft, dass ich oft nicht mehr kann.*«

Eine ausführliche Studie[6] zeigte, dass die Mutter häufig als eine selbst durch Lebensereignisse belastete Frau geschildert wird, die aufopfernd, zurückhaltend und um das Wohl der anderen besorgt erscheint, jedoch wenig in der Lage ist, ihre eigenen Interessen zu vertreten. Bei einigen Patienten wird die Beziehung zur Mutter als sehr eng beschrieben.

Der Vater wurde von manchen Patienten als ungeduldig und aggressiv erlebt, als »exzentrisch«, »tyrannisch«, »pseudoliberal«. Andere aber haben ihren Vater in guter Erinnerung, fleißig, mit hohen Werten, aber auch durch die Arbeit in Beschlag genommen, häufig abwesend; in einzelnen Fällen kam es auch zur Trennung der Eltern. Mit seiner ängstlich-depressiven Grundveranlagung – man könnte auch von einer »dunklen Brille« sprechen – verarbeitet ein Kind diese Erfahrungen zusätzlich negativ und entwickelt wenig Strategien für eine eigenständige und zukunftsgerichtete Entwicklung.

---

[6] vgl. Frommer 1995, nähere Beschreibung der Studie weiter unten

Vererbung, Umfeld und Erlebnisverarbeitung verdichten sich schließlich zu einer *übersensiblen, eher schwermütigen Persönlichkeit*, die den Betroffenen meistens schon in der Jugend bewusst wird. Klassisch ist die folgende Beschreibung einer jungen Frau: »*Schon mit 16 war ich eher still, scheu, zurückgezogen. Ich hatte zwar Freundinnen, aber ich fühlte mich immer unterlegen. Ich schloss mich ihnen an, einfach um dabei zu sein, aber eigentlich hatte ich gar keine Lust dazu. Obwohl meine Eltern mich nicht unter Druck setzten, wollte ich selber in der Schule gute Leistungen erbringen, und war im Stillen fast verzweifelt, wenn eine Note weniger gut ausfiel. Schon damals fragte ich mich, wozu ich überhaupt lebe.*«

Eine solche übersensible Persönlichkeit ist dem Stress des Lebens nur begrenzt gewachsen. Unter dem Druck von belastenden Lebensereignissen oder spannungsvollen Beziehungen merken die Betroffenen, dass ihr Körper mit psychosomatischen Symptomen zu reagieren beginnt. Professor Kielholz schreibt[7]: »Zwischendurch kommt es zu Phasen, in denen vegetativ-körperliche Symptome wie z.B. Schweißausbrüche, feinschlägiger Tremor, Herzklopfen, Magendarmspasmen und Diarrhöe dominieren, die der Kranke als Ursache für die Entstehung des Krankheitsbildes anzuschuldigen geneigt ist.«

In jedem Fall verstärken solche Beschwerden das Gefühl der Schwachheit und der Erschöpfung zusätzlich. Eine junge Frau sagte mir einmal: »*Es ist, als würden mir etwa 20 bis 30 Prozent der Kraft fehlen, die andere haben.*«

Gestörte Beziehungen

Dysthymie wird nicht nur durch die Lebensereignisse geprägt, nein, sie beginnt, das Leben und die Beziehungen zu überschatten, in einem Maß, das zunehmend zu einem zerstörerischen Kreislauf wird. Und weil man dann keine Kraft hat, werden auch Beziehungen zur Belastung, die man eigentlich aufbauen möchte.

[7] Kielholz et al. 1981, S. 24

Abbildung 9:
Faktoren, die zur Ausprägung einer Dysthymie beitragen

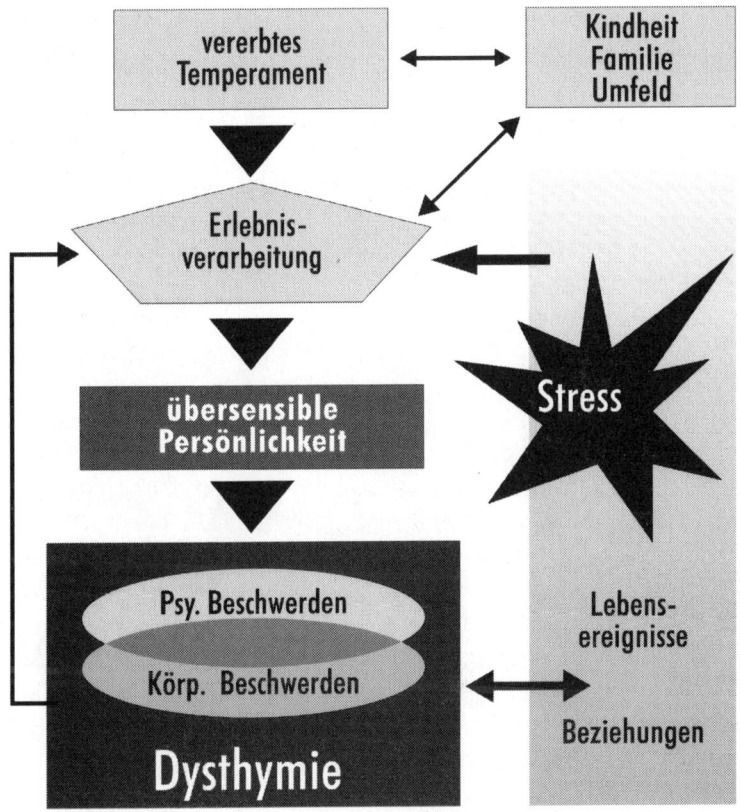

Ein junger Bankkaufmann erzählte mir: »*Vor einiger Zeit lernte ich eine sehr nette Frau kennen. Wir verstanden uns gut, und ihre fröhliche Art hat auch mich aufgestellt. Aber ich habe ein Problem: Wenn ich am Abend noch etwas Schweres esse oder zu lange auf bin, dann schlafe ich schlecht und brauche lange, bis ich mich wieder erholt habe. Und bei der Arbeit muss ich einfach fit sein.*

Abbildung 10: *Verlaufsformen der Dysthymie im Vergleich mit einer »klassischen« Depression*

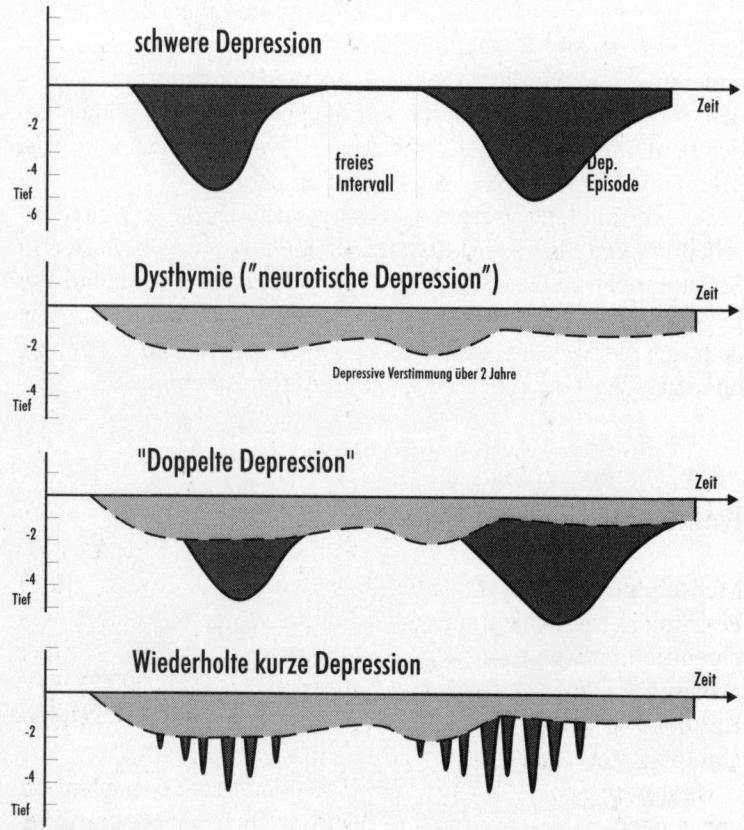

Mehrfach habe ich dann einen gemeinsamen Abend abgesagt, weil sie noch länger ausgehen wollte. Manchmal bekam ich schon Kopfweh, wenn ich an das nächste Rendezvous dachte. Und jetzt hat sie die Freundschaft aufgelöst. Kann ich überhaupt eine Beziehung eingehen?«

So wurde also aus der Grundveranlagung und der Reaktionsweise auch ein Grund für eine große Enttäuschung, die sein Leben belastet und sein Selbstbild zusätzlich negativ prägt.

In der Tat beschreiben viele Patienten »mehr oder weniger durch Missverständnisse und tragische Momente gekennzeichnet Beziehungen, in denen die Nähe-Distanz-Regulierung nicht gelingt, weil sowohl Annäherungen als auch Distanzierungen vom anderen sofort mit der gegenläufigen Tendenz beantwortet werden.«[8] Zudem wird überdurchschnittlich häufig von einschneidenden familiären Ereignissen berichtet: Tod eines Familienmitglieds, Trennung, Unfall, Inzest oder Suizidversuch.

Die verminderte Belastbarkeit beeinflusst die Erlebnisverarbeitung und lässt selbst hellere Zeiten des Lebens in düsterem Schattenlicht verblassen. Und so verwebt sich zunehmend der Lebensteppich eines Persönlichkeits- und Krankheitsmusters, in dem sich die einzelnen ursächlichen Fäden zunehmend verknoten, ohne dass der Ursprung sich eindeutig festmachen ließe.

Reizbarkeit und Blockaden

Menschen mit einer Dysthymie haben oft auch zusätzliche Persönlichkeitsprobleme. In einer Studie[9] wurde untersucht, was eigentlich Patienten mit einer Dysthymie von denen mit einer phasischen Depression (»Major Depression«) unterscheidet. Das Resultat: Sie litten deutlich häufiger unter Persönlichkeitsstörungen (60 Prozent gegenüber 18 Prozent).

Häufig ist eine Dysthymie verbunden mit einer vermeidenden, abhängigen, selbst-abwertenden, histrionischen und emotional instabilen[10] Persönlichkeitsstörung (vgl. Kapitel 11). Diese können recht unterschiedlich ausgeprägt sein: Während viele dysthyme Patienten ständig bedrückt (dysphorisch), introvertiert und gehemmt sind, zeigen andere ausgeprägte Gefühlsschwankungen und Impulsivität.

[8] Frommer 1995, S. 526
[9] Pepper 1995
[10] auch Borderline-Persönlichkeitsstörungen genannt

»Aufgestautes Feuer«

Reizbarkeit und Zorn sind häufige Symptome bei übersensiblen Menschen mit einer Dysthymie. Oft werden dadurch Beziehungen extrem belastet, und es kommt zu einer weiteren Vereinsamung.

In Korea gibt es eine Krankheit mit dem Namen »Hua Byung«, übersetzt: »Aufgestautes Feuer«. Betroffen sind oft Frauen, die unter unfairen Verhältnissen leben, vielleicht vom Ehemann unterdrückt, in die Küche gesperrt, ohne Möglichkeit zu einer eigenen Entwicklung. Es ist nicht üblich, Gefühle zu zeigen, doch sie stauen sich immer mehr an. Zorn und Frustration müssen unterdrückt werden, um nicht die soziale Harmonie zu stören.

Und dann bricht es in einem wilden Gefühlssturm aus ihnen heraus: lautes Jammern, Seufzen und Weinen. Sie klagen über vielfältige Schmerzen, Hitzegefühl, Druck im Oberbauch, Herzklopfen, Atembeengung und Angst vor Krankheit.

Manchmal kommt es zu einem ziellosen Wutausbruch, bei dem Möbel und Geschirr zu Bruch gehen; andere laufen impulsiv davon oder fahren ziellos mit dem Auto irgendwo auf die Landstraße, bis sie sich wieder beruhigen.

Manche Menschen mit einer Dysthymie sind so übersensibel, dass sie auch kleinste Anforderungen als Angriff auf sich selbst erleben. Die Angst vor Überforderung führt dann zu einer gereizten Grundstimmung mit Verweigerungshaltung.[11] *»Ich weiß, dass es nicht christlich ist«*, klagte mir eine Frau, *»aber ich werde überschwemmt von Gedanken: Du wirst immer ausgenützt! Auf dir treten sie die Schuhe ab! Du musst die Arbeit machen, die andern*

---

[11] Das Problem des Zorns bei Depressiven hat in den letzten Jahren vermehrte Aufmerksamkeit in der Literatur erfahren: Fava et al. 1993; Mammen et al. 1999. Ein wertvolles Buch über den Umgang mit Zorn aus christlicher Sicht stammt von Chapman 2000.

nicht passt! Und wenn es darauf ankommt, lassen sie dich allein!
Und so weiter. Dann werde ich so verspannt und bedrückt, dass
ich mich entweder schmollend zurückziehe oder aber spitze Be-
merkungen mache, die nach Ansicht meiner Kolleginnen schlech-
te Stimmung erzeugen.«

Die Angst vor Überforderung scheint dann nur noch eine Reaktion zu ermöglichen, um sich zu schützen: *Stacheln stellen.* Vor-
wurfshaltung, verminderte Anpassungsfähigkeit an wechselnde
Anforderungen, sowie häufige gesundheitliche Klagen führen
dann zu einer deutlich verminderten Leistungsfähigkeit.

Es entsteht eine Abwärtsspirale von übermäßiger Forderungs-
haltung, Gefühlen der Ablehnung, eine unbewusste Neigung, bei
andern Schuldgefühle zu erzeugen, die ihrerseits nun wirklich zu
Ablehnung und zu Beziehungsverlust führen. Am Arbeitsplatz ergeben sich daraus oft Autoritätsprobleme, weil Vorgesetzte trotz
allen Verständnisses als Quelle der Überforderung erlebt werden.
Ähnlich negativ kann dann auch das Erleben von anderen Autoritätspersonen sein, seien dies die Eltern, ein älterer Bruder oder
ein Gemeindepfarrer.

Wie erleben Menschen mit einer Dysthymie ihr Leiden?

In einer ungewöhnlichen Arbeit haben deutsche Ärzte und Psychologen das Erleben von elf Betroffenen[12] veröffentlicht. Die Le-
bensberichte der Betroffenen begegnen dem Leser in eindrücklichen Fallbeispielen. Wir lernen Menschen unterschiedlichster
Prägung kennen, so etwa »die Kunststudentin«, »den Maschinen-
schlosser«, »die Gärtnerin« oder »den Lehramtsstudenten«. Viele
berichten von einer ständig vorhandenen Bedrückung, Traurigkeit, von Weinen-Müssen, Ängsten, Problemen im zwischenmenschlichen Umgang und von körperlichen Beschwerden.

---

[12] Frommer 1995

Bei allen zeigte sich beim Aufsuchen der Poliklinik das Gefühl, nicht mehr weiter zu können. Sie empfanden eine seelische Lähmung, erlebten sich als ausgelaugt, außer Gefecht gesetzt, fühlten sich von den Anforderungen ihrer Umwelt aufgefressen. In fünf Fällen werden Trennungen und Veränderungen in der aktuellen Lebenssituation eng mit dem Auftreten der Beschwerden verbunden. Alle elf nennen psychische Ursachen, wobei in neun Fällen eine Abhängigkeit von einer nahe stehenden Person als schädigend und verursachend erlebt wird. Beim Umgang mit der Krankheit fühlen sie sich oft auf sich allein gestellt, ohne dass ihnen jemand helfen könnte.

Tabelle 10: *Beispiele für Krankheitserleben in der neurotischen Depression (nach Frommer et al. 1995)*

Die Verwaltungsangestellte: »Ich halte die Belastungen am Arbeitsplatz nicht mehr aus. Mein Chef fordert nur und erzeugt ein ständig hektisches Klima. Seit der Computer eingeführt worden ist, ist alles noch schlimmer...«

Die Kunststudentin: »Ich ziehe mich von allen Menschen zurück. Männerbeziehungen sind ein Problem. Dann verliebe ich mich wieder, aber sexuell bin ich frigide, weil mich die Erregung eines Mannes immer an meinen Vater erinnert, der mich geschlagen hat.«

Der Berufsberater: »Mir ist bewusst geworden, wie abhängig ich von anderen Menschen bin. Ich möchte gut ankommen, fühle mich immer weniger wert als andere, habe ständig Angst zu versagen.«

Die Architektin: »Ich bin nicht wie meine Schwester. Die schafft das Leben scheinbar locker. Ich bin ein anderer Mensch, bin eben nicht so, nicht so mutig, kann nicht so locker mit allem umgehen. Ich nehme die Dinge oft zu ernst.«

Kurz dauernde depressive Verstimmungen

»Ich habe viele Bücher über Depression gelesen, aber sie passen nicht auf mich«, erzählte mir ein 29-jähriger Mann. *»Ich habe immer wieder kurze Phasen von ausgeprägter Depression, die aber schon nach zwei bis drei Tagen wieder abklingen. Oft weiß ich nicht, weshalb ich deprimiert bin. Ich wache am Morgen mit Kopfweh auf, fühle mich müde und ausgelaugt. Der ganze Tag steht wie ein Berg vor mir. Ich habe Angst vor Begegnungen und würde am liebsten im Bett bleiben. Gegen Abend wird es besser, aber ich bin bedrückt, ohne Freude. Irgendwann wird es dann allmählich besser.*

Aber ich kann auch nicht sagen, was mir geholfen hat. Ist es eine ermutigende Begegnung gewesen oder ein hilfreiches Wort aus der Bibel? Ich habe den Arzt aufgesucht, und er hat mich mit allen Schikanen auf körperliche Störungen untersucht. Aber es hat sich nichts ergeben. Woran leide ich eigentlich? Gibt es solche kurzen depressiven Phasen?«

In einer breit angelegten Untersuchung fand der Züricher Professor Jules Angst[13] mit seinem Team gerade bei jüngeren Männern und Frauen eine ganz untypische Form der Depression, die bisher noch nicht in den Lehrbüchern aufgetaucht war, die »Recurrent brief depression«. Eine genauere Auswertung zeigte, dass die betroffenen Menschen aber auch zwischen den depressiven Phasen häufig an körperlichen Beschwerden und einem Mangel an Energie litten, der viele Gemeinsamkeiten mit der Dysthymie und einer chronischen Erschöpfung haben.

Das chronische Müdigkeitssyndrom

Erschöpfung ist allgemein ein häufiges Symptom psychischer und/oder körperlicher Überlastung. Rund 20 bis 30 Prozent der Bevölkerung klagen über ausgeprägte Müdigkeit und Erschöpfung. Die Ursachen sind vielfältig: Gut nachvollziehbar sind reale

---

[13] Angst et al. 1990, Angst 1997; eine neuere Übersicht findet sich bei Pezawas et al. 2001

Überforderung bei an sich gesunden Menschen sowie Nachwirkungen von körperlichen Leiden (speziell Viruserkrankungen wie Hepatitis oder Grippe, rheumatische Erkrankungen, Blutarmut). Häufig lässt sich Erschöpfung bei ehrgeizigen und perfektionistischen Menschen beobachten, die an die Grenzen ihrer Leistungsfähigkeit stoßen.

Erschöpfung tritt aber auch als *Begleiterscheinung einer Depression* auf und kann folgende Symptome aufweisen: Müdigkeit, Verlust von Interesse, Lust und Initiative, mangelnde Konzentrations- und Merkfähigkeit, Reizbarkeit, ausgeprägte körperliche Symptome wie Kopfweh, Gliederschmerzen, vermehrte Neigung zu Erkältungen. Mit dem Abklingen der Depression tritt auch die Erschöpfung wieder in den Hintergrund. Häufig kann allerdings eine erhöhte Anfälligkeit für Überforderungsreaktionen zurückbleiben.

Von der zeitlichen Dauer kann man *zwei Formen der Erschöpfung* unterscheiden:

1. vorübergehende Erschöpfung mit klaren beruflichen und privaten Auslösern, die durch entsprechende Entlastung und Umstellung des Lebens nachlässt und völlig abklingt;
2. länger dauernde, chronische Erschöpfung, die trotz weit gehender Einschränkung früherer Aktivitäten weiter besteht und das Leben eines Menschen über lange Zeit hinweg überschattet. Für diese Form wird heute häufig der Begriff Chronic Fatigue Syndrom (Chronisches Müdigkeitssyndrom, CMS) verwendet.[14, 15] Es umfasst ausgeprägte Zustände einer länger dauernden und quälenden Erschöpfung und wird durch die Kriterien in Tabelle 11 definiert.

Bis heute konnte keine eindeutige Ursache für das CMS gefunden werden. Während einige Wissenschaftler ein Virus dahinter annehmen, betonen andere die starke Überlappung mit depressiven Störungen.[16] Weitere Theorien vermuten einen Mangel an Vitaminen oder Mineralstoffen, eine Allergie auf künstliche

---

[14] Fachliteratur bei: Lieb et al. 1996; Berg 1999
[15] Ein hilfreicher Ratgeber stammt von Zenker 1996.
[16] Farmer 1995

Farbstoffe in der Nahrung oder auf Süßigkeiten. Alle diese Vermutungen konnten aber nicht erhärtet werden. Shorter (1994) sieht deshalb das CMS auch im Zusammenhang mit körperlichen Erschöpfungszuständen, die es über die Jahrhunderte immer gegeben hat. »Das Unbewusste möchte ernst genommen und nicht der Lächerlichkeit preisgegeben werden. Es wird sich daher bemühen, Symptome zu präsentieren, die sich für das kulturelle Umfeld jederzeit wie legitime Anzeichen einer organischen Erkrankung ausnehmen.« Dennoch würde man den Betroffenen großes Unrecht tun, würde man ihre Symptome einfach als »gemacht« bezeichnen.

Patienten mit einer chronischen Erschöpfung sind oft ein Problem für die Ärzte: So fragte ein Hausarzt bei einem Medizinerkongress[17]: »*Ich habe einen Patienten, der über starke Müdigkeit klagt. Den körperlichen Befund, Schilddrüse, Eisen, Niere, Leber, Thorax und die Blutwerte habe ich geprüft, da ist alles normal. Jetzt stecke ich in einem Dilemma: Sitzt hier schlicht ein Faulpelz vor mir, oder leidet er tatsächlich an einem chronischen Müdigkeitssyndrom? Was soll ich noch abklären?*« Die Diskussion mit Experten zeigte deutlich, dass eine weitere Abklärung leider nichts bringt. Oft laufen Patienten mit einem chronischen Müdigkeitssyndrom von Arzt zu Arzt, setzen eine »diagnostische Mühle« in Gang und fixieren sich dadurch immer stärker auf ein körperliches Leiden. Es fällt Patienten und Ärzten schwer, auch eine mögliche psychische Verursachung anzunehmen.

Das Gespräch mit chronisch erschöpften Patienten gestaltet sich oft schwierig, haben sie doch schon so viele Enttäuschungen erlebt. Sie werden vorwurfsvoll und drängend erlebt. Viele können sich fast »mikroskopisch« genau an den Beginn der Symptome erinnern. Anfangs erinnerten die Symptome stark an eine Grippe. Wenn dann alle Untersuchungen nichts gebracht haben, werden oft weit hergeholte Vermutungen über die Ursachen angestellt. Sind es giftige Ausdünstungen aus der neuen Tapete? Oder das Amalgam in den Zähnen? Oder gar schädliche Energiestrahlen aus unterirdischen Wasserläufen?

[17] Chronisches Müdigkeitssyndrom? Medical Tribune Schweiz, 19. September 1997; Nr. 38, S. 4–5.

Eingehende Gespräche über mögliche seelische Belastungen ergeben doch manchmal Anhaltspunkte. So sollte man beispielsweise nach Überforderung am Arbeitsplatz, drohender Arbeitslosigkeit oder familiären Schwierigkeiten fragen. – Ob sich daraus eine Auflösung der Ursache oder gar ein Therapieansatz ergibt, ist leider nicht sicher. Und hier liegen auch die Parallelen mit der Dysthymie, bei der auch unterschiedliche Faktoren zur Entstehung beitragen. Eine spezifische Behandlung, z.B. mit Medikamenten, gibt es nicht. Bei starken Schlafstörungen oder wenn sich zur Müdigkeit eine deutliche depressive Stimmung gesellt, können antriebssteigernde Antidepressiva sinnvoll sein. Oft ist es hilfreich, einen Betroffenen durch stützende Gespräche zu begleiten und ganz praktisch Hilfen zur Bewältigung des Alltags zu geben.

Tabelle 11: *Diagnostische Kriterien des Chronischen Müdigkeitssyndroms (CMS)*

– Müdigkeit ist das Hauptsymptom.
– *Beginn:* Die Müdigkeit beginnt zu einem klaren Zeitpunkt und war nicht zeitlebens vorhanden.
– *Schweregrad:* Die Müdigkeit ist schwerwiegend, beruflich einschränkend und beeinträchtigt die körperliche und psychische Funktion.
– *Dauer:* mindestens 6 Monate während mindestens der Hälfte des Tages.
– *Begleitsymptome* können sein: Muskelschmerzen, Stimmungsschwankungen und Schlafstörungen, Klagen über Vergesslichkeit, Halsweh, schmerzende Lymphknoten, Muskelschmerzen, Gelenkschmerzen, Kopfschmerzen.
– *Auszuschließen* sind:
  a) Patienten mit medizinischen Grundleiden (wie etwa schwerer Blutarmut), die chronische Müdigkeit erzeugen können
  b) Patienten mit Schizophrenie, manisch-depressiver Psychose, Alkohol- und Drogenmissbrauch, Essstörungen oder nachgewiesenen organischen Gehirnerkrankungen.
– Andere psychiatrische Störungen (inklusive Depression und Angststörungen) sind nicht unbedingt auszuschließen.

Therapiemöglichkeiten

Eine Frau erzählte mir: »*Nach der Geburt unseres ersten Kindes wurde ich zum ersten Mal depressiv. Alles wurde zur Belastung. Wir hofften und beteten, dass die Depression nur vorübergehend sei. Doch sie zog sich über Monate hin, ohne aufzuhellen. Ich fühlte mich ständig schwach. Weil es einige belastende Erfahrungen in meinem Leben gab, suchte ich einen Arzt auf. Am Anfang war er zuversichtlich, aber mit den Monaten verlor er die Geduld. Gleichzeitig wollte er mir keine Medikamente geben, weil diese bei solchen Erschöpfungszuständen doch nichts brächten. Als ich aber weiterhin depressiv war, brach er die Therapie ab. Wenn ich mein Denken nicht veränderte, könne auch die Depression nicht aufhellen. Auf diese Weise werde er durch die Gespräche mit mir auch noch depressiv. Als sich die Depression nach zwei Jahren wieder verstärkte, gab mir ein anderer Arzt ein Antidepressivum. Dieses nehme ich nun seit fünf Jahren in niedriger Dosierung. Ich habe noch nie so gute Jahre erlebt. Ich spüre zwar oft meine Grenzen, aber ich habe genügend Energie für meine Familie und den Haushalt. Bei mir haben Medikamente eindeutig eine Linderung gebracht.*«

Während vieler Jahre waren Psychiater und Psychotherapeuten überzeugt, dass Menschen mit einer »neurotischen Depression« Psychotherapie brauchten, während Medikamente wenig brächten. Neue Studien[18] haben aber gezeigt, dass ein Zusammenwirken verschiedener Strategien am meisten bringt, nämlich:

1. Regelmäßige Einnahme antidepressiver Medikamente,
2. Bearbeitung von dysfunktionalen Denk- und Verhaltensmustern,
3. Unterstützung in praktischen Fragen der Lebensbewältigung.

In der Tat sprechen lang dauernde leichtere Depressionen wie die Dysthymie nicht gleich gut auf Medikamente an wie die schweren, phasischen (endogenen) Depressionen. Und doch

[18] Überblick bei Akiskal 2001

haben gerade neue Substanzen[19] deutliche Fortschritte gebracht. Mehr als die Hälfte von langjährig Depressiven wurden unter einer regelmäßigen antidepressiven Medikation weitgehend beschwerdefrei.[20]

Diktat der Schwachheit oder Eigenverantwortung?

Auch in der Psychotherapie haben sich über die letzten Jahre Veränderungen ergeben, weg von einseitig analytischer Therapie hin zu einer intensiveren Bearbeitung von Denk- und Verhaltensmustern (Kognitive Verhaltenstherapie). Allerdings braucht die Arbeit mit diesen Patienten viel Kraft und Ausdauer. Selbst bei erfahrenen Therapeuten kommt es häufig zu Therapieabbrüchen. In einem wertvollen Überblick[21] wurden folgende Leitlinien angegeben:

Die Therapie hat zum Ziel, mit der betroffenen Person die Symptome und die Reaktionsweisen zu erarbeiten: »Wo mache ich mich ständig von anderen abhängig, wo lebe ich in Angst und unter Druck, statt mein Leben selbständig in die Hand zu nehmen? Wo gebe ich meinen Eltern, Lebensgefährten, Vorgesetzten die Schuld an meinem Ergehen, statt selber Verantwortung zu übernehmen? Warum muss ich ständig andere fragen, ob das, was ich tue, richtig ist? Warum lasse ich mich so von der Meinung anderer Menschen lähmen?« etc.

In einer zweiten Phase arbeitet der Therapeut aktiv mit den Betroffenen, ihr Denken und Verhalten in schwierigen Situationen besser zu erkennen und aktiv neue Bewältigungsstrategien zu erproben. Wesentlich sei es, dass die Betroffenen die Verantwortung für ihren Anteil an schwierigen Beziehungen übernähmen.

---

[19] Zugelassen für die Indikation Dysthymie ist das Präparat Reboxetin (»Edronax«). Studien gibt es auch für weitere Präparate wie z.B. Fluoxetin (in Amerika als »Prozac« im Handel) oder Venlafaxin (Efexor).
[20] Haykal & Akiskal 1999
[21] McCullough 1991

Manchmal kann es notwendig sein, dass eine betroffene Person sich eingesteht, dass sie an einem Arbeitsplatz überfordert ist. Dann kann es richtig sein, ihr Umfeld an die eigenen Gaben und Begrenzungen anzupassen.

In einer Ehebeziehung ist es allerdings nicht möglich, so einfach aus- und umzusteigen. Hier ist die Einbeziehung des Partners wesentlich, um Verständnis für die leidende Person zu wecken, aber auch Wege zu suchen, wie man gemeinsam besser mit ihren Begrenzungen umgehen kann. Oft muss z.B. eine betroffene Frau auch lernen, dass sie nicht das Recht darauf hat, dass der Ehemann in allem nachgibt und sich vollständig dem Diktat ihrer Schwachheit unterwirft.

So verlangte eine Frau mit einer chronischen Erschöpfung, dass ihr Mann jeden Abend schon um 21 Uhr mit ihr zu Bett gehe, um sie zu halten, bis sie eingeschlafen war. »Und ich war eigentlich noch hellwach«, erzählte er, » ich fühlte mich als Teddybär missbraucht. Ich habe oft sehr mit Gefühlen der Wut gekämpft, gleichzeitig aber auch Mitleid mit meiner Frau empfunden, die wirklich an ihrer Erschöpfung leidet.«

Die Partner müssen auch lernen, sich gegenseitige Freiräume einzugestehen.

Interpersonelle Therapie (IPT)

In den letzten Jahren erfreut sich die Interpersonelle Therapie zunehmender Beliebtheit. Es handelt sich um eine psychodynamisch orientierte Kurztherapie[22], die sich zum Ziel setzt, primär die Symptome zu reduzieren und die zwischenmenschlichen Funktionen zu verbessern. Sie erhebt nicht den Anspruch, den Charakter der Person zu verändern. IPT geht davon aus, dass Depressionen und Ängste nicht nur biochemische Grundlagen haben, sondern oftmals in den Belastungen und Spannungen von Beziehungen mit anderen Menschen entstehen. Die IPT ist nahe bei den

[22] Schramm 1998

Menschen und holt sie dort ab, wo sie sich in ihrer depressiven Not befinden. Zwei Strategien stehen im Vordergrund:

1. Die Symptome lindern (ernst nehmen, klare Diagnostik, Aufklärung über die Natur der Störung und die Behandlungsmöglichkeiten, Medikamente).
2. Dem Patienten helfen, bessere Strategien zu entwickeln, seine sozialen und zwischenmenschlichen Probleme zu bewältigen, die mit der jetzigen Phase der Erkrankung verbunden sind.

In den Gesprächen werden folgende Problembereiche angesprochen, die sich besonders häufig bei depressiven Menschen finden:

a) *Trauer über Verluste:* Depressive Menschen leiden unter Verlusten, ob es um liebe Menschen, ein geliebtes Tier oder etwa eine Aufgabe geht, die sie nicht mehr übernehmen können. Oft werden die Gedanken völlig von dieser Trauer eingenommen. Im Gespräch versucht man mit der Person diese Trauer ernst zu nehmen, aber auch neue Perspektiven zu erarbeiten.

b) *Rollenkonflikte:* Darunter versteht man gegensätzliche Erwartungen zwischen zwei Personen, oftmals Partnerschaftskonflikte oder Eltern-Kind-Konflikte. Sie können zu einem wichtigen Faktor werden, der eine Depression auslöst oder aufrecht erhält. Wie kann man besser mit derartigen Konflikten umgehen?

c) *Rollen-Übergänge:* Oftmals tritt eine Depression erstmals auf, wenn jemand in eine neue Aufgabe oder Lebensphase eintritt (z.B. von der Schülerin zur Studentin, von der Lehre zum Militär, vom Ledigsein zur Partnerschaft, von der Mutterrolle zum beruflichen Wiedereinstieg, von der Arbeit zur Pensionierung etc.). In diesen Übergängen kommt es zum Verlust oder zur Veränderung bisheriger Bindungen an die Familie, zu schwierigen Gefühlen, die mit dem Übergang verbunden sind, zur Anforderung, neue soziale Fähigkeiten zu lernen, und möglicherweise zu vermindertem Selbstwertgefühl.

d) *Interpersonelle Defizite:* Eine optimale soziale Funktion ist davon abhängig, wie gut man mit andern Beziehungen pflegen kann – mit der Familie, mit Freunden und Bekannten und auch bei der Arbeit, wo beides nötig ist: gute Leistungen und einigermaßen gute Beziehungen zu den Mitarbeitern. Ängste erschweren soziale Beziehungen. Minderwertigkeitsgefühle, Angst vor Versagen und Ablehnung, Abhängigkeit sowie innere Unsicherheit beeinträchtigen diese Beziehungen. In der IPT bespricht der Therapeut mit dem Patienten seine Beziehungen und versucht ihm zu helfen, diese zu klären, Unsicherheiten abzubauen und neue Fertigkeiten im Umgang mit andern zu entwickeln.

Seelsorgliche Möglichkeiten und Grenzen

Die oben genannten therapeutischen Richtlinien können auch in der Seelsorge angewendet werden, doch kommt dort noch das geistliche Element hinzu. Vielfach bringen gläubige Menschen mit einer Dysthymie ja auch Fragen des Glaubens ein. Folgende Punkte erscheinen mir wesentlich:

- *Ernst nehmen im Erleben:* Gläubige Menschen empfinden es oft als große Not, dass sie trotz ihrer Sehnsucht nach Gottes Eingreifen einfach keine Energie und keine Lebensfreude haben. Sie müssen spüren, dass die Seelsorgerin Verständnis dafür hat. Eine Dysthymie hat nichts mit mangelndem Glauben zu tun.
- *Geistliche Fragen:* Reden über Schuldgefühle und Selbstvorwürfe, geistlichen Leistungsdruck und verzerrte Gottesbilder.
- *Ermutigung, Ermahnung, Entlastung:* Ermutigung zu eigenständigem und reifem Handeln und Denken, Eigenverantwortung für Reaktionen (nicht immer Schuld bei Eltern, Kirche, Vorgesetzten suchen), Ermahnung und Entlastung bei reizbarem Verhalten.
- *Hilfe zum Leben mit Grenzen:* Nicht stehen bleiben beim Warum, sondern hinführen zur Frage: »Wie kann ich bei meiner Veranlagung das Leben bewältigen?« Allenfalls berufliche Belastung den persönlichen Grenzen anpassen.
- *Verständnis in der Umgebung wecken:* Einbezug der Familie, Verständnis in der Gemeinde (keine Überbeanspruchung, Leistungsdruck).

171

Für die *therapeutische Seelsorge* ist es wichtig, um die starke Einschränkung durch solche Erschöpfungszustände zu wissen. Nicht immer werden sie (wie in der Geschichte von Elia)[23] durch eine relativ kurze Erholungspause wieder aufgelöst. Das seelsorgliche Vorgehen Gottes in seiner Situation gibt aber doch wesentliche Impulse: Herausnehmen aus der belastenden Umgebung, ausreichend Schlaf und erfrischendes Essen über längere Zeit legen die Grundlage für ein kritisches Hinterfragen seiner Gedankenwelt.

Bei der Begleitung von erschöpften Menschen ist es ratsam, zuerst die Umstände abzuklären und eine gründliche ärztliche Untersuchung zu empfehlen. Bei jungen Müttern ist Entlastung und Unterstützung in der Kinderbetreuung wichtig. Bei gestressten Berufstätigen kann auch eine Reduktion der Arbeitslast angezeigt sein. In begleitenden Gesprächen gilt es, die Denkmuster und Konflikte hinter einer Überarbeitung herauszuarbeiten und dem Ratsuchenden zu helfen, seine Aufgabe entspannter zu betrachten und anzugehen.

Auch wenn Menschen für längere Zeit unter Erschöpfung und Müdigkeit leiden, ist es wichtig zu betonen, dass sie auch dann wertvoll sind, wenn sie mit Grenzen und Schwachheit zu leben haben.

Kapitel 10

Wenn Angst das Leben beherrscht

*S*ie hatte mehr geschafft als die meisten ihrer Kommilitoninnen. Marion Bernasconi stand kurz vor dem Abschluss ihres Wirtschaftsstudiums, und sie brannte darauf, endlich ihre erste Stelle anzutreten. Marion war eine moderne junge Frau, aktiv, redegewandt, noch ohne das Bedürfnis nach einer festen Bindung. Sie engagierte sich in der Studentengruppe und half mit bei der jährlichen Sammlung für das Patenschaftsprojekt ihrer Gemeinde. Sie konnte überzeugen, etwas bewegen, war angesehen – eine Hoffnungsträgerin. Niemand wusste, dass sie oft enorme Kraft brauchte, um ihre innere Unsicherheit und ihre Selbstzweifel zu überwinden. Nach außen erschien sie stark.

Doch dann gab es ungeahnte Schwierigkeiten auf ihrem Lebensweg. Die Konkurrenz war hart, besonders für eine Frau. »Ihre Diplomarbeit braucht noch erhebliche Verbesserungen«, sagte ihr der Professor, »so kann ich sie nicht unterstützen.« Sie spürte, wie ihr Puls zu flattern begann, ein eiserner Griff umklammerte ihr Herz. Es fröstelte sie, und einen Moment lang wurde es ihr fast schwarz vor Augen. »Als ich an diesem Abend nach Hause fuhr, war es mir, als hätte ich das Auto nicht mehr richtig im Griff. Ich fuhr wie auf Glatteis, obwohl es Sommer war. Alle andern schienen so gefährlich schnell zu fahren, und die Bäume standen so nah an der Straße. Ich fühlte mich einfach nicht mehr sicher.«

Todesangst im Tunnel

Ich lernte Marion erst ein halbes Jahr später kennen. Sie hatte so tapfer versucht, ihr Leben zu meistern, aber alles war ihr zu viel geworden. Eine kurze Andacht in der Jugendgruppe war wie eine

Riesenlast; ein Leserbrief an die Regionalzeitung wie eine Doktorarbeit. »Ich kämpfte und spürte doch, wie mich meine Kraft immer mehr verließ«, sagte sie mir, »Ich fühle mich wie ein schlaffer Waschlappen.« Seit jenem denkwürdigen Abend hatte sie sich nicht mehr ans Steuer gewagt.

Todesängste überkamen sie sogar, wenn sie im Zug durch einen Tunnel fahren sollte. Sie konnte nicht mehr allein sein und wurde von einer befreundeten Familie aufgenommen. Ans Studium war nicht zu denken. Schon der Gedanke an die Diplomarbeit löste heftiges Herzklopfen aus. Sie hatte alles versucht: Rückzug von allen Verpflichtungen, regelmäßiges Gebet, Entspannungsübungen, lange Spaziergänge und beruhigende Nerventees. Aber jedes Mal, wenn sie versuchte, etwas anzupacken, stieg diese schreckliche Angst wieder hoch und machte alles zunichte.

Marion machte sich Vorwürfe: »Warum konnte ich nicht vernünftig auf die Verbesserungsvorschläge des Professors reagieren? Eigentlich hätte ich mich nur zusammenreißen müssen, ohne gleich in Panik auszubrechen.« Aber gleichzeitig wurde ihr auch bewusst: »Ich konnte gar nicht mehr anders. Mein Körper hat einfach reagiert, ich konnte mich gar nicht mehr wehren! Und jedes Mal, wenn dieses Herzklopfen kam, stieg auch die Angst wieder in mir auf. Ich fühlte mich wie gefesselt und geknebelt, eingesperrt in einem Schacht, in dem das Wasser immer höher steigt, ohne eine Möglichkeit zu entrinnen.« So ähnlich muss sich David gefühlt haben, als er in den Psalmen zu Gott schrie: »*Gott, hilf mir! Denn das Wasser geht mir bis an die Kehle. Ich versinke in tiefem Schlamm, wo kein Grund ist; ich bin in tiefe Wasser geraten, und die Flut will mich ersäufen.*«[1]

Was steht nun eigentlich hinter Marions schwerer Angststörung? Wie lassen sich ihre Reaktionen erklären, die doch weit über eine einfache Reaktion auf die Ablehnung der Diplomarbeit hinausgingen? Warum dauerten die Ängste so lange an, obwohl sie doch so konsequent versuchte, damit umzugehen? Und immer wieder die Frage: Gibt es eine Behandlungsmöglichkeit? Gibt es Hoffnung?

[1] Psalm 69,2–3

Angst hat viele Gesichter

Angst ist ein Grundphänomen des menschlichen Daseins. Der Psychologe Riemann hat in seinem Klassiker einmal die verschiedenen Persönlichkeitstypen als »Grundformen der Angst« beschrieben.[2] Angst ist das negative Urgefühl schlechthin, aus der alle anderen Formen der Unlust hervorgehen.

Bei den Römern und Griechen war die Angst vor dem Tod und der Vergänglichkeit die Antriebsfeder für kunstvolle Statuen und Inschriften. Doch schon lange davor, ganz am Anfang der Menschheitsgeschichte, finden wir die Angst als erstes unmittelbares Negativgefühl nach der Vertreibung aus dem Paradies.[3]

So paradox es klingen mag: *Ohne Angst könnten wir nicht leben*. Das gänzliche Fehlen von Angst ist ein Merkmal schwer gestörter Persönlichkeiten, denen dann auch die Fähigkeit fehlt, Lust und Freude zu empfinden. Es gibt also auch *gesunde Formen der Angst*. Angst kann den Menschen vor Gefahren schützen und sein Leben erhalten (*Realangst*). Ein Kind wird eine heiße Herdplatte nur einmal berühren. Der nachfolgende Schmerz bahnt eine Angst, die es in Zukunft bewahren wird.

So dient auch die *Gewissensangst* als gesunde Hemmung und als wesentliche Grundlage für ein geordnetes Zusammenleben. Das Wissen um die Verkehrsregeln und die Strafe bei Übertretung hilft uns, einigermaßen verantwortungsbewusst Auto zu fahren. Die Gewissensangst setzt unseren inneren Trieben, Strebungen und Bedürfnissen die nötigen Grenzen und bewahrt uns vor Fehltritten. Schließlich sei auch die *Vitalangst* als Warnsignal für eine schwerwiegende Erkrankung erwähnt: Bei einem Herzinfarkt kann sie so intensiv auftreten, dass der Betroffene merkt: Das ist nicht nur eine kleine Verspannung, ich brauche Hilfe.

---

[2] Riemann 1975 / 1999
[3] Mit der Frage der Angst als Folge der Sünde hat sich Kierkegaard (1844/1991) ausführlich beschäftigt. Wohl ist die Angst ein Teil unseres vergänglichen Wesens, aber gerade in ihrer krankhaften Ausprägung lässt sie sich nicht einfach auf persönliches Fehlverhalten zurückführen.

Wenn die Angst entgleist

Doch wenn die Angst entgleist, wenn sie ausbricht aus dem geordneten Gehege der Gefühle, kann sie eine Person hemmen, isolieren, zutiefst verstören, ja sogar zerstören. Hier möchte ich auf die schweren Angstsyndrome – früher auch Angstneurosen genannt – eingehen, die über die Möglichkeiten von Alltagspsychologie und Laienseelsorge hinausgehen und eine enge Zusammenarbeit von Arzt und Seelsorger erfordern. Krankhafte Angst ist durch folgende Eigenschaften gekennzeichnet:
- Die Angst entspricht nicht der auslösenden Situation.
- Die Angstreaktionen dauern über lange Zeit an.
- Die betroffene Person hat (zumindest am Anfang) keine unmittelbare Erklärung für das Auftreten der Angst.
- Es kommt zu einer deutlichen Beeinträchtigung der Lebensqualität.

Tabelle 12: *Die drei Ebenen der Angst*

Das Gefühlserleben:

Angst im engeren Sinne

Körperliche Symptome:

Herzklopfen; Schwitzen; Zittern oder Beben; Atembeklemmung: Atemnot oder Kurzatmigkeit; Erstickungsgefühle; Brustschmerzen oder körperliches Unwohlsein; Übelkeit oder Bauchbeschwerden; Schwindel oder Benommenheit; Derealisation oder Depersonalisation (»Es läuft ab wie im Film«); Angst, die Kontrolle zu verlieren oder »verrückt« zu werden; Todesangst; Kribbeln in den Fingern; Kälteschauer oder Hitzewallungen

Die Gedanken der Angst:

Sorgen, Grübeln, Angst vor der Angst

Was meint eine Person, wenn sie sagt: »Ich habe Angst«? Was ging in Marion vor, als sie diese panischen Zustände hatte? Nun, zuerst ist da einmal das Gefühl der inneren Enge, der Schwäche, der Ausweglosigkeit, des tiefen Unwohlseins, das man kaum mit Worten beschreiben kann. Vielleicht muss deshalb der Körper das Gefühl in die klassischen Körpersymptome der Angst übersetzen, wie sie in Tabelle 12 beschrieben werden. Wenn man zittert wie Espenlaub oder ein Stechen in der Brust spürt, dann weiß man: Ich habe Angst.

Schließlich kommen als drittes Element die Gedanken hinzu, die Sorgen um andere Menschen, um die unerfüllbaren Forderungen, das Karussell der immer gleichen Grübeleien. Wenn ein Mensch dann einmal die intensiven Symptome einer Panikattacke erlebt hat, dann steigt die Angst vor der Angst auf: »So etwas will ich nie mehr erleben!«

Der Kreislauf der Angst

Das Erlebnis der Angst wird häufig in einem Kreislauf beschrieben (Abbildung 11), in dem sich die Patienten leicht wieder finden.

Abbildung 11: *Der Kreislauf der Angst*

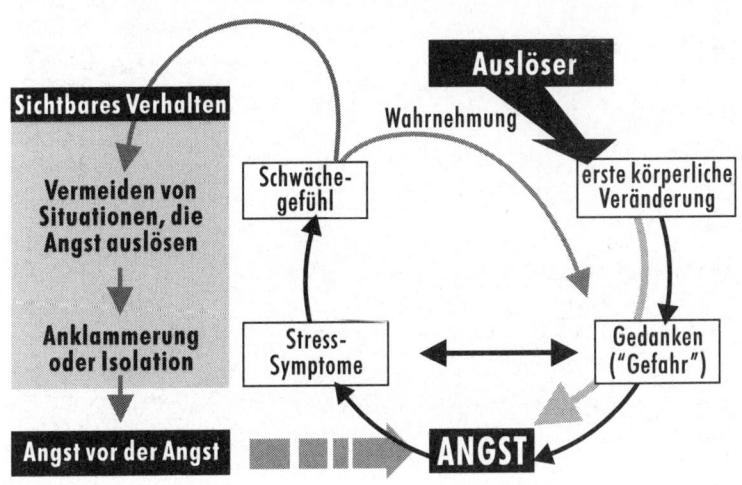

Ein Beispiel: Eine junge Frau mit Höhenangst besucht eine Freundin im sechsten Stock. Sie schaut zum Fenster hinaus (äußerer Reiz) und merkt plötzlich ein Herzflattern und ein Schwindelgefühl (Wahrnehmung der Körpersymptome). Jetzt überfallen sie die Gedanken der Angst (»Gefahr!«), und fast gleichzeitig steigen lähmende Gefühle der Angst auf. Nun beginnen die Stresshormone erst so richtig zu wirken und erzeugen die körperlichen Symptome. Sie fühlt sich ganz schwach und setzt sich aufs Sofa.

Doch dann beginnt eine weitere Schleife im Kreislauf des Angsterlebens. Es wird zum verzweifelten Ziel der Betroffenen, eine erneute Angstattacke zu vermeiden. Sie fühlt sich ständig am Rande ihrer Kraft. Jede Aufregung, jeder kleine Konflikt, jede schlechte Nachricht muss vermieden werden. Aber dadurch werden sie nicht stärker, sondern nur isolierter und sensibler. Die Angst beginnt das Leben und die Beziehungen zu beherrschen. Ihre ganze Gedankenwelt ist überschattet von der »Angst vor der Angst«, die schließlich wieder neue Ängste erzeugt.

Manche Menschen wenden hier ein: »Ich denke gar nicht. Ich schaue zum Fenster hinaus, und die Angst springt mich an wie ein Tiger!« In der Tat haben neuere Forschungsergebnisse gezeigt, dass sich die Angst schon im Bruchteil einer Sekunde einen Weg in die Alarmzentrale des Gehirns bahnen kann, bevor man überhaupt einen klaren Gedanken gefasst hat.

Es ist nicht einfach, die Angst in klar abgrenzbare Zustandsbilder einzuteilen. Häufig kommt Angst auch als Begleitsymptom bei Depressionen vor.[4] So unterschiedlich Angststörungen ausgeprägt sind, zwei wesentliche Bausteine finden sich immer wieder: *Panikattacken und Platzangst (Agoraphobie).*

Hauptmerkmal einer *Panikattacke* ist ein Anfall intensiver Angst und Unbehagens, der oft »wie aus heiterem Himmel auftritt«. Später allerdings kennt man dann schon die Situationen, in denen es wieder zu einer Attacke kommen kann, so wie dies bei Marion ganz typisch passierte.

---

[4] Die moderne Psychiatrie spricht von Komorbidität, wenn verschiedene Zustandsbilder miteinander auftreten.

Tabelle 13: *Klassische Angststörungen*

- Panikstörung
- Platzangst (Agoraphobie)
- Generalisierte Angststörung
- Spezifische Phobien
- Soziale Phobie
- Posttraumatische Belastungsstörung (PTBS)[5]

Die zweite wichtige Angst ist die *Platzangst*. Dazu gehört beides: Die Angst vor weiten Plätzen, aber auch die Angst vor Einengung (z. B. im Lift). Für die Betroffenen ist jeder Ort »gefährlich«, wo eine Flucht schwierig (oder peinlich) oder keine Hilfe verfügbar wäre. »Was ist, wenn ich mitten im Konzert ohnmächtig werde? Was ist, wenn ich plötzlich auf die Toilette muss?«

Manche Personen sind zwar eher in der Lage, sich einer gefürchteten Situation auszusetzen, stehen diese Erlebnisse jedoch nur mit grässlicher Angst durch.

Auf den folgenden Seiten werden die verschiedenen Formen der Angststörung kurz beschrieben. Fühlen Sie sich frei, einzelne Abschnitte zu überspringen, wenn ein Problem für Sie zur Zeit nicht aktuell ist.

Vererbung, Kindheit oder Stress? – Die Ursachen

So überraschend vielleicht eine erste Panikattacke auftritt – Angst entsteht nicht aus heiterem Himmel. Immer wieder lässt sich eine Vorgeschichte finden. Wie bei allen »sensiblen« Syndromen spielen auch hier Vererbung, Lebensgeschichte und belastende Erfahrungen zusammen. Es bildet sich eine verletzliche, sensible oder ängstliche Persönlichkeit[6], die unter Stress mit Angst reagiert.

---

[5] Aus Platzgründen muss auf eine ausführliche Behandlung dieser Angststörung verzichtet werden.

[6] Eine ausführliche Diskussion der Persönlichkeit bei Angststörungen findet sich bei Bronisch 1995.

Eine breit angelegte australische Studie an 3810 Zwillingspaaren[7] zeigte, dass genetische Faktoren zu etwa 50 Prozent beeinflussten, wie »neurotisch« bzw. sensibel eine Person war. Man kann allgemein davon ausgehen, dass eine Angsterkrankung zu etwa einem Drittel von dieser vererbten Disposition ausgeht[8], ein Drittel von schwierigen Erfahrungen in der Kindheit und Jugend und ein Drittel durch aktuelle Lebensbelastungen. Die vererbte Belastung zeigt sich in der Tatsache, dass sich in der Familie von ängstlichen Menschen gehäuft Verwandte finden, die an einer psychischen Störung leiden, am Leben überfordert waren oder in eine Alkoholabhängigkeit gefallen sind.

Überforderte Mütter und alkoholkranke Väter (um nur zwei Beispiele zu nennen) schaffen dann auch wieder das Umfeld, in dem ein Kind nicht die Geborgenheit erhält, die es für die Entwicklung des nötigen Urvertrauens braucht. Oft bedenkt man gar nicht, dass Alkoholismus bei vielen Männern und Frauen nichts anderes ist, als der Versuch, ihre inneren Ängste zu stillen und dem Leben mutig gegenüberzutreten. Doch die zerstörerischen Auswirkungen auf die Persönlichkeit können das Leben für ihre Familie zur Hölle machen und die Grundlage für neue Ängste im Leben ihrer Kinder legen.

Schriller Alarm – Die Panikstörung

Wenn Panikattacken bei einer Angststörung im Vordergrund stehen, so sprechen wir von einer Panikstörung im engeren Sinne. Forschungen haben gezeigt, dass etwa 1,5 bis 3,5 Prozent der Bevölkerung einmal im Leben von einer Panikstörung heimgesucht werden, meistens zum ersten Mal im Alter zwischen 15 und 40 Jahren. Dabei sind Frauen doppelt so häufig betroffen wie Männer. In 50 bis 65 Prozent werden die Ängste von einer ausgeprägten Depression begleitet.

---

[7] Jardine et al. 1984 sowie viele nachfolgende Auswertungen, z.B. Kendler et al. 1987
[8] vgl. auch Stein 1999

In einer eindrücklichen Studie hat die amerikanische Panik-forscherin Katherine Shear[9] untersucht, welche Faktoren einer ersten Panikattacke vorausgingen. Es zeigte sich, dass es oft zu einer Verkettung von Schwierigkeiten kommt, die zunehmend zur Destabilisierung und schließlich in eine nervenzerreißende Alarmstimmung führen, eben zur Panikattacke. Daraus ergibt sich dann eine Kettenreaktion, wie sie in Abbildung 7 (S. 104) graphisch dargestellt ist. Die moderne Hirnforschung hat zudem gezeigt, dass biologische Vorgänge einen wesentlichen Anteil an der Entstehung der Angst haben.[10]

Weil die körperlichen Beschwerden so ausgeprägt sind, machen sich die Betroffenen große Sorgen um ihre Gesundheit und suchen häufig Ärzte auf. In ihrem Drängen auf eine intensive somatische Abklärung der Beschwerden kommt es nicht selten zu ausführlichen Untersuchungen.

Die Aufklärung durch den Arzt muss einfühlsam erfolgen. Sachlich mag die Aussage vielleicht stimmen: »Ich kann nichts finden. Sie sind körperlich gesund!« Doch sie löst oft nicht Beruhigung, sondern neue Sorgen und auch Zweifel an der Kompetenz des Arztes aus. »Ich spüre doch diese Herzbeschwerden. Da kann man doch nicht einfach sagen: Es is' nix!«, sagte mir ein Patient empört. Immerhin hatte er neben seinem Hausarzt drei Spezialisten gesehen und vier Tage zur stationären Abklärung im Krankenhaus verbracht – mit Kostenfolgen in fünfstelliger Höhe.

»Wie erklären Sie denn meine Herzschmerzen?«, fragte er mich. »Gestern kam mein Chef auf mich zu und bat mich, am Wochenende etwas länger zu arbeiten. Da spürte ich, wie sich wieder dieser Schmerz über meine Brust ausbreitete. Mir wird einfach alles zu viel.«

Doch da ist noch eine andere Not: Auch nach dem Abklingen der akuten Panikattacke bleibt eine *Sensibilität* bestehen. »Nach diesem Panikanfall fühlte ich mich ausgelaugt wie nach einer großen Anstrengung«, berichtet eine Patientin. Das Leben der Betroffenen wird überschattet durch anhaltende Besorgnis über das

[9] Shear et al. 1993
[10] aktuelle Übersicht in mehreren Kapiteln des Buches von Kaspar und Möller 1995

Auftreten weiterer Anfälle, Sorgen über die Bedeutung der Attacke oder ihre Konsequenzen oder deutliche Einschränkung im Vergleich zu früheren Aktivitäten. »Früher ging ich gerne mal in ein Konzert, heute wage ich das nicht mehr.« Kein Wunder, dass es zu einer allgemeinen Entmutigung und einer weiteren depressiven Verstimmung kommt.

Hilfe, eine Katze! – Spezifische Phobie

Ich war einmal mit ein paar Kolleginnen in einer therapeutischen Wohngemeinschaft eingeladen. Wir saßen im Kreis und ließen uns von der Leiterin das Konzept der WG erklären. »Und hier kommt unsere zehnte Teilnehmerin«, sagte sie. Hereinstolziert kam eine schöne, langhaarige, schwarz-weiße Katze. Plötzlich schlug Laura, die Psychologiestudentin, die neben mir saß, die Hände vors Gesicht, fing an schwer zu atmen, stand abrupt auf, stieß ihren Stuhl nach hinten und verließ fluchtartig den Raum.

Was war passiert? Niemand hatte gewusst, dass Laura unter einer Katzenphobie litt. »Seit mich damals mit zwölf jene Katze gekratzt hat, habe ich eine unerklärliche Furcht vor diesen Tieren. Auch wenn sie noch so hübsch und zahm sind – es reicht, eine Katze von weitem zu sehen, und ich kriege unerträgliche Angst«, erzählte sie uns später.

Eine Phobie ist also eine ausgeprägte und anhaltende Angst, die übertrieben oder unbegründet ist und die durch spezifische Situationen ausgelöst wird (z.B. Flugreise, Tiere, Blut sehen etc.). Die Begegnung mit dem Auslöser, manchmal auch nur schon der Gedanke daran, ruft fast immer eine panische Angst hervor. Die Person erkennt, dass die Angst übertrieben oder unbegründet ist, kann sich aber nur mit großer Anstrengung gegen die Angst wehren und versucht, Angst auslösenden Situationen so weit wie möglich aus dem Weg zu gehen.

Das Vermeidungsverhalten, die ängstliche Erwartung oder das Unbehagen in den gefürchteten Situationen schränkt deutlich die normale Lebensführung der Person, ihre berufliche oder schulische Leistung, ihre sozialen Aktivitäten oder Beziehungen ein, oder die Phobie verursacht erhebliches Leiden für die Person. So geht Laura nirgends auf Besuch, wo sie einer Katze begegnen könnte. Auch eine Beziehung zu einem jungen Mann hat sie aufgegeben, als sie merkte, dass dieser eine Katze hatte.

Bei *Kindern* kann sich die Angst oft in scheinbar unvernünftigem Verhalten ausdrücken: Sie schreien wie am Spieß, kriegen Wutanfälle, erstarren vor Schreck oder klammern sich verzweifelt an die Mutter. Ihnen fehlt es oft noch an Einsicht in die Unsinnigkeit der Angst. Doch bei Erwachsenen erwartet man eben etwas Vernunft, ohne zu realisieren, dass eine Phobie die Leitplanken des Verstandes durchbricht.

Bei Menschen aus anderen Kulturen gilt es allerdings zu beachten, dass beispielsweise die Angst vor einer kleinen Stoffpuppe oder vor Vogelknochen nicht nur eine Phobie ist. Wenn sie etwa aus Südamerika stammen, dann können sie sehr wohl Furcht erregende Erfahrungen mit Voodoo-Zauberei gemacht haben, die hinter einer Angstreaktion stecken.

Obwohl Phobien häufig sind (ca. 10 % aller Menschen sind betroffen), erreichen sie meist nicht den Grad einer schweren Beeinträchtigung. Allerdings können sie einen Menschen ein Leben lang begleiten: Phobien, die bis ins Erwachsenenalter andauern, klingen nur in 20 Prozent ab! So müssen die Betroffenen oft Wege finden, dem Angst auslösenden Objekt aus dem Weg zu gehen. Auch hier sind Frauen wiederum deutlich häufiger betroffen als Männer.

Die *Auslöser* für Phobien können unterschiedlich sein: Natürlich ist es möglich, dass, wie in unserem Beispiel, ein Mensch direkt eine schlechte Erfahrung mit einer Katze gemacht hat. Als zweite Möglichkeit ist daran zu denken, dass bei einer erschreckenden Erfahrung auch eine Katze anwesend war, die nun zum Inbegriff des Schreckens wird, weil sie (manchmal unbewusst) an das Drama erinnert. Vielleicht hatte der Onkel, der ein Mädchen unsittlich berührte, in seiner Wohnung eine Katze.

Und schließlich können manche Eigenarten des Tieres symbolhaft für andere Ängste stehen. Gerade sensible Menschen sehen dann eben nicht nur das friedlich schnurrende Kätzlein, sondern dahinter die gefletschten Zähne eines gereizten Tigers; im übertragenen Sinne: Selbst äußerlich nette Menschen können innerlich reißende Wildkatzen sein, denen man besser aus dem Weg geht.

War das vielleicht auch mit ein Grund dafür, dass Lauras Beziehung in die Brüche ging – die uneingestandene Angst, dass der äußerlich sanfte Mann letztlich doch die Krallen seiner sexuellen Wünsche zeigen würde? Ich bin vorsichtig mit solchen Deutungen, weil sie oft an der Not der Menschen vorbeigehen. Gerade bei komplexen neurotischen Ängsten sind derartige Symbolängste, die sich auch in angstbetonten Träumen äußern können, jedoch durchaus zu beobachten.

Schüchternheit wird zur Krankheit – Soziale Phobie

Eine besondere Form der Phobien sind Ängste, die sich vor allem auf zwischenmenschlicher Ebene abspielen. In den gefürchteten sozialen Situationen entwickeln die Betroffenen Angst sich zu blamieren, und befürchten, dass andere sie als ängstlich, schwach, »verrückt« oder dumm beurteilen.

»Eigentlich hatte ich mir immer gewünscht, noch eine Weiterbildung machen zu können«, erzählte mir der 32-jährige Facharbeiter Roland F. *»Seit drei Monaten darf ich nun einen von der Firma bezahlten Kurs absolvieren, aber ich komme immer mehr unter Stress. Wenn ich an der Tafel etwas erklären soll, werde ich plötzlich heiser, Hitzewellen und Kälteschauer durchlaufen mich abwechselnd. Letzten Dienstag habe ich jetzt den Kursleiter gebeten, mich nicht mehr unvorbereitet nach vorne zu rufen. Ich habe immer mehr Angst vor dem nächsten Kurstag.«*

Symptome der sozialen Phobie sind Angst vor öffentlichem Sprechen; Sorgen, dass andere das Zittern der Hände oder der Stimme bemerken; extreme Angst, sich mit andern zu unterhalten, weil man zu wenig wortgewandt ist; Vermeiden von Essen, Trinken oder Schreiben in der Öffentlichkeit, aus Angst sich zu blamieren, wenn andere sehen, dass die Hand zittert. Häufig leiden die Betroffenen in den gefürchteten Situationen an allgemeinen Angstsymptomen (Herzklopfen, Zittern, Schwitzen, Magen-Darm-Beschwerden,

Durchfall, Muskelverspannungen, Erröten, »Durcheinander sein«), die sich bis hin zu Panikattacken steigern können.

Wie sollen sie damit umgehen? Schon die Erwartung führt zu starken Ängsten, der ganze Tag wird überschattet durch die dauernde Sorge im Hinblick auf ein bevorstehendes Ereignis. Oft entsteht ein regelrechter Teufelskreis aus Erwartungsangst, Angst verschärfenden Gedanken und Angstsymptomen, die dann wirklich zur gefürchteten Versagensreaktion führen.

Roland F. hat in seiner Verzweiflung die Strategie des Vermeidens gewählt, aber um welchen Preis? Andere zwingen sich, die Situation durchzustehen, aber unter starkem Leiden. Oftmals kommen sie dann in Versuchung, unkontrolliert Tranquilizer oder Alkohol zu nehmen, nur um sich nicht zu blamieren.

Oft prägt sich bei den Betroffenen eine allgemeine Übersensibilität aus. Die Schüchternheit wird zur Krankheit der sozialen Phobie. Sie entwickeln eine Überempfindlichkeit gegenüber Kritik, negativer Bewertung oder Ablehnung.

Schwierigkeiten, sich selbst zu behaupten, geringes Selbstbewusstsein und Minderwertigkeitsgefühle führen zu einer zunehmenden Entmutigung. Im zwischenmenschlichen Kontakt werden die Betroffenen als linkisch und kontaktgestört erlebt, weil sie beispielsweise keinen Blickkontakt halten, oder offensichtliche Anzeichen von Angst entwickeln (z.B. kalte, feuchte Hände, Zittern, zittrige Stimme). Gerade in Berufen, wo Vertrauen gefragt ist, beispielsweise im Verkauf, kann dies zu einer ausgeprägten Behinderung führen. Oftmals zeigen diese Menschen schlechteres Abschneiden bei Prüfungen oder schlechtere Leistungen bei der Arbeit, weil sie öffentliches Sprechen, spontanen Kontakt und offenen Austausch mit Vorgesetzten und Kollegen meiden.

Hier ist allerdings auch ein Wort der Vorsicht am Platz. *Nicht jede Angst hat Krankheitswert.* Prüfungsangst, Lampenfieber und Schüchternheit gegenüber fremden Personen sind weit verbreitet und sollten nicht als soziale Phobie diagnostiziert werden, es sei denn, die Angst oder Vermeidung führt zu einer klinisch bedeutsamen Beeinträchtigung und starker Belastung.[11]

[11] Lang & Stein 2001

Obwohl viele Menschen zeitweise Ängste vor sozialen Kontakten haben, erreichen diese nur in zwei Prozent den Grad einer echten sozialen Phobie.

Es mag noch erträglich sein, dass sie wenige Freundschaften entwickeln können, aber manche leiden darunter, dass durch ihr Verhalten eine Heirat weniger wahrscheinlich wird. Sie sehnen sich nach Liebe, aber sie wagen es nicht, ihrem Gegenüber die nötigen Signale zu geben. Mehrfach habe ich erlebt, dass ängstliche Frauen schließlich in eine Beziehung zu einem Mann hineingeschlittert sind, der seinerseits in seiner Schüchternheit eine Bekanntschaft via Partnerschafts-Vermittlung suchte. Nicht selten verbleiben sie in unbefriedigenden Beziehungen oder ziehen sich in die Herkunftsfamilie zurück, weil sie es nicht wagen, einen Schritt in eine neue Richtung zu unternehmen.

Angst wie ein zäher grauer Nebel – Generalisierte Angststörung

Während Panikattacken oder Phobien oft dramatische Auswirkungen haben, können Angststörungen sich wie ein zäher grauer Nebel über ein Leben legen. Hier spricht man von einer »Generalisierten Angststörung« (GAD = General Anxiety Disorder). Alles wird von unrealistischer und übertriebener Angst und Besorgnis durchzogen. Die Betroffenen werden geplagt von Angst, ihrem Kind könnte etwas zustoßen, obwohl keine Gefahr besteht, oder machen sich ohne triftigen Grund Geldsorgen.

Sorgenvolle Ängstlichkeit wird regelrecht zur zweiten Natur. So sehr sie sich bemühen, ihre Sorgen zu kontrollieren, im Hintergrund laufen sie weiter wie eine störende Begleitmusik und überschatten das ganze Denken. »*Mit meinem Verstand sehe ich alles ganz klar. Ich weiß, dass ich mir keine Sorgen machen muss. Kopf und Herz sind ja nur 40 cm voneinander entfernt, aber oft scheinen sie meilenweit auseinander zu liegen«,* sagte mir einmal ein Patient.

Auch hier kommt es, wie so oft, zu körperlichen Begleiterscheinungen des vegetativen Nervensystems. Die ständigen Sorgen kosten Kraft. Die Betroffenen leben in dauernder Anspannung und Ruhelosigkeit, klagen über leichte Ermüdbarkeit, übertriebene Schreckreaktionen, Konzentrationsschwierigkeiten oder »Leere im Kopf«, Reizbarkeit, Muskelspannung, Ein- und Durchschlafstörungen. Nicht selten ist eine solche grundlegende Angststörung begleitet von anderen Störungen[12], Depressionen oder dem Missbrauch von Alkohol und Medikamenten.

Sensibilität und psychotische Angst

Dieses Kapitel wäre unvollständig, wenn ich nicht auch noch kurz auf die Möglichkeit psychotischer Ängste eingehen würde. Unter einer Psychose versteht man Krankheitszustände, die mit erheblichen Störungen des Fühlens und Denkens einhergehen, meist mit einem deutlichen Verlust des Realitätsbezuges und auffallenden Veränderungen des Verhaltens.[13]

»Mit meiner Frau ist etwas ganz Eigenartiges passiert«, erzählte mir ein junger Ehemann. *»Sie hat schon länger darüber geklagt, dass ihr alles zuviel wird. Jetzt ist auch noch ihr Vater, an dem sie sehr hängt, schwer krank geworden. Letzte Nacht hat sie mich aufgeweckt. Sie wirkte ganz verändert. ›Ich habe Angst‹, flüsterte sie und schaute ganz entsetzt im Raum umher. ›Ich muss raus, weg von hier, ich bin in Gefahr!‹ Ich konnte sie nicht zurückhalten. Sie sprang aus dem Bett, rannte durch die Wohnung und lief einfach nach draußen, obwohl es kalt war und regnete und sie nur ihr Nachthemd anhatte.«*

---

[12] Eine Untersuchung bei 109 Patienten (Brawman-Mintzer et al. 1993) zeigte, dass 23 % zusätzlich an einer sozialen Phobie litten, 21 % an einer spezifischen Phobie, 11 % an einer Panikstörung sowie 11 % an einer Dysthymie oder Zyklothymie.

[13] Obwohl auch die Schizophrenie zu den Psychosen gehört, gibt es Zustandsbilder, die weniger schwer sind, aber zeitweise zu ausgeprägten Störungen des Denkens, Fühlens und Verhaltens führen (z.B. polymorphes psychotisches Zustandsbild, schizophrenieforme Episoden). Zudem können Vergiftungen, Drogen oder Stoffwechselstörungen auch zu psychoseartigen Symptomen führen. Für nähere Erläuterungen sei auf Lehrbücher der Psychiatrie verwiesen.

Eine eingehende ärztliche Untersuchung ergab die Diagnose einer kurzen psychotischen Episode, die unter Medikamenten rasch abklang. Aber diese junge Frau erlebte ihre Sensibilität in einer besonderen Weise. *»Wenn ich in diesen Zustand komme, kann ich meine Gedanken nicht mehr richtig steuern. Meine Gedanken begrüßen sich, und ich weiß nicht, welchen ich die Hand geben soll. Sie stürmen auf mich ein. Ich kann viel schneller denken als sonst, aber es passt nicht zusammen. Jemand nimmt meine Gedanken weg oder verdreht sie und schwächt sie ab. Irgendetwas stimmt nicht. Ich bin wie ein Korb, dessen Inhalt am Boden herumliegt, und ich kann ihn nicht mehr sammeln und ordnen.«* Es ist verständlich, dass in diesem Zustand eine unheimliche Angst aufsteigt, durch die die Frau völlig gelähmt wirkt. *»Sie steht dann herum, und es ist, als würde sie durch mich hindurch schauen«*, berichtet ihr Mann. *»Sie sagt nichts, aber man merkt, dass in ihr drin ganz viel abläuft.«*

Unter niedrig dosierten Medikamenten[14] und begleitenden Gesprächen kam es zu einer eindrücklichen Stabilisierung. Aber manchmal, wenn sie unter vermehrten Druck gerät, dann spürt sie wieder das eigenartige Gefühl, nicht mehr sie selbst zu sein. *»Ich habe dann den Eindruck, dass alle hören können, was ich denke. Ich wage mich nicht mehr unter die Menschen. Irgendwie habe ich Angst, sie könnten mir meine Energie abzapfen.«*

Eine andere junge Frau, die vor Jahren zwei Phasen einer Schizophrenie durchgemacht hatte, verliebte sich in einen jungen Mann, der für sie unerreichbar war. Sie wurde zunehmend unruhig, konnte nicht mehr schlafen und erlebte auch im Alltag ganz eigenartige Dinge: *»Letzthin stand ich am Bahnhof, und ich bemerkte, dass viele Menschen Tränen in den Augen hatten. Ich glaube, es war, weil sie mit mir Mitleid hatten. Es muss über Lautsprecher etwas bekannt gegeben worden sein, aber ich habe es nicht genau gehört. Ich habe keinen Beweis, aber ich kann es mir nicht anders erklären.«* Schließlich wurde sie zunehmend von Ängsten, Selbstvorwürfen, Zweifeln und Zwängen geplagt und

---

[14] Bei Psychosen sind Neuroleptika (wie z.B. Risperdal, Seroquel, Solian oder Zyprexa u.v.a.m.) angezeigt.

begab sich zu ihrem eigenen Schutz in eine Klinik. Dort wurden die Medikamente neu eingestellt, und sie hatte Zeit, sich von ihrer Krise[15] zu erholen.

Ich habe gerade unter meinen psychotischen Patientinnen und Patienten viele liebevolle, feinfühlige Menschen kennen gelernt. Mit den Jahren kennen sie die Symptome ihrer Störung und spüren, wenn die Sensibilität wieder in eine Krankheitsphase einmündet. Sie wissen auch, dass es sich bei ihren Ängsten um eine Störung der Informationsverarbeitung im Gehirn handelt.

Auch wenn sich so manche psychischen Konflikte und frühere seelische Verletzungen in das Zustandsbild mischen, ist hier nicht in erster Linie Psychotherapie angezeigt, sondern eine fachgerechte Einstellung der Medikation, verbunden mit einer einfühlsamen therapeutischen Begleitung. Wesentlich ist, dass Therapeuten und Seelsorgerinnen diese spezifische Form der psychotischen Sensibilität kennen und rasch eine fachärztliche Behandlung vermitteln.

Therapie der Angst – ein kurzer Überblick

Wie kann man denn nun in den Kreislauf der Angst eingreifen? Wie kann man die Widerstandskraft erhöhen und den Betroffenen helfen, mit ihrer Sensibilität zu leben? In der ärztlichen und therapeutischen Praxis haben sich folgende Schritte bewährt:

- Klare Diagnostik und Feststellung des Schweregrades
- Bei akuten Ängsten aufklären, beruhigen; schnell wirksame Medikamente einsetzen
- Gespräch über die auslösenden seelischen und sozialen Konflikte (Psychodynamik)
- Erlernen von hilfreichen Bewältigungsstrategien (Verhaltenstherapie)
- Anleitung zur Entspannung
- Veränderung des Denkens (kognitive Therapie)
- Unterstützung durch Medikamente.

---

[15] Klinisch gesehen handelte es sich um eine erneute Phase ihrer bekannten Schizophrenie.

189

Viele Patienten werden von der ersten Angstattacke überrascht. Wie ist so ein seelisches Einbrechen möglich, wenn man doch vorher sein Leben im Griff gehabt hat? Was läuft da in meinem Körper und in meinem Gehirn ab? Die betroffenen Menschen müssen spüren, dass man sie ernst nimmt. »Sie halten mich nicht für verrückt? Gibt es noch andere, die so etwas erleben? Ich habe gemeint, ich sei die Einzige, die so reagiert.« Die Erleichterung ist oft mit Händen zu greifen. Das genaue Erfassen der Symptome und Umstände einer Angstattacke ist also bereits ein erster wesentlicher Schritt, der auch therapeutisch wirkt. Erklärungen sind für die Patientinnen und Patienten wichtig, auch wenn sie nie die gesamte Wirklichkeit abbilden können. Sie helfen ihnen, die beängstigenden Empfindungen und Gedanken besser einzuordnen und wieder Boden unter den Füßen zu finden.

Bei akuten Ängsten ist es sinnvoll, rasch wirksame Medikamente[16] zu geben, die sozusagen den Alarmknopf abstellen und die körperlichen und psychischen Sirenen etwas beruhigen. Erst dann ist es möglich, weitere therapeutische Schritte einzuleiten und die Angst in ihrer gesamten Bedeutung verstehen und bewältigen zu lernen.

Lebensstil und Lebensmotto

Bald schon folgt dann aber auch *die Frage nach dem Warum*. Was stimmt nicht in meinem Leben? Was haben meine Eltern falsch gemacht? Bin ich erblich belastet? Wie kann eine kurze Begegnung mit einer schwierigen Person, ein kritisches Wort, ein Blick vom Balkon des sechsten Stocks eine so durchschlagende Auswirkung auf meine Psyche haben? Wie ist es möglich, dass ich so empfinde?

Das Konzept der Sensibilität ist ein wichtiger Baustein. Doch welches sind die Konflikte und Belastungen, die Sensibilität zur Krankheit werden lassen?

---

[16] Hier sind Tranquilizer (Benzodiazepine) angezeigt, wie z.B. Valium oder Tavor (Temesta).

190

Therapeut oder Seelsorgerin werden versuchen, diese Hintergründe im Gespräch zu erhellen und Muster der Erlebnisverarbeitung, der Abwehr und der Bewältigung zu besprechen. Dabei können auch schmerzliche Kindheitserfahrungen und tiefer liegende Konflikte aktiviert werden, die eine entsprechende Bearbeitung im Gespräch erfordern (psychodynamischer Ansatz).

Oft wird ein Lebensstil oder auch ein inneres Lebensmotto deutlich, die eine Person prägen. Dazu kommen vielfältige äußere Belastungen oder auch Bedrohungen des persönlichen Lebensentwurfs. Denken Sie kurz zurück an Marion am Anfang des Kapitels. Ihr Lebensmotto war verkürzt gesprochen: »Ich bin nur wertvoll, wenn ich Erfolg habe!«

Dabei merkte sie nicht, wie viel sie für dieses ehrgeizige Ziel aufgab. Sie nahm sich kaum Zeit zur Erholung, schränkte ihre Kontakte ein und lebte ganz für ihr Studium. Auch eine Freundschaft wäre nur hinderlich gewesen auf ihrem Weg zum Ziel. Daneben sei erwähnt, dass da auch noch die Ablösung von den Eltern war, die ihr nicht die Geborgenheit und Förderung geben konnten, die sie sich gewünscht hatte; Menschen die in einer ärmlichen Welt lebten, die sie hinter sich lassen wollte.

Und jetzt war das krampfhaft angestrebte Ziel des Studienabschlusses so nah – da durchkreuzte der Professor mit seinem Kommentar alle Hoffnungen auf einen schnellen Aufstieg in eine neue Lebensphase. Die Spannung ist mit Händen zu greifen.

Die Gespräche in Psychotherapie und Seelsorge dienen also dazu, Rückblick zu halten, Einsicht zu gewinnen in die Motive und besser zu erkennen, was einen Menschen in seinem Lebensentwurf bestimmt. Die Erfahrung hat aber gezeigt, dass dies oft nicht genügt, um die aktuellen Muster der Angst zu durchbrechen. Es sind Strategien gefragt, die einen Menschen im Hier und Jetzt abholen.

Hilfreiche Strategien der Bewältigung

Patienten mit Platzangst und Vermeidensverhalten sollten sanft dazu ermuntert werden, hinaus zu gehen und die Welt zu erkunden. Eine Besserung wird erst eintreten, wenn sich ein phobischer Patient gefürchteten Situationen stellt. In der begleitenden Psychotherapie (kognitiv-verhaltenstherapeutisch orientiert) werden die auftretenden Gefühle, Gedanken und Verhaltensweisen besprochen. Im Zentrum steht nicht die rückwärts gewandte Innenschau, sondern die praktische Bewältigung der Angst. Welche Denkmuster stehen hinter der Angstreaktion? Wie kann man Verhalten neu trainieren, um das Leben zu schaffen?

Die ganze weite Welt ist ein schmaler Steg. Geh darüber und fürchte dich nicht.

(Rabbi Nachman von Bratzlav, 1772–1810)

Wer über eine schmale Brücke hoch über den Wasserfluten geht, muss darauf achten, wohin er schaut. Schau nicht nach unten, sondern nach vorn, dann wirst du deinen Weg sicher und ohne Angst gehen!

Denken Sie an den Mann mit der sozialen Phobie, der Angst vor einem Vortrag im Kurs hatte. Sein Denken wurde immer mehr von der Angst beherrscht, dass er vor der Klasse versagen würde. Schließlich ging er gar nicht mehr in den Kurs. In der Therapie sind drei Dinge für ihn wichtig, die sein falsches Denken und sein problematisches Verhalten verändern können:

Angst aushalten lernen: Die Angst wird nicht immer schlimmer, bis es zu einer Katastrophe kommt. Vielmehr ist sie wie eine Welle, die nach einer gewissen Zeit wieder abebbt. Es gilt, mit der Welle zu schwimmen und dennoch das Ziel im Auge zu behalten.

Rückzug löst das Problem nicht, er verstärkt vielmehr die Angst vor der Angst.

Verhalten kann man trainieren, z.B. in einem Stufenplan, der vom einfachen Vorlesen in der Familie bis hin zum Reden vor großen Gruppen führt.

Ganz so einfach ist es dann aber doch nicht. Oft braucht auch die Verhaltenstherapie viele Gespräche, in denen man die Bedeutung einer Situation anschaut, die einen Menschen ängstigt. Wie kann man die Gedanken vor dem gefürchteten Ereignis verändern? Wie kann sich jemand innerlich entspannen, statt sich immer mehr zu verkrampfen?

Die einzelnen Schritte werden mit der Person durchgesprochen und an den Trainingserfolg angepasst. Manchmal ist es hilfreich, wenn der Therapeut mit der Person praktisch übt (bei Platzangst z.B. eine Fahrt in der U-Bahn oder im Lift).

Wenn eine Unternehmung dann einmal nicht gelingt, neigen die Betroffenen dazu, sich abzuwerten: »Ich kann es ja doch nicht. Ich bin ein Versager. Es hat alles keinen Sinn!« Ein solcher Gedanke kann dann ersetzt werden durch folgenden Satz: »Mein Training braucht Zeit. Es macht nichts, wenn es dieses Mal nicht geklappt hat. Beim nächsten Mal geht es besser! Ich schaffe es.« Hier ist therapeutische Kreativität gefragt, die übrigens durch gute Ratgeber-Bücher mit vielen praktischen Vorschlägen unterstützt wird.[17]

Wesentlich erscheint mir auch die Einbeziehung der Angehörigen, die durch die Ängste und das Anklammerungsverhalten eines Familienmitgliedes stark mitbetroffen werden.

Entspannungstechniken erweisen sich bei leichteren bis mittleren Angststörungen als hilfreich. Als gute Entspannungsmethode hat sich in den letzten Jahren die Muskelrelaxation nach Jacobson[18] etabliert. Man lernt dabei, die Muskeln durch gezielte Übungen zu entspannen, und erfährt dann oft auch eine seelische Entkrampfung. Für gläubige Menschen kann auch das Gebet und das Lesen von Psalmworten sehr hilfreich sein.[19] Neben den gedanklichen Entspannungsmethoden ist auch an Bäder, Spaziergänge und Musik zu denken.

Das Beispiel Catherine –
Seelsorge und Medikamente

Ich lernte Catherine als 23-jährige Studentin kennen. Mehr als ein Jahr lang hatte sie derart starke Ängste, dass sie nicht mehr in der Lage war, über eine Brücke zu gehen, mit der Straßenbahn zu

[17] Z.B.: »Angst in Kraft verwandeln« von Jost Wetter-Parasie und Luitgardis Parasie, Anker Verlag; »Ängste verstehen und überwinden« von Doris Wolf, PAL Verlag.
[18] Johnen 1999
[19] Vgl. M. Dieterich: »Wir brauchen Entspannung«.

Tabelle 14: *Unterstützung durch Medikamente*

Zwei Gruppen von Medikamenten haben sich bei Angststörungen bewährt:

1. Tranquilizer (Benzodiazepine): wie z.B. Valium oder Tavor (Temesta). Sie bringen eine rasche Beruhigung, die dann eine weitere Bearbeitung der auslösenden Faktoren im Gespräch ermöglicht. Eine länger dauernde Einnahme von Tranquilizern birgt die Gefahr von Abhängigkeit in sich und sollte daher möglichst vermieden werden. Allerdings ist bei schweren Ängsten, die mit massiven Behinderungen einhergehen, eine kontrollierte Dauermedikation (ergänzt durch Antidepressiva) unter ärztlicher Begleitung sinnvoll.

2. Antidepressiva: Oft sind Angst und Depression miteinander verbunden. Deshalb haben sich Antidepressiva in der Behandlung und Vorbeugung von Angstzuständen bewährt. Weil sich die Wahl der Medikamente rasch verändert, verzichte ich auf die Nennung von Namen. Die Einstellung auf Antidepressiva kann vom Hausarzt oder Facharzt vorgenommen werden, der die neuesten Entwicklungen kennt und in der Lage ist, diejenigen Medikamente auszuwählen, die in der jeweiligen Situation hilfreich sind.

Vorsicht! Sensible Menschen sprechen oft selbst auf niedrige Dosierungen ungewöhnlich stark oder mit ungewöhnlichen Nebenwirkungen an!

---

fahren oder an einer Party teilzunehmen. Sie suchte eine seelsorgliche Therapeutin auf, um herauszufinden, was denn hinter ihren Ängsten stecke. Doch alle Gespräche konnten die Blockaden nicht lösen.

Catherine ließ sich überzeugen, einen Versuch mit einem Antidepressivum zu machen. Am Anfang erlebte sie nur die Nebenwirkungen, von denen sie im Beipackzettel gelesen hatte. Um ein Haar hätte sie die Mittel wieder abgesetzt, wäre sie nicht von ihrer Seelsorgerin ermutigt worden, doch ein paar Tage durchzuhalten. (Ein großartiges Beispiel für die Zusammenarbeit von Arzt und Seelsorgerin!)

Die Gespräche gingen weiter, aber jetzt konnte Catherine umsetzen, was sie in der Therapie erarbeitet hatte. Innerhalb von wenigen Wochen kam es zu einer fast wunderbaren Besserung. In einem Brief an ihre Seelsorgerin schrieb sie ein Jahr später:

»Ich weiß nicht, wie ich Ihnen danken soll. Mein Leben hat sich so verändert! Wo soll ich mit Erzählen beginnen? Dass ich jetzt ohne Angst in die Straßenbahn steigen kann? Dass ich neulich ohne Angst nach Zürich gefahren bin, um dort an einer Geburtstagsfete teilzunehmen, und erst gegen Mitternacht wieder heimgekommen bin – ohne Angst? Oder dass ich in den Ferien mit meiner Freundin nach Portugal geflogen bin – einfach so, ohne Panik? Mir ist es noch nie besser gegangen. Ich bin unendlich dankbar und glücklich.«

Allerdings hat Catherine gelernt, dass sie mit ihren Grenzen leben muss und darauf angewiesen ist, ihre Medikamente regelmäßig in niedriger Dosis einzunehmen, um einem Rückfall vorzubeugen.

Gleichgewicht zwischen Schonung und Wagnis

Ich wünschte mir, alle Angststörungen wären vorübergehende Krisen, die abklingen und ein für allemal vorbei wären. Bei einem Viertel ist dies auch der Fall, wie eine Nachuntersuchung an der Universität Zürich[20] eindrücklich gezeigt hat. 77 Prozent hatten aber auch nach 7 bis 9 Jahren noch Symptome der Angst.

Fast die Hälfte (46 Prozent) der Betroffenen spürten eine Beeinträchtigung bei der Arbeit, 12 Prozent erlebten auch eine Beeinträchtigung in ihren privaten Beziehungen, und 23 Prozent waren nach dieser langen Zeit weiterhin in einer psychotherapeutischen Behandlung. In solchen Fällen spricht man von einem Residuum (Restzustand), der für die Betroffenen oft sehr quälend und einschränkend sein kann.

[20] Angst und Vollrath 1991

Wesentlich bei längeren Angststörungen ist es, den Patienten zu helfen, ihre Grenzen kennen zu lernen und anzunehmen. Dabei gilt es ein Gleichgewicht zwischen Annahme und Wagnis zu finden. Nicht immer gelingt es, die Ängste zu durchbrechen. Häufig erlebt man gerade in dieser Situation die Dynamik der Angst ganz intensiv. Dann gilt es auch zu trösten, zu begleiten und Mut zu machen, im engen Rahmen der seelischen Behinderung ein befriedigendes Leben aufzubauen.

Kapitel 11

Gefühle auf der Achterbahn:
Hysterie und seelische Instabilität

Nicht wenige sensible Menschen leiden unter enormen Stimmungsschwankungen. Nach außen wirken sie attraktiv, lebhaft und ausdrucksstark, doch ihre Stimmung kann so rasch umschlagen wie der Wind auf einem Schweizer Bergsee, oft verbunden mit Tränen, einem abrupten Abgang oder einem kraftlosen Hinsinken.

Der Literaturnobelpreisträger Isaac B. Singer beschrieb einmal liebevoll seine Schwester, die nach seinen eigenen Worten an Hysterie litt[1]: »*Meine Schwester schwatzte in einem fort, sang und lachte den lieben langen Tag. Außerdem tat sie Ansichten kund, die sie besser für sich behalten hätte. Wenn ihr jemand gefiel, war des Lobes kein Ende, wenn sie aber jemand nicht mochte, dann lästerte sie unerbittlich. Sie neigte zur Übertreibung – wenn sie sich freute, konnte sie jauchzend in die Luft springen, und wenn sie unglücklich war, weinte sie oder fiel gar in Ohnmacht. Ihre Eifersucht auf meinen Bruder verleitete sie zu zahlreichen bösen Anschuldigungen. Aber kaum waren sie ausgesprochen, bereute sie ihre Worte auch schon und wollte ihn abküssen. Nach einem rasenden Weinkrampf erhob sich ihr Geist, und sie fing an zu tanzen. Uns Kleinere küsste sie unentwegt.*

Alles war von folgenschwerer Bedeutung ... Auf die Verlobung meiner Schwester folgte bei uns eine Zeit großer Unruhe. Obwohl meist gut gelaunt, warf sie hin und wieder meiner Mutter vor: ›Du schickst mich fort, weil du mich nicht magst.‹ – ›Weh mir, du machst mich noch verrückt!‹ – ›Es ist aber wahr.‹ – ›Sieh dich vor, ich sage die Hochzeit ab!‹ – ›Eher laufe ich davon. Ich verschwinde, und du wirst nie erfahren, was aus meinen

---

[1] Singer 1983, S. 155 ff.

sterblichen Überresten geworden ist...‹ Noch bevor meine Mutter antworten konnte, lachte meine Schwester und fiel in Ohnmacht. Aber sie tat sich nie weh dabei. Sie verlor das Bewusstsein, blinzelte und lächelte. Auch wenn es so aussah, als machte sie Spaß, war alles bittere Wirklichkeit.«

Bittere Wirklichkeit – genau so erleben hochsensible Menschen mit derartigen Charakterzügen ihre Stimmungsschwankungen. Bitter kann dieses Erleben auch für die Angehörigen und für den Ehepartner sein. Von Außenstehenden wird ihr Verhalten oft als theatralisch und manipulativ erlebt. »Hysterisch« nannte man dieses Verhalten früher; heute spricht man von einer »*histrionischen*« *Persönlichkeit.*[2]

Bei manchen Menschen reicht der Wechsel der Gefühle deutlich tiefer: Hier kommen Selbstverletzungen, Suizidversuche und schwere depressive Verstimmungen dazu, die das Leben massiv beeinträchtigen. Man spricht dann von einer »*emotional instabilen Persönlichkeit*« oder von einer »*Borderline-Störung*«. Einmal mehr wird hier Sensibilität zur ausgeprägten seelischen Krankheit. Dem Thema der Borderline-Störungen habe ich bereits früher ein ganzes Buch gewidmet.[3] Im Mittelpunkt dieses Kapitels sollen die Stimmungsschwankungen bei sensiblen Menschen stehen, insbesondere auch eine breitere Analyse des vordergründig hysterischen Verhaltens, hinter dem ein oft unverstandenes Leiden steht.

Hysterie – eine Begriffsbestimmung

Im obigen Beispiel werden fast alle Eigenschaften so genannter hysterischer Frauen beschrieben: vordergründige Fröhlichkeit, rasche Stimmungsschwankungen, impulsives Handeln, rascher Meinungsumschwung, oberflächliche und ich-bezogene Beschäftigung mit Äußerlichkeiten, Weinkrämpfe abwechselnd mit eitel Sonnenschein, bis hin zur Ohnmacht bei der Diskussion tiefer Ängste.

[2] vom griechischen Wort »histrio« = Schauspieler
[3] Pfeifer und Bräumer 1999

Der Begriff der Hysterie hat in den letzten Jahren eine Wandlung erfahren.[4] Dabei werden zwei Ebenen unterschieden: die Ebene der hysterischen (bzw. histrionischen) *Persönlichkeitsstörung* und die Ebene der körperlichen und psychischen Störungen, die bei histrionischen Patienten auftreten können (*Konversion, Somatisierungsstörung*[5]).

Der Begriff Hysterie kommt daher, dass betroffene Menschen (vielfach Frauen) oft an Unterbauchbeschwerden leiden, die früher auf die Gebärmutter (= hysteros) zurückgeführt wurden. Ein Beispiel: *Eine junge Brasilianerin, die erst vor kurzem einen Deutschen geheiratet hat, wird vom besorgten Ehemann auf die Notfallstation gebracht, weil sie über furchtbares Bauchweh klagt. Die erste Untersuchung durch den Arzt ergibt keine Befunde. Es folgt eine frauenärztliche Untersuchung mit Ultraschall – ebenfalls ohne Befund. Auch die ausgedehnten Laborbefunde sind allesamt normal. »Drei Stunden waren wir auf dem Notfall, und nichts ist dabei herausgekommen! Was ist denn los mit meiner Frau?«, fragte der Ehemann. Die Gespräche zeigen in der Folge, dass die junge temperamentvolle Frau auch in anderen Bereichen unter starken Schwankungen leidet und insbesondere mit dem Einleben in die fremde Kultur große Schwierigkeiten hat. Es ergibt sich also die klassische Kombination äußerer Attraktivität und ausgeprägter Sensibilität (Anlage), verbunden mit der Belastung des Kulturschocks und den Anpassungsschwierigkeiten einer jungen Ehe.*

Der heutige Begriff der »histrionischen« Persönlichkeit leitet sich vom griechischen Wort für Schauspieler her und unterstreicht etwas von der Dramatik, die im hysterischen Verhalten zu finden ist. *Die histrionische Persönlichkeitsstörung* ist definiert durch folgende Kriterien (nach DSM-IV):

Es findet sich ein durchgängiges Muster übermäßiger Gefühlsbetontheit oder eines übermäßigen Verlangens nach Aufmerksamkeit. Mindestens fünf der folgenden Kriterien müssen erfüllt sein:

---

[4] Ein hervorragender Überblick findet sich bei Fiedler 1998, S. 238–278.
[5] Diese wurden früher auch als hysterische Neurose im engeren Sinne definiert.

1. Fühlt sich unwohl in Situationen, in denen er/sie nicht im Mittelpunkt der Aufmerksamkeit steht
2. In Beziehungen oft unangemessen sexuell verführerisches oder provokantes Verhalten
3. Rasch wechselnder und oberflächlicher Gefühlsausdruck
4. Setzt durchwegs die körperliche Erscheinung ein, um die Aufmerksamkeit auf sich zu lenken
5. Übertrieben ausdrucksstarker und wenig detaillierter Sprachstil
6. Selbstdramatisierung, Theatralik und übertriebenerer Gefühlsausdruck
7. Ist leicht beeinflussbar durch andere Personen oder Umstände
8. Fasst Beziehungen enger auf, als sie tatsächlich sind

Diese Eigenschaften führen zu großen *zwischenmenschlichen Problemen*. Wenn solche Menschen die Szene betreten, stehen sie bald im Mittelpunkt, entweder durch ihr auffallendes äußeres Auftreten oder durch ihren dramatischen und ich-zentrierten Stil. Häufig finden sich deutliche erotische Untertöne, vom betörenden Augenaufschlag bis hin zur raffinierten Garderobe.

Abbildung 12 zeigt in grafischer Form vier mögliche Bereiche, wo die histrionisch-sensible Grundpersönlichkeit in Krankheit übergehen kann.[6]

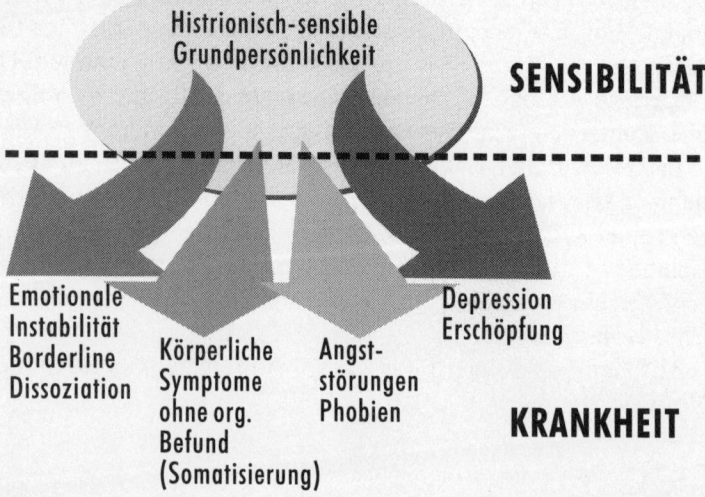

Wenn es nötig ist, übernehmen sie die verschiedensten Rollen: das hilflose Dummchen, das bedürftige Kind oder die unsichere Bittstellerin mit vielfältigen Anliegen an Therapeut oder Seelsorgerin. Hysterische (oder histrionische) Persönlichkeiten wirken zwar am Anfang charmant und schließen schnell Freundschaften. Ist eine Beziehung aber einmal aufgebaut, so werden sie anspruchsvoll, ichbezogen und rücksichtslos. In ihrer Sehnsucht nach bedingungsloser Annahme und Anerkennung machen sie sich übermäßig abhängig von andern und nehmen sie völlig in Beschlag. Versucht der andere, sich etwas mehr Freiraum zu verschaffen, so kommt es zu Vorwürfen und dramatischen Gefühlsausbrüchen. Hilfloses Sich-Anklammern kann sich bis zum Selbstmordversuch steigern. Durch ihr unreifes Verhalten zerstören sie gerade diejenigen Beziehungen, nach denen sie sich so sehr sehnen.

So erzählte mir ein Ehemann: »*Sie denkt nur an sich; klagt darüber, dass es ihr schlecht geht, weil sie zwei Kilo zugenommen hat. Dass ich Probleme am Arbeitsplatz habe, das interessiert sie einen Dreck! Ich darf sie kaum allein lassen. Wenn ich einmal mit einem Kollegen ins Fitness-Studio will, macht sie sicher irgendein Drama, das mich zu Hause hält. Ich liebe sie, aber dieses Verhalten macht mich kaputt!*«

Sexuelle Probleme sind häufig. Hysterische Personen leiden oft unter überhöhten Erwartungen an sich selbst und an ihren Partner und neigen zur Flucht in sexuelle Phantasien. Die Wirklichkeit ist meist ganz anders und Enttäuschungen sind vorprogrammiert. Oft klagen sie auch über schlechte Gesundheit, allgemeine Schwäche, Kopfschmerzen oder ein prämenstruelles Syndrom.

In Zeiten großer Belastung kann es vorübergehend zu Wahrnehmungsverzerrungen kommen. So klagte mir eine Frau während einer Krise, sie habe oft den Eindruck, sie sehe die Welt um sich herum ganz verzerrt, wie durch Brillengläser, die falsch geschliffen sind. Manchmal fühle sie sich wie eine Zuschauerin im Theater des Lebens.

Mit der Genesung traten diese Störungen wieder in den Hintergrund.

---

[6] In der Fachsprache spricht man auch von »Komorbidität«.

Betörend oder bedrückend?

Histrionische Sensibilität kann ganz unterschiedlich schwer ausgebildet sein. Wo sie nur ein glitzernder Stein in der gediegenen Fassung eines goldenen Ringes ist, wo ausdrucksstarke Emotionalität und Anmut umschlossen sind von einer stabilen Grundpersönlichkeit, da ist »ein Quäntchen Hysterie« das, was eine Frau so begehrenswert und attraktiv machen kann. Ein schwingender Gang und ein zärtlich-provokativer Augenaufschlag lässt einen Mann so manchen dramatischen Gefühlsausbruch vergessen.

Doch oft gewinnt die histrionische Komponente größeren Raum im Leben eines sensiblen Menschen und wird dann zur Last. Wenn sich eine Frau nicht mehr begehrenswert findet, wenn sie sich abgelehnt fühlt oder wenn schwere Lebensereignisse in ihr Leben einbrechen, dann wird die histrionische Sensibilität zur Krankheit.

Der amerikanische Psychotherapeut Horowitz[7] hat vier Schweregrade herausgearbeitet, die in der folgenden Tabelle dargestellt werden:

Tabelle 15: *Vier Ebenen der histrionisch-instabilen Persönlichkeit (nach Horowitz 1997)*

normales Niveau	Diese Menschen haben eine gesunde und ausgewogene Grundpersönlichkeit, stabile Werte und Beziehungen. Auch wenn sie Konflikte oder Stimmungsschwankungen haben, wissen sie, dass das zu ihnen gehört. Mit Konflikten gehen sie realistisch um, sie können sich je nach Situation durchsetzen oder nachgeben, haben Weisheit und Humor. In Beziehungen können sie sich eingeben und den andern als eigenständige

[7] nach Horowitz 1997

Person mit eigenen Wünschen und Erwartungen annehmen. (Eine Person auf diesem Niveau kann vielleicht einen dramatischen Stil haben, aber noch nicht eine histrionische Persönlichkeit.)

neurotische Ebene	Hier finden sich lang dauernde ungelöste Konflikte zwischen überhöhten Erwartungen und schmerzlichen Enttäuschungen, die nur schlecht verarbeitet werden können. Die Betroffenen sind hin- und hergerissen zwischen Wünschen und Hemmungen. Sie sehen sich nicht als aktiv Handelnde, sondern als Opfer. Dieses Muster führt immer wieder zu Konflikten am Arbeitsplatz, in der Liebe und in den Beziehungen zu den Kindern. (Eine Person auf diesem Niveau leidet an einer histrionischen Persönlichkeitsstörung.)
narzisstische Verletzlichkeit	Bei diesen Menschen klaffen Ideal, Realität und negatives Selbstbild weit auseinander. Immer wieder fallen sie in einen Zustand, wo sie sich entweder »am Boden zerstört« fühlen oder aber weit über andere erhaben. Unter zunehmendem Stress verlieren sie die »Bodenhaftung« und haben ein überhöhtes Selbstbild im Bereich Kreativität, Macht oder Sexualität. Sie sind ichzentriert, unmäßig fordernd, machen sich unvernünftige Illusionen und haben weit überhöhte Erwartungen an die Mitmenschen.
Borderline-Niveau	Bei diesen Menschen findet sich eine emotionale Instabilität, Impulsivität und eine Tendenz zur Selbstzerstörung, die weit über eine histrionische Persönlichkeitsproblematik hinausgeht.

Emotionale Instabilität (Borderlinestörung)

Menschen mit einer Borderline-Persönlichkeitsstörung zeigen ein durchgängiges Muster von Instabilität der zwischenmenschlichen Beziehungen, Instabilität des Selbstbildes, Instabilität im Bereich der Stimmung, ausgeprägter Impulsivität mit Beginn in der frühen Erwachsenenzeit. Dabei sollten mindestens fünf der folgenden Kriterien erfüllt sein:

1. Verzweifeltes Bemühen, ein reales Alleinsein oder nur schon die Vorstellung des Alleinseins zu verhindern

2. Ein Muster von intensiven, aber instabilen zwischenmenschlichen Beziehungen, die wechseln zwischen den beiden Extremen von Überidealisierung und Abwertung

3. Ausgeprägte und andauernde Störung der Identität, die sich in Form von Unsicherheit in mindestens zwei der folgenden Lebensbereiche manifestiert: Selbstbild, sexuelle Orientierung, langfristige Ziele oder Berufswünsche, Art der Freunde oder Partner, persönliche Wertvorstellungen

4. Impulsivität bei mindestens zwei möglicherweise selbstschädigenden Aktivitäten, z.B. Geldausgeben, Sexualität, Substanzmissbrauch, risikoreiches Autofahren oder Fressanfälle

5. Wiederholte Suiziddrohungen, -andeutungen oder -versuche oder andere selbstverletzende Verhaltensweisen (z.B. vielfältige Schnitte an den Armen oder Beinen)

6. Instabilität im Gefühlsbereich, z.B. ausgeprägte Stimmungsänderungen von der Grundstimmung zu Depression, Reizbarkeit oder Angst, wobei diese Zustände gewöhnlich einige Stunden oder, in seltenen Fällen, länger als einige Tage andauern

7. Chronisches Gefühl der Leere oder Langeweile

8. Unangemessene, starke Wut oder Unfähigkeit, die Wut zu kontrollieren, z.B. häufige Wutausbrüche, andauernde Wut oder Prügeleien

9. Vorübergehender, durch Stress ausgelöster Realitätsverlust oder dissoziative Symptome.[8]

Begleitende Probleme: Der Anteil von Borderlinepatienten unter denjenigen Patienten, die in stationäre psychiatrische Behandlung kommen, wird auf ca. 20 Prozent geschätzt. Häufig ist es ein Suizidversuch, der zur Einweisung in eine Klinik führt. Borderline-Persönlichkeiten haben vielfältige Begleitprobleme und zeigen ein Muster, sich selbst zu unterminieren, oft gerade in dem Moment, wo sie kurz davor sind ein Ziel zu erreichen (z.B. Schulversagen gerade vor dem Abschluss; schwerer innerer Rückzug in dem Moment, wo ein Therapeut endlich aufatmet und der Person mitteilt, wie gut die Therapie läuft; Zerstörung einer Beziehung in dem Moment, wo diese zu einer bleibenden Beziehung werden könnte). Wiederholter Stellenverlust, Unterbrechungen in der Ausbildung und zerbrochene Ehen sind häufig.

Manche Betroffene entwickeln unter Stress psychosenahe Symptome (z.B. Halluzinationen, Verzerrung des Körpergefühls, Beziehungsideen und hypnoseähnliche Phänomene). Sie fühlen sich mit »Übergangsobjekten« (z.B. einem Kuscheltier) sicherer als in einer echten zwischenmenschlichen Beziehung. Häufig findet sich ein körperlicher und sexueller Missbrauch in der Vorgeschichte. Dazu können Depressionen, Substanzabhängigkeit, Essstörungen (besonders Bulimie), Posttraumatische Belastungsstörung und Hyperaktivität mit Aufmerksamkeitsstörung kommen.

Der *Verlauf* einer Borderlinestörung gestaltet sich sehr unterschiedlich. Häufigstes Muster ist eine chronische Instabilität im frühen Erwachsenenalter mit Episoden, in denen es den Betroffenen nicht gelingt, ihre Stimmung und ihre Impulse zu kontrollieren. Die Behinderung durch die Störung sowie das Suizidrisiko sind in der Jugend am größten und lassen mit zunehmendem Alter allmählich nach. Ein Großteil der Menschen mit dieser Störung

---

[8] Unter Dissoziation versteht man eine Abspaltung des Bewusstseins von dem, was man gerade erlebt. Eine junge Frau, die als Kind mehrfach sexuell missbraucht wurde, antwortete mir auf die Frage, wie sie damit habe leben können: »Es war, als wäre ich aus mir herausgegangen, in die Tapete, die ich über mir sah. Auf dem Bett lag noch mein Körper, aber ich selber spürte nichts mehr. Erst viel später, als der Mann schon lange gegangen war, fand ich mich wieder und wusste, dass irgendetwas Schlimmes passiert war.« Ausführliche Informationen zum Thema Dissoziation finden sich bei Andreasen und Black 1993, S. 249–256.

erreicht im Alter von etwa 30 bis 40 Jahren eine größere Stabilität in den Beziehungen und Lebensaufgaben.

Ganz deutlich ist, dass eine emotionale Instabilität vom Borderlinetyp sehr viel tiefer greift und ein Leben viel stärker überschattet als eine histrionische Persönlichkeitsstörung.

Wenn der Körper aufschreit

Unter Belastung kann es bei histrionischen Personen zu körperlichen Symptomen kommen.[9] Weil diese manchmal (aber lange nicht immer!) etwas von ihrem inneren Konflikt ausdrücken, wurden diese körperlichen Störungen als Konversionsstörungen (Konversion = Umwandlung) bezeichnet. Dies kann dramatische Formen annehmen:

Rebekka saß im Rollstuhl, als ich sie kennen lernte. Seit Monaten konnte die 24-Jährige nicht mehr laufen, obwohl sie keinen Unfall gehabt hatte und nach vielfältigen neurologischen Abklärungen auch an keiner anderen Nervenkrankheit litt. Immer deutlicher zeigte sich, dass sie im Rahmen eines tief greifenden Konfliktes nicht mehr gehen konnte. Sie kam vom Land in die Stadt und verliebte sich dort in einen Drogendealer, der sie nicht nur an die Nadel brachte, sondern auch sexuell ausbeutete und ihr alles sauer verdiente Geld abnahm. Sie wollte aufhören und ein neues Leben beginnen, aber immer wieder ergriff sie das Verlangen nach Drogen und nach seiner »Liebe«.

Als sie eines Tages wieder heimlich und voller Selbstvorwürfe zu ihm ging, fühlte sich ihr Unterleib »wie ein weicher Waschlappen« an. Sie sank zu Boden und konnte nicht mehr laufen. Schließlich kam der Krankenwagen und brachte sie ins Krankenhaus.

Seither war sie gelähmt. Doch die Schwäche half ihr auch: Jetzt konnte sie nicht mehr zu ihm gehen, konnte nicht mehr die Treppen

---

[9] Eine hervorragende Übersicht über den Forschungsstand geben Rief & Hiller 1992; ein ausführliches Kapitel findet sich auch bei Hoffmann & Hochapfel 1999.
[10] Dieses Phänomen nennt man »Sekundärgewinn«.

zu seiner verrauchten Wohnung hochsteigen.[10] *Jetzt hatte sie einen Schutz – doch zu welchem Preis?! Nach vielen Gesprächen, die sich über mehrere Monate hinzogen, lernte sie zaghaft, ihre Beine wieder zu gebrauchen. Sie konnte den Rollstuhl verlassen und erlebte in einer therapeutischen Wohngemeinschaft eine weitere Stabilisierung ihres Befindens.*

Eine Lähmung, wie sie hier beschrieben wird, sieht ein Arzt in Mitteleuropa nur selten. Viel häufiger werden derartige Zustandsbilder in der Dritten Welt beobachtet. Als ich für ein Jahr in Israel in einem arabischen Missionsspital arbeitete, wurde uns eine junge Frau mit einer Lähmung des rechten Armes gebracht. Steif ausgestreckt ließ sich der Ellenbogen nicht mehr bewegen. Die ganze Familie war dabei und erzählte gestikulierend, die Lähmung sei ganz plötzlich beim abendlichen Ausrollen der Schlafmatten aufgetreten. Nach einer Valium-Spritze ließ sich der Arm wieder völlig normal bewegen. Was aber stand hinter diesem Symptom? Im Orient ist es wichtig, dass ein Mädchen jung heiratet. Aber für die Eltern ist es oft schwierig, den Brautpreis aufzubringen. Die jüngere Schwester der Patientin hatte bereits einen Mann gefunden, sie aber war deutlich weniger attraktiv (man denke an Rahel und Lea im Alten Testament!), lebte immer noch zu Hause und wurde zunehmend zur Magd der Großfamilie.

Wenn du nur reden könntest …

In Deutschland würde sie ausbrechen oder zu einem Therapeuten gehen, um ihre Konflikte zu besprechen. Nicht so im arabischen Dorf. Die einzige Sprache, die die Familie verstand, war die Sprache des Körpers. Und dass das Symptom gerade beim Ausrollen der Schlafmatten auftrat, könnte heißen: »Ich habe es satt, immer die Arbeit für euch zu machen. Ich mag nicht mehr, ich kann nicht mehr! Ich fühle mich so hilflos und ausgeliefert!« Es könnte noch mehr dahinter stehen: Hat sie vielleicht auf einer dieser Schlafmatten einen sexuellen Übergriff erdulden müssen? Wir wissen es nicht.

Tabelle 16: *Fünf Risikofaktoren für Somatisierung* [11]

1. Genetische Risikofaktoren: familiäre Belastung durch Alkoholismus und andere psychische Krankheiten

2. Epidemiologische Risikofaktoren: weiblich, niedriger sozialer Status, Kulturkreis (speziell Lateinamerika, Mittelmeerländer, Indien)

3. Entwicklungspsychologische Risikofaktoren: Krankheitsmodelle in der Familie, sexuelle Übergriffe, organmedizinisch orientierter Gesundheitsbegriff

4. Auslösende Faktoren: kritische Lebensereignisse, organische Erkrankung, psychische Dauerbelastung (z.B. Ehepartner Alkoholiker), tägliche Belastungen

5. Aufrechterhaltende Bedingungen: Mangel an anderen Bewältigungsmöglichkeiten, familiäre Verstärker, soziale Vorteile durch Krankheit, fehlende soziale Unterstützung

Das Beispiel illustriert etwas von den vielfältigen Risikofaktoren für eine Somatisierungsstörung (Tabelle 16). Sie zeigt aber auch das Dilemma einer sensiblen jungen Frau in einer orientalischen Großfamilie, in der sie gefangen, machtlos und ohne Ausweg ist. Anders als westliche Mädchen hat sie keine Möglichkeit, ihr Leben selbst zu gestalten. Sie ist wegen ihres Aussehens benachteiligt, sie wird ohne den Brautpreis nie einen Mann bekommen, und das bedeutet lebenslange Unehre und Unterdrückung.

Vielleicht wird sie einmal irgendeinem älteren Alkoholiker des Nachbardorfs als dritte Frau gegeben. Ihre körperlichen Missempfindungen, das dauernde Schwächegefühl versetzen sie zusätzlich in Panik, und irgendwann kommt es zum einzig möglichen Aufschrei, der ihr (wenigstens für kurze Zeit) Aufmerksamkeit und Zuwendung seitens der Familie bringt: Eine Lähmung entsteht. All das läuft ab, ohne dass sie das bewusst will oder gar vorspielt. »Es« geschieht einfach.

[11] nach Ries & Heller, S. 16

Vom Umgang mit dem Körper

Jeder Mensch erlebt tagtäglich gewisse körperliche Missempfindungen: ein Brennen im Hals, ein Ziehen im Bauch, ein kurzer Krampf im Bein. Normalerweise macht uns das keine Sorgen. Man weiß, das geht vorbei, das ist nicht gefährlich. Ein Kind lernt in der Familie, wie es mit solchen Beschwerden umgehen kann. Bleibt die Mutter ruhig und vermittelt dem Kind Sicherheit (»erst mal abwarten und sehen«), so lernt auch das Kind, dass nicht jeder kleine Schmerz schon Gefahr bedeutet.

Reagiert eine Mutter aber mit offensichtlicher Sorge und Angst und geht wegen jedem kleinen Wehwehchen zum Arzt, so entsteht gerade beim sensiblen Kind durch jede kleine Unpässlichkeit Alarmstimmung. Auf diese Weise entstehen »Krankheitsmodelle« in der Familie, Familientraditionen, wie man Gesundheit und Krankheit erlebt.

Jeder Mensch entwirft schon früh eine Vorstellung davon, woher seine Beschwerden kommen. Kann ein Junge sich eingestehen: »Heute hatte ich Streit mit einem Freund, und jetzt habe ich Kopfweh. Ob das wohl einen Zusammenhang hat?« Oder wird er von der besorgten Mutter mit dem Hinweis zum Neurologen gebracht: »Weißt du, das könnte ein Hirntumor sein! Wir wollen nichts versäumen!« Ein Kind entwickelt dann für seine Körperempfindungen ein eigenes »Schema«, das im Extremfall zum hochsensiblen Alarmsystem wird.

Daraus ergibt sich auch ein bestimmtes Schonverhalten, das sich gerade bei Rückenschmerzen fatal auswirken kann. Immer wieder beobachten wir Patienten, die z.T. schon in jungen Jahren ein chronisches Rückenleiden entwickeln. Nach dem ersten Schmerzanfall entwickeln sie die Devise: »Wenn ich mich jetzt nicht schone, mache ich mich ganz kaputt.« Dazu kommt natürlich noch so manche seelische Belastung, wie z.B. die Angst vor dem Verlust des Arbeitsplatzes, eine unbefriedigende Arbeitssituation oder finanzielle Sorgen, wie wir dies besonders bei ausländischen Arbeitern oft finden. Die Folge: Der Rücken verkrampft sich noch mehr und es stellt sich ein chronifizierter Schmerz ein, der nicht selten zur frühzeitigen Rente führt.

Man kann ein Körpersymptom als schwächste Stelle sehen, die unter der Last eines Traumas, eines Konfliktes oder einer unausweichlichen Situation einbricht und das ganze Befinden dominiert. Man kann nicht mehr weiterleben wie bisher; es entsteht ein Handlungsbedarf für Veränderungen, die allen sichtbar notwendig erscheinen. Somit kommt es zur Veränderung der auslösenden Probleme – aber um welchen Preis? Hier setzt dann auch die Gesprächstherapie an: Wie kann man sich bewusst und reif einem Konflikt stellen, ohne dass der Körper dafür zahlen muss?

Manchen Menschen verschlägt es auch die Stimme: »*Ich erinnere mich noch genau, bei welcher Liedstrophe mir die Stimme wegblieb. Ich ging aus dem Gottesdienst und war wie mit Stummheit geschlagen*«, erzählte mir eine Frau mittleren Alters. »*Seither kann ich nur noch flüstern.*« Auslöser war ein tief greifender Konflikt am Arbeitsplatz, wo man ihr mit Kündigung drohte.[12] In einer indischen Studie[13] standen im Vordergrund Prüfungsängste sowie Konflikte mit Kollegen oder Ehepartnern. In 80 Prozent fand man zusätzlich noch andere Störungen, wie z. B. Angststörungen und Depressionen.

Somatisches Leiden ernst nehmen, psychisches Leiden nicht verharmlosen

Hysterische Lähmungen rufen natürlich besondere Aufmerksamkeit hervor[14], aber es können auch andere Körperorgane betroffen sein. Ähnlich dramatisch kann eine psychogene Blindheit sein, deren Botschaft heißt: »Ich kann und will nicht mehr sehen, was mich belastet.« Manchmal tritt eine solche Störung nach einem schweren Trauma auf.

---

[12] Eine sehr schöne Übersicht über Konversionsstörungen mit zahlreichen klinischen Beispielen findet sich bei Hoffmann & Hochapfel 1999, S. 220–243.

[13] Bhatia & Vaid 2000

[14] Wenn in einem Heilungsgottesdienst »Gelähmte« geheilt werden, sind nicht selten solche Phänomene zu beobachten.

210

Da hat beispielsweise jemand miterlebt, wie eine Frau sich vor den Zug wirft. Das grauenhafte Bild brennt sich derart heftig ein, dass die sensible Person noch monatelang die Augen zukneift und nicht mehr richtig sehen kann. Wenn ein solches Trauma auch noch ein Geheimnis ist (z.B. Vergewaltigung durch einen Onkel), dann wird die Störung noch stärker »abgespaltet« und vielleicht erst viel später einer Vertrauensperson erzählt. Oft ist eine Person derart von den körperlichen Symptomen (vom Bauchweh bis zur Lähmung) überwältigt, dass sie gar nicht an mögliche Auslöser denkt. Der Konflikt ist also nicht im Bewusstsein. – Es waren im Übrigen diese Erkrankungen, die Sigmund Freud die Begriffe des Unbewussten und des Verdrängens entwickeln ließen. Hier haben diese Begriffe ihren Platz und ihre Bedeutung.

Selbstverständlich gilt es, bei jeder dieser Störungen sorgfältig nach echten organischen Ursachen zu suchen. Manchmal gibt es auch beides: eine echte organische Krankheit und eine dramatisierende Grundpersönlichkeit. Es gilt aber zu spüren, wo eine Grenze erreicht ist, insbesondere, wenn die Begleitumstände, das plötzliche Auftreten und das Fehlen von Befunden eine psychogene Ursache nahe legen.

Bei psychogener Bewusstlosigkeit bleibt beispielsweise der Pupillenreflex auf Licht erhalten, die Wimpern zucken, und es fällt auf, dass die Person immer so hinfällt, dass sie sich nicht wehtut. Oft stimmen die Schwere der körperlichen Beschwerden und die Grundstimmung nicht überein, so dass man den Eindruck gewinnt, die Betroffenen würden ihre Symptome zur Manipulation ihrer Umgebung nutzen.

Dennoch darf man das tiefe Leiden an solchen Störungen nicht verharmlosen. Manchmal spürt man die Versuchung, alles als hysterisch abzutun, was sich so dramatisch präsentiert. Aber Asthma oder ein starker Schmerz im Rahmen einer echten Erkrankung können bei sensiblen Menschen mit psychischen Begleiterscheinungen einhergehen, die einen an »etwas Hysterisches« denken lassen. Es ist also Erfahrung nötig, um die Patienten ernst zu nehmen, behandelbare Krankheiten anzugehen und zur Geduld zu ermutigen, wo es gilt, einen Schmerz auszuhalten, bis er wieder abklingt.

Krankheit und hysterisches Verhalten

Manchmal kann auch eine körperliche Krankheit zum Auslöser für histrionisches Verhalten werden. Da hatte eine Frau wirklich einen Asthmaanfall, aber mit Medikamenten ist sie bestens eingestellt. Wenn aber die Belastung am Arbeitsplatz zu groß wird, dann leidet sie derart stark unter Atembeklemmung, dass sie alle drei Tage einen neuen Asthmaspray braucht.

Die Betroffenen zeigen dann oft etwas Kindliches, Unreifes, Flehentliches und Drängendes, das man sonst gar nicht an der Person kennt. Es ist, als würde der Schmerz tiefere Persönlichkeitsschichten freilegen, die sonst durch eine reifere Lebensbewältigung überdeckt und aufgefangen werden.

Doch auch dort, wo sich keine organische Ursache finden lässt, habe ich in meinen Gesprächen mit Betroffenen den Eindruck gewonnen, dass längst nicht immer das sehnsüchtige Verlangen nach Aufmerksamkeit, die egoistische Einengung auf sich selbst oder ein dramatisches Geltungsbedürfnis vorliegen. Oft sind es Frauen, die heldenhaft mit ihrer Sensibilität ringen, dann aber derart von den widrigen Lebensumständen und notvollen inneren Konflikten überwältigt werden, dass sie nicht mehr die Kraft haben, ihren Körper voll zu kontrollieren.

In diesem Zusammenhang sind »pseudohysterische Verhaltensweisen« bei schweren Depressionen zu sehen, ein Verhalten, das gar nicht zu einer sonst so differenzierten Patientin zu passen scheint. Ein Beispiel: »*Während der Visite unterhält sich der Arzt mit einer anderen Patientin, die Depressive steht Hände ringend daneben, haftet mit leidendem, erwartungsvollem Ausdruck und traurigem Blick an ihm, lauert auf den Augenblick der Zuwendung. Ist der Blickkontakt hergestellt, beginnt die für Umstehende geradezu peinliche Inszenierung des Elends. Sie zittert, stottert, wiegt den Kopf, rutscht in einen Sessel, kniet nieder, weint und bittet um den ›Gnadentod‹.*«[15] In einer anderen Krankengeschichte fand ich folgende Beschreibung: »*Wenn man nicht auf ihre Kla-*

---

[15] Garcia & Sander 1983

gen über das ›versalzene‹ Essen eingeht, so fühlt sie sich als Lüg-
nerin bloßgestellt, drängt beleidigt heim, wo sie dann wenigstens
wieder ihren Schleim und ihr Knäckebrot essen könne. Oft weint
und zittert sie vor Erregung.«

Eine andere Patientin litt unter schwersten Magen-Darm-Krämpfen und ging von einem Alternativheiler zum andern, weil sie überzeugt war, sie sei innerlich »verpilzt« und »vergiftet«. Ihre Klagen brachte sie äußerst dramatisch vor, verbunden mit lautstarken, fast aggressiven Forderungen nach speziellen Medikamenten für ihre Verdauung. Als sie schließlich auf 40 kg abgemagert war und alle Ärzte und Heiler ratlos waren, weil sich kein Befund ergab, war sie bereit, sich psychiatrisch behandeln zu lassen.

Die Diagnostik ergab eine schwere Depression mit psychotischen Zügen. Unter einer Behandlung mit Antidepressiva und Neuroleptika beruhigte sich das Zustandsbild über zirka drei Monate, und es kam zu einer Heilung, die für die geplagten Angehörigen und die Patientin selbst an ein Wunder grenzte.

Oft machen sich Ärzte, insbesondere Chirurgen, zu willigen Komplizen von Patienten mit Somatisierungsstörungen. In der Literatur werden immer wieder Fälle beschrieben, bei denen Patienten ihre Beschwerden derart dramatisch und drängend vorbrachten – »Herr Doktor, Sie müssen etwas machen, ich halte diese Schmerzen nicht mehr aus!« –, dass es zu Operationen kam, obwohl man letztlich keine Störung fand: Gelenksspiegelungen, Bandverkürzungen, Rückenoperationen, Magen- und Dickdarm-Spiegelungen bis hin zu größeren Bauchoperationen, die typischerweise Verwachsungen erzeugen, die neue Beschwerden hervorrufen.

Ein besonders düsteres Kapitel ist die Entfernung der Gebärmutter, weil »hysterische« Patientinnen derart eindringlich über ihre Unterleibsbeschwerden klagten. Dass sie sich damit neue seelische Beschwerden einhandelten, merkten sie erst später.[16]

---

[16] Die Autoren einer neuen Übersichtsarbeit (Khastgir et al. 2000) kommen zum Schluss, dass die Hysterektomie bei Frauen mit vorbestehender psychiatrischer Erkrankung und mit Persönlichkeitsstörungen nicht zur ersehnten Linderung führen kann.

Halt geben in seelischen Schwankungen

Hysterische Patienten sind eine besondere Herausforderung für Arzt und Seelsorger. Denn oft ist man nicht sicher, was nun echt und was gespielt ist. Es wäre nun aber falsch, das Verhalten histrionischer Persönlichkeiten nur als »Theater« abzutun, handelt es sich doch um ein Verhaltensmuster besonders sensibler Personen, das sie nicht immer voll steuern können. Ja, sie sind im Nachhinein oft selbst entsetzt, wenn sie merken, wie sie sich von ihren Gefühlen forttragen ließen. Mit der allgemeinen Beruhigung des Zustandsbildes kommt es meist auch zur Rückbildung der histrionischen Symptome.

Der Therapeut (gerade der männliche!) erlebt aber oft an sich selbst, wie die Person üblicherweise mit anderen Menschen umgeht. Ihre Klagen bringen histrionische Menschen oft in dramatischer Form in die Sprechstunde, mit Details garniert, die einen immer wieder fragen lassen, ob hier nicht übertrieben wird. Nicht selten ist ein erotisches Element spürbar.

Therapeut und Seelsorgerin haben die Aufgabe, in diesen Gefühlsstürmen Ruhe zu bewahren. Sie müssen den Patienten dazu ermutigen, sich in Worten auszudrücken und nicht in Körpersymptomen. Sie können helfen, körperliche Missempfindungen und aufsteigende Bilder mit Worten zu »übersetzen«. Hypnose, körperorientierte Therapien oder katathymes Bilderleben als rascher Zugang zum Gefühlsausdruck sind dagegen nicht zu empfehlen. Diese Techniken können leicht in nicht beherrschbare Zustände ohne Einsicht führen.

Um den Realitätsbezug zu wahren, ist es wichtig, bei aller Einfühlung in die Not der ratsuchenden Person auch prüfende Rückfragen zu stellen. Nicht immer sind die Betroffenen darüber glücklich. Und doch kann eine tragende therapeutische Beziehung für die betroffene Person zu einer ganz wichtigen Erfahrung werden, um an Reife zu gewinnen und zu lernen, mit ihrer histrionischen Impulsivität umzugehen.[17]

---

[17] Eine sehr gute Therapieanleitung findet sich bei Linehan 1996. Auch wenn sie in erster Linie für die Behandlung von Borderline-Patienten geschrieben wurde, gelten viele Aussagen auch für die Begleitung von Menschen mit einer histrionischen und narzisstischen Problematik.

Ziel einer Therapie ist ein gemeinsames Hinarbeiten auf Veränderung, ohne die Patientin auszunützen, wie sie dies vielleicht in anderen Beziehungen so oft erlebt hat.[18] Die Unterstützung und der klare Bezug zur Wirklichkeit geben ihr die nötige Grundlage, um selbst ruhiger zu überlegen und weniger impulsiv zu reagieren. Die folgende Tabelle 17 zeigt drei wichtige Aspekte im Umgang mit histrionischen Patientinnen.[19]

Tabelle 17: Therapeutische Aspekte

Problem	Therapieziel
Tendenz, in explosiver Weise in Zustände zu geraten, in denen intensive negative Gefühle und impulsives Beziehungsverhalten nicht genügend kontrolliert werden.	Bessere Zustandskontrolle durch einfühlsames Zuhören, klärende Fragen, Erstellen einer zeitlichen Ordnung des Geschehens. Einüben von »Denken vor Handeln«.
Ein wolkiger Kommunikationsstil entsteht oft aus einer gedanklichen Hemmung. Diese Verschleierung macht es oft schwer, einen klaren Aufmerksamkeitsfokus zu finden.	Klären der Kommunikation: »Was möchten Sie wirklich sagen? Was hindert Sie daran, sich klar auszudrücken?« Auswählen derjenigen Themen, die die Person am meisten beschäftigen.
Histrionische Patienten haben oft ein ganz verzerrtes Schema, nach dem sie sich selbst und andere Menschen sehen. Sie haben widersprüchliche Erwartungen, die auch noch sehr unvermittelt wechseln können.	Im Gespräch werden diese verzerrten Denkschemata herausgearbeitet. Wie wirken sie sich auf andere aus, welchen Einfluss haben sie auf das eigene Befinden? Die betroffene Person lernt, ihre Verzerrung zu korrigieren, und kann besser mit Beziehungen umgehen.

[18] Leider erleben gerade histrionische Patienten immer wieder auch einen sexuellen Missbrauch in Therapie und Seelsorge.
[19] nach Horowitz 1997

Gelassen bleiben

Eine der wichtigsten therapeutischen Tugenden ist die *Gelassenheit*. Auch wenn der Therapeut von der Person ultimativ aufgefordert wird, der unerträglichen Situation sofort ein Ende zu machen, zu telefonieren, zu handeln, richtig zu stellen, sich einzusetzen für sie – er sollte nichts überstürzen. Dies gilt auch für den Arzt, der ultimativ um ein Medikament oder eine Operation gebeten wird, die den unerträglichen Schmerz, ob seelisch oder körperlich, möglichst sofort aus der Welt schafft. Auch wenn er Grenzen setzen muss, kann er gleichzeitig zu verstehen geben, dass ihm das offensichtliche Leiden nicht gleichgültig ist.

Nüchternheit ist auch geboten in Situationen, wo eine histrionische Patientin in ihrer Sehnsucht nach Liebe und Nähe alle erotischen Register zieht. Vermeiden Sie Flirts, unangebrachten Humor oder abwertende Kritik.

Ich erinnere mich noch gut an jene gestylte, von einer Parfumwolke umschwebte Frau mit Minirock und Dekolleté, mit der ich ein schwieriges Thema zu diskutieren hatte. Sie war offenbar gar nicht mit mir zufrieden, verdrehte plötzlich die Augen und sank zu Boden.

Die Versuchung war groß, ihr zu Hilfe zu eilen und sie in meine Arme zu nehmen, um ihr wieder auf den Stuhl zu helfen. Doch in dieser Situation erschien mir das nicht angebracht. Mehr als fünf Minuten führten wir unser Gespräch weiter, sie auf den Boden hingesunken, ich an meinem gewohnten Platz. Endlich rappelte sie sich wieder auf, und wir konnten eine gute Lösung für ihren Konflikt finden. In der Folge hat sie nie mehr einen Verführungsversuch in diese Richtung unternommen. Sie lernte, sich in reifer Weise mit Beziehungskonflikten auseinander zu setzen, und steht heute wieder voll im Leben.

Christen mit hysterischen Zügen neigen dazu, ihre Erlebnisse durch übernatürliche Einwirkungen zu erklären. Oft steigern sie sich so in ihre Vorstellungen okkulter Kräfte hinein, dass sie die farbigsten Beschreibungen dämonischer Belästigungen geben können. Vom Seelsorger fordern sie dann eine Freibetung von ihrer »Besessenheit«. Dabei spielen sich oft dramatische Szenen ab, die die Anwesenden von der dämonischen Besessenheit der Ratsuchenden überzeugen sollen.[20]

Wagt es ein Pfarrer, ihren Wünschen Grenzen zu setzen, so können die Betroffenen äußerst enttäuscht und schroff reagieren. Nicht selten wird dann zu einem Seelsorger gewechselt, der »mehr Vollmacht« hat. Damit soll die Rolle geistlichen Beistands während hysterischer Krisen nicht herabgesetzt werden. Bibelworte und Gebete können zu einer eindrücklichen Beruhigung und Lösung der inneren Nöte führen.

Der Seelsorger sollte diesen Menschen ein Fels sein, der Halt, Schutz und Ufer bietet, ein Seelsorger also, der sie ernst nimmt, aber ihren Gefühlen mit nüchterner Gelassenheit entgegentritt und die nötigen Grenzen setzt, ein Seelsorger, der auch in unreifen Trotzreaktionen fest bleibt, ohne sie zu verstoßen, und ein Seelsorger, der sie trotz ihrer Abhängigkeitswünsche zur Selbständigkeit ermutigt und begleitet.

[20] Zur Frage der Besessenheit bei emotional instabilen Patienten vgl. auch Pfeifer & Bräumer 1999, S. 107–108 und 174–177.

Kapitel 12

Grübeln, Zwang und Zweifel

»Zum ersten Mal habe ich mit etwa 14 Jahren so eigenartige Ängste bemerkt«, berichtet Stefanie Flautner. »Ich hatte enorme Angst vor Erkältungen. War ich selbst erkältet, so hatte ich Angst, die anderen anzustecken. Einmal stand eine ältere Frau neben mir im Bus. Ich kam ihr ziemlich nah, weil ich an ihr vorbei musste.

Plötzlich fing ein Gedanke an mich zu plagen: ›Was ist, wenn du diese Frau angesteckt hast? Was ist, wenn sie die Grippe bekommt? Ältere Menschen können doch daran sterben! Bin ich schuld, wenn sie krank wird oder gar stirbt?‹

An den nächsten Tagen versuchte ich genau zu beobachten, ob die Frau wieder in den Bus einstieg. Ich musste mich vergewissern, ob sie noch lebte. Jetzt wagte ich auch nicht mehr, einen Türgriff zu berühren. So nahm ich immer möglichst unauffällig ein Taschentuch in die Hand und wischte alle Stellen im Bus ab, die ich berührt hatte.

Später arbeitete ich als Laborantin bei einer chemischen Firma. Einmal bekam ich einen Spritzer auf die Hand. Man konnte zwar nichts sehen, und mein Chef versicherte mir, dieser Stoff sei kein Problem, wenn er auf gesunde Haut komme. Trotzdem fühlte ich mich zunehmend unwohl. In meinem Kopf wusste ich, dass ich keine Angst vor Krebs haben musste, aber da war einfach dieses Gefühl, schmutzig zu sein.

Ich wusch die Hände immer häufiger. Jeden Abend stellte ich mich unter die Dusche. Ich kontrollierte dauernd meine Kleider, ob nicht irgendwo ein Anzeichen eines Spritzers war. Oft ging ich während der Arbeit schnell ins WC, um mich zu kontrollieren. Dabei entwickelte ich ein System, das mir zeigte, ob ich sauber war: dreimal über das linke Bein streichen und sehen, ob ich keine Veränderung auf dem Kleid spüre, dreimal über das rechte Bein

218

streichen, dann das gleiche mit den Armen. Trug ich einen Pullover, so musste ich ihn kurz ausziehen, um auch die Rückseite zu kontrollieren. Ich brachte keine Leistung mehr, verlor viel Zeit und erhielt auch Kritik von meinem Chef.

Als ich heiratete, gab ich die Stelle auf und fühlte mich wie befreit. Aber nun kamen allmählich neue Zwänge: Ich hatte den Eindruck, dass Nahrungsmittel, die ich aus dem Laden heimbrachte, noch Schmutzreste haben könnten. So wischte ich die einzelnen Dosen und Packungen sorgfältig mit einem Lappen ab, bevor ich sie in den Kühlschrank stellte. Das brachte mich unheimlich in Stress. Oft dauerte das Auspacken der eingekauften Waren mehr als eine halbe Stunde.«

Eine heimliche Epidemie

Was für eine bizarre Geschichte! Welches Leiden wird da spürbar! Ein verstecktes Leiden, das viel häufiger ist, als man denkt, so häufig, dass manche Autoren von einer heimlichen Epidemie sprechen.

Rund zwei Prozent der Bevölkerung leiden an dem unerklärlichen Zwang zu zählen und zu kontrollieren, zu putzen und zu wiederholen. Sie fühlen sich diesen Gedanken ausgeliefert, obwohl sie mit dem Verstand wissen, dass sie unsinnig sind. Ein Mann formulierte es einmal wie folgt: »Ich fühle mich wie in einem Hagelschauer von Gedanken, wie unter einem Bombenteppich, der unaufhörlich auf mich niederprasselt.« Diese Schutzlosigkeit ist eine besondere Art der Sensibilität, die enorm quälend werden kann.

Alles wird von Zweifeln unterhöhlt, die danach verlangen, sich gegen jede erdenkliche und unsinnige Gefahr abzusichern. Das daraus entstehende Leiden ist oft erheblich und belastet nicht nur die Betroffenen selbst, sondern auch ihre Familien.

Gläubige Menschen leiden zudem darunter, dass auch ihr Glaube von Zweifeln überschattet wird oder dass sich ihnen Gedanken aufzwingen, die sie doch gar nicht denken wollen. Manchmal ist das Erleben der Fremdbestimmung so intensiv, dass sie an eine dämonische Beeinflussung denken, und dies, obwohl sie doch alles daran setzen, ein christliches Leben zu führen.

Was sind die Gründe für Zwangsstörungen? Ist es die Erziehung oder eine falsche Lebenshaltung? Sind es innerseelische Vorgänge oder von außen sich aufdrängende Kräfte? Welche Rolle spielt die Biochemie des Gehirns? Wie kann man zwangskranke Menschen in ihrer Not ernst nehmen und ihnen ärztlich und seelsorglich helfen? Welche Behandlungsmöglichkeiten gibt es?

Was ist eine Zwangskrankheit?

Das Hauptmerkmal einer Zwangskrankheit besteht in wiederholten *Zwangsgedanken* oder *Zwangshandlungen*. Diese sind so schwer, dass sie erhebliches Leiden verursachen, Zeit raubend sind oder den normalen Tagesablauf, die beruflichen Leistungen oder die üblichen sozialen Aktivitäten oder Beziehungen beeinträchtigen.

Zwangsgedanken sind länger andauernde Ideen, Gedanken, Impulse oder Vorstellungen, die als lästig und sinnlos empfunden werden – eine Mutter hat z.B. wiederholte Impulse, das eigene geliebte Kind zu töten, oder ein gläubiger Mensch hat den Impuls, im Gottesdienst die Zunge herauszustrecken. Die Person versucht, solche Gedanken bzw. Impulse zu ignorieren, zu unterdrücken oder sie mit Hilfe anderer Gedanken oder Handlungen auszuschalten. Sie erkennt, dass die Gedanken von ihr selbst kommen und nicht von außen aufgezwungen werden.[1]

Zwangshandlungen (z.B. Kontrollieren, Waschen, Putzen, Ordnen, Zählen, Berühren) dienen dazu, Unbehagen oder schreckliche Ereignisse bzw. Situationen unwirksam zu machen oder zu verhindern. Doch eigentlich sind sie sinnlos, Rituale ohne Wirkung. Das sehen die Betroffenen ein, aber wenn sie Wider-

---

[1] Dadurch unterscheidet sich die Zwangskrankheit von der Schizophrenie, bei der die Betroffenen oft davon überzeugt sind, jemand gebe ihnen diesen Gedanken ein, z.B. über Radiowellen oder eine Fernsehantenne.

stand leisten, dann steigt eine solche Spannung auf, dass sie schließlich doch nachgeben. Mit der Zeit resignieren sie, lassen die Impulse widerstrebend zu und wehren sich kaum noch dagegen, weil es nur Kraft kostet.

Der Verlauf ist gewöhnlich langwierig, mit einer wellenförmigen Zu- und Abnahme der Symptome. Bei etwa 15 Prozent kommt es zu einer deutlichen Einschränkung der beruflichen und sozialen Möglichkeiten (Invalidität und Vereinsamung).

Oftmals sind Zwänge kombiniert mit Depressionen und Ängsten. Durch die quälenden Zwänge ist ein Mensch in seiner Beziehungsfähigkeit stark eingeschränkt. Ich erinnere mich noch gut an jene junge Frau, deren Zwangskrankheit ausbrach, als sie schon verlobt war. Die ständigen Gedankenzwänge nahmen ihr alle Kraft und Freude. Immer mehr grübelte sie darüber nach, ob sie mit dieser Behinderung ihrem Mann je eine gute Frau sein könne. Gleichzeitig sehnte sie sich nach Liebe und Nähe, nach Zärtlichkeit und Sicherheit. Der Konflikt zerriss sie beinahe und verstärkte die Zwänge und die Depression. Sie war nicht mehr in der Lage zu arbeiten und musste schließlich in eine Klinik eingewiesen werden. Kein Medikament und keine Therapie konnte durchgreifende Linderung bringen. Erst als sie die Verlobung löste, verbesserte sich ihr Zustand.

Zwänge können auch bei allgemeiner körperlicher *Erschöpfung* auftreten. In leichteren Fällen kommt es nur phasenweise zur Verstärkung der zwanghaften Züge unter Belastungen wie Schwangerschaft, Wochenbett, Klimakterium, Erschöpfungszuständen, belastenden Ereignissen und konflikthaften Situationen. So wird eine junge Mutter während der Stillzeit von dem schrecklichen Gedanken geplagt, sie könnte ihrem Baby etwas antun. »Ich würde es ja nie tun, aber der Gedanke lässt mich einfach nicht los. Es ist wie ein Zwang«, klagt sie.[2] Mit der Zeit verschwinden die Gedanken wieder, ohne jegliche Behandlung.

---

[2] Es wäre völlig unsinnig, aus diesem Zwang einen versteckten Hass gegen das neu geborene Kind abzuleiten. Derartige psychoanalytische Deutungen sind nicht nur zynisch, sondern zeugen auch von einem eklatanten Unwissen über die neueren Forschungen in diesem Bereich.

Tabelle 18: *Beispiele für Zwangsgedanken und Zwangshandlungen*[11]

- Ich habe Angst, ich könnte anderen Schaden zufügen, z.B. Angst, ein Baby zu verletzen. Ich habe Angst, ich könnte daran schuld sein, dass sich etwas Furchtbares ereignet, vielleicht ein Unfall, ohne dass ich es gemerkt habe.

- Ich mache mir große Sorgen wegen Schmutz oder Bazillen. Ich habe Angst vor Übertragung beim Händeschütteln oder beim Berühren von Türgriffen oder davor, mich in einer Toilette mit Aids zu infizieren. Ich bin besorgt darüber, dass ich andere anstecken könnte.

- Ich habe belastende sexuelle Gedanken, die sich auf Fremde, Freunde oder Familienmitglieder beziehen, ohne jeden Grund.

- Ich mache mir Sorgen, gotteslästerliche Dinge zu denken oder zu sagen. Ich muss oft ein Gebet x-mal wiederholen, damit es sicher richtig ist.

- Ich muss anderen Menschen bestimmte Dinge bekennen oder sie bitten, mir zu bestätigen, dass alles in Ordnung ist.

- Ich habe oft den Drang, unterwegs Gegenstände aufzuheben und wertlose Dinge zu sammeln.

- Bei mir muss alles ganz genau und symmetrisch sein. Ich zupfe minutenlang das Tischtuch gerade oder mache mir Sorgen, Bücher könnten unordentlich im Regal stehen.

- Ich muss mir ständig unwichtige Dinge merken, wie Nummernschilder von Autos oder alte Telefonnummern.

- Ich fürchte mich davor, bestimmte Dinge zu sagen, weil sie Unglück bringen könnten. Ich habe Glückszahlen und Unglückszahlen (z.B. 666).

- Das Händewaschen ist ein Problem. Ich brauche viel Zeit, muss einer bestimmten Ordnung folgen und wasche die Hände viel zu häufig.

---

[3] Eine umfassende Darstellung von Zwangsgedanken und -handlungen enthält die Yale-Brown-Obsessive-Compulsive-Scale (YBOCS). Diese erlaubt es auch, den Schweregrad einer Zwangsstörung festzustellen. Die deutsche Fassung ist beispielsweise bei Baer 1993 zu finden.

- Beim Duschen, Baden, Zähneputzen habe ich ganz bestimmte Gewohnheiten, die oft viel Zeit brauchen.

- Ich habe einen übertriebenen Putzzwang und poliere ständig Wasserhähne, Toiletten, Fußböden oder die Küche.

- Ich kontrolliere wiederholt, ob alles verschlossen und abgeschaltet ist. Ich muss Dinge immer wieder neu schreiben oder lesen. Ich brauche Stunden, um ein paar Seiten eines Buches zu lesen oder einen kurzen Brief zu schreiben.

Erklärungen der Zwangsstörung

Wie lassen sich nun diese unsinnigen Zwänge erklären? Wie ist es möglich, dass eine sensible und gebildet Frau von unflätigen sexuellen Bildern übermannt wird, die doch gar nicht ihren Wertvorstellungen entsprechen? Warum kann ein Mensch solchen Gedanken nicht Einhalt gebieten? Wenn jemand doch erkennt, dass seine Kontrollen unsinnig sind – weshalb kann er sie nicht lassen?

Die Geschichte der Erklärungsmodelle ist vielschichtig. Alle Theorien zur Erklärung von Zwängen dienten dazu, das Unverständliche verständlich zu machen und damit vielleicht auch einen Weg zur Heilung zu finden. Dabei wurden sie maßgeblich vom herrschenden Zeitgeist mitbestimmt. So erklärte man im Mittelalter Zwänge und Ticks als Zeichen einer dämonischen Besessenheit. Heilung könne nur durch einen Exorzismus erzielt werden.[4]

Im 19. Jahrhundert kamen psychologische Theorien auf. Der französische Psychiater Janet vermutete eine Verminderung mentaler Energie, die zum Verlust der Willensherrschaft über die Gedanken führte. Sigmund Freud sah hinter den Zwängen innerseelische Konflikte, häufig sexueller Art, die jedoch nicht in

---

[4] Dass sich solche Deutungen im »Hexenhammer« aus dem 16. Jahrhundert finden, mag noch angehen. Wenn sie aber in manchen charismatischen Seelsorgebüchern erneut auftauchen, macht mich das sehr betroffen.

dieser Form zugelassen werden dürften und sich dann in scheinbar weniger anstößigen Zwängen zeigten. So meinte der Psychoanalytiker Wilhelm Stekel[5], die Angst, den Gashahn nicht richtig zugedreht zu haben, sei in Wirklichkeit die Angst, seine Sexualität nicht im Griff zu haben.

Gestörte Informationsverarbeitung im Gehirn

Im Jahre 1987 revolutionierte eine Studie aus Los Angeles die Vorstellungen über die Entstehung der Zwangsstörungen. Die Forscher hatten in bildgebenden Verfahren (PET = Positronen-Emissions-Tomographie) deutliche Unterschiede zwischen der Hirnaktivität bei Gesunden und zwangskranken Patienten gefunden.[6] Seither wurden die Befunde von vielen Arbeitsgruppen weltweit bestätigt. Betroffen sind Bereiche des Gehirns, wo die Gedanken gesteuert werden, und Areale im Stirnhirn. Man nimmt an, dass in diesen Zentren menschliches Verhalten (Ordnung, Gewalt, Hygiene, Sex, Nähe/Distanz) gelenkt wird.

Eine Störung in diesen beiden Bereichen kann dazu führen, dass es zu einschießenden Gedanken kommt, die vom Rest des Bewusstseins als fremd und damit als Zwang erlebt werden. Der Computer macht es uns einfacher, manche dieser Vorgänge zu verstehen.[7] Ein gutes Programm registriert: Händewaschen führt zu Sauberkeit. Doch beim Zwangskranken kommt schon bald die nächste Erinnerung: »Sie müssen sich waschen!« Die Nachricht der Gedanken: »Ich habe sie doch gerade gewaschen! Es ist doch gar nicht nötig!«, scheint nicht zu greifen.

Mit zunehmendem Alarm drängt sich der Impuls ins Bewusstsein: »Schmutzig, schmutzig, schmutzig! – Rasche Maßnahmen ergreifen!!!« Es ist, als würde das Programm nicht erfassen, dass Händewaschen doch Sauberkeit bedeutet.

Viele Zwangskranke erleben ihren Zwang als völlig sinnlos.

---

[5] Stekel 1927
[6] Eine gute Übersicht findet sich bei Brody & Saxena 1996.
[7] Damit wird unser Erklärungsmodell einmal mehr vom Zeitgeist bestimmt!

Andere wissen um Auslöser, die sich später zum bizarren Zwang ausweiteten. Die Deutung von Zwangsgedanken und Zwangshandlungen sollte jedoch sehr vorsichtig angegangen werden. Die Erfahrung hat gezeigt, dass psychodynamische Deutungen nicht zur Lösung der Zwangsstörungen führen. Auch wenn Patienten sich selbst Vorwürfe machen (»Habe ich diese Zwänge, weil ich als junger Mann onaniert habe?«), so muss man sie auf die größeren Zusammenhänge und die heute bekannten Ursachen hinweisen.

Die einseitige Frage nach psychologischen oder geistlichen Ursachen kann neue Schuldgefühle erzeugen und verhindern, dass der Betroffene und seine Angehörigen sinnvolle und wirkungsvolle Wege zur Bewältigung finden.

Der deutsche Pastoraltheologe Joachim Scharfenberg[8] beschreibt ein Beispiel aus seiner Beratungstätigkeit, das in eindrücklicher Weise zuerst ein völlig absurdes Ritual beschreibt, dann aber eine Erklärung findet, die zutiefst tragisch ist und es zumindest erleichtert, ein solches Geschehen nachzuvollziehen.

Ein Theologiestudent suchte ihn auf, der darunter litt, immer »so komische Gedanken« zu haben. »Manchmal überfällt es ihn so, dass ihm plötzlich durch den Kopf geht: ›Gott spinnt‹. Er pflegt dann furchtbar zu erschrecken ob solcher Lästergedanken und er lege sich dann selbst auf, jedesmal mindestens 20 Minuten reinen Herzens zu denken: ›Gott ist o.k.‹, nur dann habe er das Empfinden, dass sein Frevel einigermaßen gesühnt sei.« Doch dann teilte der Student seine tiefste Not mit, »eine ganz und gar sinnlose Handlung, die er ständig abends im Bett ausführen müsse: Er müsse eine Rolle vorwärts und eine Rolle rückwärts machen und dabei einen geistlichen Liedvers absingen, sonst könne er oft viele Stunden lang nicht einschlafen.«

Dahinter steckte eine tragische Geschichte: Als er noch ein lebhafter kleiner Junge war, lag sein Vater todkrank zu Hause. Er, der so gerne herumtollte und Purzelbäume schlug, sollte nun ganz still sein, um Papa nicht zu stören. Eines Abends überkam ihn wieder die Lust. Er machte eine Rolle vorwärts und zurück. Doch

8 Scharfenberg 1985, S. 60–66

er krachte so unglücklich gegen das Bett, dass es einen furchtbaren Lärm gab. Die Mutter, selber aufgelöst vor Angst und Trauer, machte ihm Vorwürfe. Kurz darauf starb sein Vater. Die Frage nach seiner Schuld ließ ihn nie wieder los.

Hat also die Schuld zum Zwang geführt? Ich glaube nicht. Vielmehr handelt es sich um einen sehr sensiblen jungen Mann, der als Junge in diesen schweren Konflikt zwischen seinem Bewegungsdrang und dem Ruhebedürfnis seines sterbenden Vaters geriet. Ich gehe davon aus, dass bereits eine hirnbiologische Anlage zur Zwangsstörung bestand. Aber das *Thema*, das Ritual, die ganz eigene Not wurden durch das Ereignis jener verhängnisvollen Nacht geprägt.

Das negative Abbild von Angst und Sehnsucht

Oft können wir nicht so genau wie in diesem Beispiel beantworten, woher ein Zwang kommt. Folgende Regeln haben sich aber immer wieder bestätigt: Die Thematik von Zwangsgedanken ist häufig geprägt von Dingen,

– die für den Betroffenen anstößig, verboten oder mit Angst besetzt sind (Schmutz, Krankheit, sexuelle Nähe, Flüche, Obszönitäten),
– ein überhöhtes Gewissensziel darstellen (umfassende Sauberkeit, vollständiger Glaube),
– etwas Schlimmes einer geliebten Person antun (z.B. die geliebte Freundin verletzen oder im religiösen Bereich, Gott oder Jesus Christus schmähen), die man doch liebt und verehrt.

Zwänge sind bestimmt von Ängsten (es könnte einem selbst oder jemand anderem etwas passieren) und von Schuldgefühlen (man sei schuld, dass etwas passieren könnte; man könnte sich versündigen). Ziel der Zwangshandlungen ist, Angst abzubauen, sich gegen Fehler abzusichern oder der Versuch, Schlimmeres zu verhüten. Zwangshandlungen dienen dazu, Gefahren zu vermeiden und Gefahren abzuwenden, allerdings Gefahren, die der »Normale« nicht als Gefahr empfindet.

Da immer neue Gedanken einschießen (»Wie eine Kugel im

Flipperkasten«), werden die Rituale immer komplizierter und nehmen oft deutlich magische Züge an, die Unglück verhindern sollen. Bei religiösen Menschen beobachte ich manchmal geistlich motivierte magische Handlungen, die das größte Unglück für einen Christen, die Verdammnis, abwenden sollen. Da möchte z.B. eine Frau ganz sicher sein, dass Gott ihr nah ist. Sie legt daher nachts die Bibel unter ihr Kopfkissen. Nur so kann sie ruhig einschlafen.

Wenn eine zwangskranke Person über ihre schrecklichen Gedanken klagt, so sind dies nichts anderes als das negative Abbild ihrer tiefsten Wünsche und Sehnsüchte.

Wenn der Filter der Gedanken versagt

Die Erkenntnisse der modernen Hirnforschung und die vielfältigen Beobachtungen von Zwangskranken haben gezeigt, dass beim normalen Menschen eine gesunde »Dämpfung«, eine Art Filter eingebaut ist, der einschießende Ängste und Impulse kritisch überprüft.

Wenn jemand z.B. eine Türklinke berührt, wird der Gedanke »Ich habe mich beschmutzt« entweder gar nicht auftreten oder sofort durch die Vernunft als unwahrscheinlich oder ungefährlich verworfen. Selbst bei Themen, die mit mehr Gefühlen besetzt sind (z.B. Angst vor Ansteckung mit AIDS, Gedanke an ein obszönes Wort o.ä.) wird kein Alarm ausgelöst, weil der Filter seine Funktion erfüllt.

Anders beim Zwangskranken: Weil hier der Filter versagt, werden angstbesetzte Impulse ohne die nötige Dämpfung ins Stirnhirn weitergeleitet, wo sie wie eine zweite, von außen aufgezwungene Wirklichkeit erlebt werden. Zudem wird das System der Werte verzerrt und in erhöhte Alarmbereitschaft versetzt. So wird statt einer angepassten Verhaltensreaktion die Abwehr einer möglichen Gefahr zum obersten Ziel allen Handelns und Denkens.

Abbildung 13: *Die »Filterstörung« bei Zwangskranken*

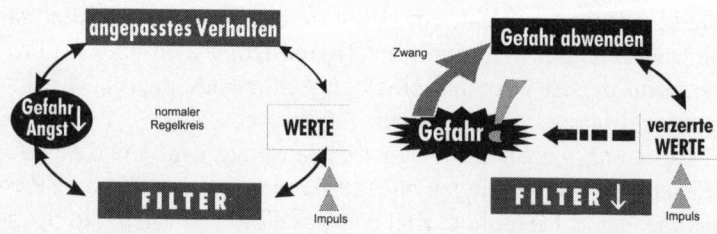

Therapiemöglichkeiten

Die Zwangsstörung, so sagt man, sei der Psychoanalyse liebstes, aber auch ihr schwierigstes Kind. Tatsache ist, dass alle Deutungen nicht helfen, den Zwang zu beseitigen. Im besten Fall kommt es zum Abklingen des Zwangs, weil die Grundkrankheit, etwa eine Depression oder ein Erschöpfungszustand, abgeklungen ist. In meiner Arbeit mit zwangskranken Menschen haben sich folgende Elemente bewährt:

– Grundhaltung: eine Atmosphäre von Verständnis und Annahme
– Diagnostik als Teil der Therapie
– Erklärung der Störung: medizinisch – psychodynamisch – beschreibend
– Medikamente
– Verhaltenstherapie
– Einbeziehung der Angehörigen
– Bearbeiten von Krisen und Konflikten, die die Störung verstärken oder die sich aus der Störung ergeben
– Geduld.

Medikamente haben die Behandlung von Zwangsstörungen stark verbessert. Selbst schwere Zwänge können unter einer ausreichend dosierten medikamentösen Therapie völlig abklingen. Am wirkungsvollsten sind Antidepressiva, die über eine Wiederaufnahmehemmung von Serotonin wirken.[9]

Leider sind auch Medikamente nicht immer das Wundermittel gegen Zwänge: Man schätzt, dass etwa ein Drittel sehr gut auf Medikamente anspricht, ein Drittel teilweise und ein Drittel gar nicht. Das ergibt aber doch Erfolgsaussichten von über 60 Prozent. Aus diesem Grund ist eine Langzeitbehandlung mit Medikamenten dringend zu empfehlen.

Die *Verhaltenstherapie*[10] geht die Zwänge ganz praktisch an. Je mehr man den Zwängen nachgibt, um so größere Macht haben sie über einen Menschen. Ziel ist es deshalb zu lernen, die Spannung auszuhalten und zu merken: Die Angst steigt nicht ins Unermessliche. Sie lässt vielmehr wieder nach, ohne dass ich dem Impuls nachgegeben habe. Dabei sind zwei Techniken wichtig:

1. Reizkonfrontation: Der Zwangskranke setzt sich ganz bewusst denjenigen Reizen aus, die ihm Angst machen, d.h. vermiedenen Gegenständen, Situationen, Orten und manchmal auch Gedanken und Bildern.

2. Reaktionsverhinderung: Der Kranke wird zuerst ermutigt, die Zeit bis zum Ausführen des Rituals zu verlängern, die Zahl der Wiederholungen zu vermindern und schließlich ganz auf die Rituale zu verzichten.

So wird beispielsweise eine Patientin mit zwanghaften Verschmutzungsängsten und Waschzwängen ermutigt, Gegenstände zu berühren, die sie als »schmutzig« empfindet (Türgriffe, Haustiere, die Wand einer Toilette in einem Restaurant). Sie soll dann dem Impuls, sich zu waschen, so lange wie möglich widerstehen.

Die Wirksamkeit der Verhaltenstherapie bei Zwangsstörungen hat sich in breiten Studien klar bestätigt. So zeigte eine Studie an 300 Patienten eine Verbesserung um durchschnittlich 76 Prozent, die bis zu 6 Jahren anhielt. Die Erfolge treten aber vor allem bei einer leichteren Ausprägung eines Zwangssyndroms auf, nämlich

---

[9] SSRI = Selective Serotonin Reuptake Inhibitors. In verschiedenen Studien wurden folgende Medikamente als wirksam nachgewiesen: Fluoxetin (Fluctine), Citalopram (Seropram, Cipramil), Sertraline (Zoloft, Gladem), Fluvoxamine (Floxyfral, Fevarin) und Clomipramin (Anafranil).
[10] Eine umfassende Darstellung findet sich bei Ambühl 1998.

bei Patienten, die folgende Bedingungen erfüllen: weniger Symptome, Fehlen zusätzlicher Persönlichkeitsstörungen, gutes soziales Funktionieren und gute Motivation. Zudem sind Störungen mit Wasch-, Putz- und Kontrollzwängen deutlich leichter mit Verhaltenstherapie behandelbar als Störungen mit Zwangsgedanken. In jedem Fall sollte eine Verhaltenstherapie mit einer medikamentösen Therapie kombiniert werden.

Angehörige leiden mit

Die Zwangskrankheit kann zu einer Familienkrankheit werden. Ähnlich wie bei anderen schweren psychischen Störungen wird die Familie unausweichlich in die Krankheit mit einbezogen. Vielfach kommt es durch die Zwangsrituale zum Familienkonflikt.

Ich habe es mir zur Gewohnheit gemacht, in der Behandlung von Zwangskranken immer auch den Versuch zu unternehmen, die mitbetroffenen Angehörigen zu sehen und abzuklären, wie sie die Situation erleben. Oft sind sie wie die Kranken selbst einsame Dulderinnen und Dulder, Menschen, die inmitten der unmöglichen Situation einfach zu überleben suchen. Deshalb gilt es, ihnen die Hand entgegenzustrecken und ihnen die Gelegenheit zu geben, auch über ihr Ergehen zu sprechen. Obwohl die Angehörigen immer wieder heroische Anstrengungen unternehmen, um ihren Lieben zu helfen, brauchen sie auch Hilfe für sich selbst.

Häufig lässt sich eine Co-Dependenz beobachten, eine intensive Verstrickung in die Probleme des Kranken, ähnlich wie in Familien von Alkoholkranken. Ein Beispiel soll dies verdeutlichen: *Ein 14-jähriges Mädchen litt unter der Angst, nach dem Besuch der Toilette nicht sauber zu sein, und verbrauchte deshalb bei jeder Reinigungsaktion bis zu zehn Rollen Toilettenpapier. Ein Familienangehöriger musste stundenlang vor der Toilette stehen und das benötigte Papier zur Toilette hereinreichen. Die Mutter gab nach, weil die Tochter sonst mit schrecklichen Angstausbrüchen reagierte. Damit konnte sich das Zwangsverhalten weiter verfestigen.*[11]

Ohne es zu wollen, dominieren Zwangskranke ihre Familie durch Kontrolle, Einschüchterung und Angst. Alles beginnt sich um die zwangskranke Person zu drehen. Anspannung, Mutlosigkeit, ja ein panisches Gefühl des Terrors kann das Familiensystem durchdringen. Manchmal kommt es zum Zerbrechen der Familie.

In der Therapie ist es deshalb ganz wichtig, die Familie zu unterstützen und zu begleiten. Hier sind einige Stichworte:

- Die Angehörigen brauchen Aufklärung über die Natur der Störung, die Behandlungsmöglichkeiten, außerdem Ermutigung, den Betroffenen zu fachgerechter Behandlung zu motivieren.
- Anerkennung ihrer Anstrengungen in der Unterstützung des Zwangskranken
- Ansprechen ihrer eigenen Bedürfnisse
- Ermutigung zur Abgrenzung: Wenn der Zwangskranke keine Einsicht zeigt, darf man sich nicht in die Rituale hineinziehen lassen und muss klarstellen, dass man nicht die Person ablehnt, sondern das Zwangsverhalten. Man darf auch keine Kontrollfunktion übernehmen oder den Patienten bei seinen Ritualen unterstützen, da dies die Symptomatik verstärkt und die ganze Situation verfestigt.
- Toleranz bei Rückfällen, geduldige Begleitung

Zwang und Zweifel

Besonders schmerzlich werden Zwänge in der Seelsorge erlebt, wenn der Glaube betroffen ist. Wie ist es zu verstehen, dass ein Mensch einfach nie sicher ist, ob Gott ihn angenommen hat, obwohl er schon tausend mal um Vergebung und Erlösung gebetet hat? Wie ist es möglich, dass eine hoch anständige und tief gläubige junge Frau ausgerechnet im Gottesdienst mit Fluchgedanken zu kämpfen hat?

[11] nach Knölker 1987

Derartige innere Kämpfe können tiefe Zweifel an der Liebe Gottes hervorrufen, bis hin zum Rückzug von allen gläubigen Menschen. »*Ich kann die Bibel und fromme Bücher nicht mehr lesen*«, sagt ein junger Mann. »*Immer wieder bleibe ich an einem Wort hängen. Es ist als würde mir der Teufel genau das Gegenteil einreden, das, was ich doch gar nicht will.*«

Macht der Glaube also krank?

Stefanie, von der ich Ihnen am Anfang dieses Kapitels erzählt habe, hatte über viele Jahre überhaupt keinen Bezug zum Glauben. Durch den Kontakt mit christlich engagierten Mitstudenten erfuhr sie aber eine Hinwendung zum Glauben und erhoffte sich davon nicht zuletzt eine Heilung von ihren Zwängen.

Doch es kam anders: Bald begann sie ihre Ängste mit religiösen Themen auszugestalten: »*Immer wenn ich bete, kommt der Zweifel: Wen meine ich mit Vater? Ist es der himmlische Vater oder der Vater der Lüge? Ich brauche dann eine ganze Weile, um weiter beten zu können. Ich muss mir dann folgende Sätze vorsagen: ›Wenn ich bete, dann bete ich nur zum himmlischen Vater. Er weiß, dass ich nur zu ihm bete. Auch wenn ich vergesse, himmlisch zu sagen, weiß er doch, dass nur er, nämlich Gott der Vater, gemeint ist. Gott, mein himmlischer Vater, du allein bist es, zu dem ich bete.‹*«

Der Zwang als Gefäß war derselbe geblieben, der Inhalt aber hatte nun Fragen des Glaubens ergriffen.[12] Der Zwang als Krankheit war lange vorher dagewesen, aber er machte auch nicht vor dem Glauben halt. Somit müssen wir die obige Frage nach dem krank machenden Glauben anders beantworten: Nicht der Glaube verursacht die Zwänge, aber die Zwänge erfassen auch den Glauben.[13]

Dabei gilt es festzuhalten: Nicht jeder Zweifel ist krankhaft. Vielmehr unterscheidet man zwei Begriffe:

[12] vgl. Meissner 1991
[13] vgl. Fitz 1990
[14] Skrupel können manchmal auch sinnvoll und hilfreich sein. Hier ist aber die Rede von übermäßigen, krankhaften Skrupeln, die einen Menschen belasten.
[15] 1. Johannesbrief 3,19

Tabelle 19: *Skepsis und Skrupel*

SKEPSIS	SKRUPEL[14]
kritisches Denken, Hinterfragen, Urteilen, Prüfen, um das Gute zu behalten	grundlose Ängste, etwas falsch zu machen, sich oder anderen zu schaden, zu sündigen, keine Vergebung zu erlangen. »Kann ich, darf ich, soll ich?«

Gesunder Zweifel

Zweifel gehören zur Existenz des denkenden Menschen. Nicht alles ist wahr, nicht alles ist gut, nicht alles ist hilfreich. Das Hinterfragen von überlieferten Annahmen gehört zur normalen Entwicklung eines Menschen, mit der er seine Welt ausgestaltet. Selbst zum gesunden Glauben gehören Zweifel und Wagnis. Allerdings kann er manchmal schmerzlich sein. So erzählte mir ein Pfarrer: »*Ich höre einen Bibeltext, und plötzlich schießt der Gedanke ein:* ›*Ist das wirklich wahr?*‹ *Und der Gedanke frisst sich hinein in meine Gedankenwelt wie ein Schimmelpilz, schwirrt umher wie eine Schmeißfliege und raubt mir die Freude an Gottes Wort. Es braucht dann oft längere Zeit, bis ich wieder durchbreche zur Freude und zur Gewissheit.*«

Zweifel treten mit jeder Veränderung auf – »Habe ich das Richtige getan? War das gut?« Ein gesunder Glaube wird die Fragwürdigkeit der christlichen Gemeinschaft, der Lehre oder der Erfahrung aushalten. Ein rigider Glaube hingegen wird durch solche Rückfragen bereits erschüttert und erlebt den Zweifel als zerstörerisch. Wer versucht, den Zweifel völlig auszuschalten, steht in der Gefahr der Sektenbildung.

Doch jedes prüfende Zweifeln hat einmal ein Ende. Der gesunde Zweifel hält eine Restspannung aus, ohne unbedingt letzte Gewissheit zu verlangen. Er kann »sein Herz stillen«[15], auch wenn Fragen offen bleiben. Diese gesunden Formen des Zweifels kontrastieren nun aber mit dem krankhaften Zweifel.

Krankhafter Zweifel oder Skrupelhaftigkeit

»Nachdem ich auf ein aus zwei Strohhalmen gebildetes Kreuz ge-treten bin oder auch etwas gedacht, gesprochen oder getan habe, kommt mir wie von außen ein Gedanke, dass ich eine Sünde begangen hätte; doch scheint es mir wieder andererseits, dass ich nicht gesündigt habe. Dennoch fühle ich mich beunruhigt, in-sofern ich nämlich zweifle, ob ich wirklich gesündigt habe und wiederum auch nicht zweifle.« Diese Aussage wird vom Gründer der Jesuiten, Ignatius von Loyola überliefert.

In einer Abhandlung über den Zweifel[16] beschrieb der Theolo-ge Jeremy Taylor (1660) das Leiden der chronisch Skrupulösen. »Die Zweifler bereuen, wenn sie nicht gesündigt haben. Skrupel bedeuten Leiden, wenn das Leiden vorbei ist; Zweifel, wenn die Zweifel zerstreut sind.« Skrupel seien eine Abart normaler Ängst-lichkeit und würden das religiöse Leben empfindlich stören.

Wohl könne der Zweifel auch einmal als Prüfung von Gott ge-sandt werden, doch häufig sei der Teufel am Werk. Dieser bewir-ke bei den Bösen eine unzulässige Ausweitung des Gewissens-spielraums im Vertrauen auf Gottes Gnade; bei den Guten hingegen eine Einengung des Gewissens durch unmäßige Furcht. *»Er ergreift von ihrer Phantasie Besitz und gibt ihnen dunkle und gespenstische Ideen ein: Er entfacht in gerechten Menschen dunk-le Ahnungen von Sünde, die sie, wenn auch grundlos, in Schrecken versetzen und ihnen schlimmste Befürchtungen einflößen; er greift ihren Sinn für Humor an und erzeugt dadurch gewöhnlich innere Bestürzung, Pein, Bitterkeit und Verstörung, so dass die armen Seelen wie Nussschalen dem Wüten einer aufgewühlten See aus-geliefert sind.«*

Religiöse Skrupel sind nicht nur im Christentum, sondern auch in anderen Religionen beschrieben (Islam, Hinduismus, Juden-tum). Da gibt es genaue Vorschriften und Regeln. Hält man sie nicht ein, so verliert man Gottes Schutz und Segen.

Nicht weniger als 613 Gebote umfasst das jüdische Gesetz, 248 Anweisungen und 365 Verbote. Alles hat seine Bedeutung:

---

[16] Taylor, Ductor Dubitantium, 1660

248 entspricht der Anzahl der Gebeine eines Menschen, 365 der Anzahl der Tage eines Jahres. Darunter sind die 10 Gebote, aber auch ganz spezifische Anweisungen für die Zubereitung von Speisen oder für die persönliche Hygiene.

Häufig werden religiöse Vorschriften und Reinigungsrituale zwanghaft hinterfragt und bis zum Exzess übertrieben.[17] Eine genaue Analyse von religiösen Menschen, die an Zweifeln und Zwängen leiden, zeigt jedoch, dass ihre Verhaltensweisen auch von Gleichgesinnten als übertrieben und krankhaft erlebt werden. Um also zu beurteilen, ob ein Zwang religiös verursacht ist, muss man genaue Kenntnis des kulturellen bzw. religiösen Umfelds haben.[18]

Häufig finden sich bei Menschen mit religiösen Zwängen auch andere Zwänge. Fachleute sind sich heute einig, dass religiöse Zwänge nur eine besondere Ausprägung einer Zwangskrankheit sind. Der Zwang ist sozusagen das Gefäß, in dem sich verschiedene Themen als Inhalte befinden können. Ist der Glaube für eine Person wichtig, so können die Zwänge eben religiös gefärbt sein.

Herausforderung an die Seelsorge

Ein Gespräch mit dem Arzt drängt sich auf, wenn Zwangsgedanken und Zwangshandlungen eine erhebliche Belastung darstellen, pro Tag mehr als eine Stunde in Anspruch nehmen, negative Auswirkungen auf die Kontakte mit anderen Menschen haben und eine Person beim Erfüllen der alltäglichen Aufgaben beeinträchtigen.

»Erbarmt euch derer, die zweifeln.« Diese Ermahnung findet sich schon in der Bibel.[19] So ist es auch im Glaubensleben wichtig, die krankhafte Sensibilität zu erkennen und den betroffenen Menschen mit Anteilnahme zu begegnen. Die Zwangskrankheit kann wirklich

[17] Dies hat Sigmund Freud veranlasst, die Parallelen zwischen Religion und Zwangsneurose so weit zu treiben, dass er die Religion als »universelle Zwangsneurose« bezeichnete.
[18] Vgl. den Anhang »Die religiöse Sichtweise« im Buch von J. Rapoport, S. 337–349.
[19] Judasbrief V. 22 (Luther-Übersetzung 1984).

Tabelle 20: *Wann sollte ein Arzt konsultiert werden?*

Hinweise zum Erkennen einer Zwangsstörung:

1. Große Abschnitte von unerklärter (vertrödelter) Zeit

2. Wiederholte Verhaltensweisen

3. Ständige Fragerei zur Absicherung

4. Einfache Aufgaben dauern ungewöhnlich lang

5. Ständige Verspätung

6. Vermehrtes Haften an Kleinigkeiten und Details

7. Starke Gefühlsreaktionen auf kleine Veränderungen

8. Schlafstörungen

9. Langes Aufbleiben, um Dinge zu erledigen

10. Deutliche Veränderung bei den Essgewohnheiten

11. Der Alltag wird als Kampf erlebt

12. Ungewöhnliches Vermeidungsverhalten

---

zur »Zweifels-Krankheit«[20] werden. Im Folgenden möchte ich einige Hinweise für das Gespräch mit Betroffenen geben:

Ermutigen Sie zur Aussprache, auch wenn der Person die Zwänge peinlich oder gar gotteslästerlich vorkommen.

Geben Sie der Störung einen Namen. Erklären Sie, dass das Zustandsbild bekannt sei unter dem Namen »Zwangskrankheit«, und betonen Sie, dass es sich um eine krankhafte Störung der Gedankenkontrolle im Gehirn handelt. Denken Sie daran, dass es auch Depressionen gibt, welche vorübergehend von Zwangsgedanken begleitet werden können.

Erarbeiten Sie mit der betroffenen Person die Geschichte hinter den Zwängen (die »Psychodynamik«). Betonen Sie insbesondere, dass das Leiden an anstößigen Gedanken und Impulsen zeigt, dass dies gerade nicht in ihrer Absicht liegt.

[20] vgl. das englische Buch von Ciarocchi 1995

Betonen Sie, dass religiöse Zwangsgedanken nicht durch den Glauben verursacht sind, sondern nur eine religiöse Ausprägung der Zwangskrankheit darstellen.

Orientieren Sie die Person über die Verläufe und die Behandlungsmöglichkeiten. Arbeiten Sie mit einem Arzt zusammen, der die notwendigen Medikamente verschreiben und weitere Abklärungen vornehmen kann.

Bei zwanghaften Zweifeln, die den Glauben betreffen, ist es wichtig zu vermitteln, dass Gott über den Anklagen unseres Gewissens steht und unsere tiefsten Beweggründe sieht. Die persönliche Beziehung zu Gott und die Gewissheit der Erlösung ist nicht von einschießenden Zwängen abhängig, sondern beruht auf der Treue Gottes zum Menschen. Das Heil ist nicht von der »Heilsgewissheit« abhängig.

Vermeiden Sie eine Dämonisierung der Zwänge. Auch wenn die Impulse und Gedanken wie von außen aufgedrängt wirken, so gibt es noch andere Erklärungen.

Denken Sie an die Angehörigen und beziehen Sie die Familie ein. Ermutigen Sie, wenn nötig, auch zur Abgrenzung von tyrannischen Verhaltensweisen.

Entlasten Sie die Person, wenn sie zu hohe Anforderungen an sich selbst stellt (z.B. skrupulöse Gewissensprüfung vor dem Abendmahl).

Haben Sie Geduld: Stellen Sie sich darauf ein, dass es bei manchen Betroffenen nicht zu einer völligen Heilung kommt. Begleiten Sie sie mit Trost und praktischer Unterstützung auch in der Not der Schwachheit und der empfundenen Wertlosigkeit.

In einem Rundbrief einer Selbsthilfegruppe habe ich ein sehr schönes Wort gelesen, das vielleicht auch andern helfen kann[21]: »*Wenn mich meine Zweifel etwas gelehrt haben, dann die Tatsache, dass Gottes Wege nicht unsere Wege sind. Ich verstehe nicht, warum mein Gehirn sich die Zweifel ausdenkt, die mich plagen, aber ich weiß, dass Gott Liebe ist und dass er das Beste für mich will, auch wenn ich im Moment nichts Gutes an meiner Störung entdecken kann.*«

---

[21] OCD-Newsletter Feb. 1996: Caroline Case, S. 9/10

Kapitel 13

Macht uns die Umwelt krank? –
Multiple Chemische Sensibilität

Sein Fall machte Schlagzeilen[1]: Der 50-jährige Henry D. hat die ganze Wohnung mit Aluminium ausgekleidet, damit keine giftigen Stoffe austreten können. Selbst die Plastikzahnbürste ist umwickelt, damit möglichst wenig Moleküle an seine empfindlichen Schleimhäute gelangen.

Kleinste Mengen an Umweltgiften seien nämlich schuld an nicht weniger als vierzig Beschwerden, die ihn seit einigen Jahren zunehmend plagen: »Depressionen, Übersensibilisierung allen chemischen und vielen natürlichen Stoffen gegenüber, Allergien, Unwohlsein, Abwehrschwäche, Augenentzündung, Bauchspeicheldrüsenstörung, Benommenheit, Brennen in Hals und Speiseröhre, Durchfall, Ekzeme, Erkältungsgefühl, Gleichgewichtsstörungen, Herzrhythmusstörungen, Immunsystemstörungen, Konzentrationsschwäche, Kopfschmerzen, Leberschäden, körperliche und geistige Leistungsschwäche, Libidoverlust, Nierenschmerzen, Schmerzen in den Hoden, Sehvermögen verändert, Störung des vegetativen Nervensystems, Schlafstörungen, Taubheitsgefühl in den Händen, Schwindel, trockene Haut, Verletzungen heilen schlecht, langsameres Wachstum von Nägeln und Haar, Alkohol-Unverträglichkeit, Verödungen im Gehirn, Prostatitis, rotes Gesicht und Augenlider, Pilzbefall innen und außen, Zittern einzelner Gliedmaßen, Wortfindungsstörungen, Polyneuropathie, übersensibles Geruchsempfinden gegenüber Waschmitteln und Parfüm, Vergesslichkeit, Krämpfe, Ohrengeräusche und Tinnitus.«

Selbst Spaziergänge in der Natur empfindet er als Gefahr. Herr D. ist so ausschließlich auf die Bekämpfung der Umweltgifte

[1] Focus-Magazin 21/1996, S. 122–123

konzentriert, dass es mit ihm nicht mehr zum Aushalten war: Seine Frau und seine Tochter sind ausgezogen, sie konnten nicht mehr.

Das war 1996, und damals lautete die Schlagzeile: »Macht uns die Umwelt wirklich krank?« Wenige Jahre darauf erzeugte der Handy-Boom neue Ängste. Im Jahr 2000 stellte sich zunehmend die Frage: »Machen Mobiltelefone krank?« Immer häufiger melden sich Patientinnen und Patienten in der Arztpraxis mit Müdigkeit, diffusen Schmerzen und Überempfindlichkeiten, für die sich offenbar keine Gründe finden lassen.

Inzwischen gibt es mehrere Begriffe, die diese Beschwerden umschreiben, so z.B. das »Chronic Fatigue Syndrome« (CFS). Andere Begriffe enthalten schon die vermuteten Ursachen, wie z.B. die »Gebäudekrankheit« (SBS = Sick Building Syndrome) oder die Multiple Chemische Sensitivität (MCS). Manche sehen die Gründe für Schwäche und allgemeine Überempfindlichkeit bei Amalgam-Füllungen in den Zähnen oder in einem Pilzbefall des Darms. Immer häufiger wird auch von einer Nahrungsmittel- oder Umweltallergie gesprochen.

Ratlose Ärzte

Die Ärzte sind oft in einer schwierigen Situation. Auf der einen Seite will man die Gefahr von Umweltgiften auf Psyche und Körper nicht bagatellisieren. Mit der neuen Disziplin der Umweltmedizin soll die Erkennung, Erforschung, Beschreibung, Vorbeugung und Therapie umweltbedingter Erkrankungen gefördert werden.

Auf der andern Seite erkranken oft gar nicht diejenigen, die beispielsweise als Lackierer oder Elektromonteure besonders hohen Schadstoffmengen und starken elektromagnetischen Feldern ausgesetzt sind. In den meisten Fällen dieser hochsensiblen Umweltpatienten lässt sich kein klarer Zusammenhang zwischen den geschilderten Beschwerden und dem Gehalt bestimmter Stoffe oder Elektroschwingungen im Umfeld herstellen.

Ein Blick in die Geschichte zeigt, dass die Sorge um den Einfluss von chemischen Substanzen auf die Gesundheit nicht unbegründet ist. In der Vergangenheit haben einige Stoffe, die große Vorteile versprachen, erst viel später schwer wiegende Nebenwirkungen gezeigt. Denken wir an Asbest, das zuerst einmal als gutes Isoliermaterial galt, oder an DDT zur Ausrottung von Moskitos, das sich später im Gewebe von Mensch und Tier anreicherte, oder an wichtige Chemikalien in der Industrie, bei denen erst viel später die Auslösung von Krebs bekannt wurde.

Doch es gab in der Geschichte auch ganze Epidemien von Müdigkeit und diffusen körperlichen Beschwerden, deren Ursache sich nicht nachweisen ließ.[2] Besonders eindrücklich war der so genannte Schreibkrampf bei männlichen Sekretären um 1830: Als man in englischen Büros den Gänsekiel durch Metallgriffe für die Schreibfedern ersetzt hatte, kam es zu gehäuften Klagen über Verkrampfungen in den Armen und einen allgemeinen Energieverlust.

Man glaubte, dass die Metallhalterung die Muskeln der Hände und Vorderarme erschöpfe, deren Energie ableite und chronische Schmerzen erzeuge. Die Ärzte beobachteten bei den Betroffenen häufig allgemeine Existenzängste, finanzielle Sorgen sowie Schwierigkeiten bei der Arbeit oder zu Hause. Eine klare Ursache konnte man nicht finden, die Epidemie klang mit den Jahren wieder ab.

Der Telegraphen-Krampf

Als um die Jahrhundertwende mechanische Telegraphen eingeführt worden waren, meldeten sich immer mehr Menschen mit Müdigkeit und Konzentrationsproblemen, die sie auf den neuartigen Werkstoff der Tasten zurückführten. Umfangreiche Untersuchungen konnten nie einen Zusammenhang zwischen dem

[2] Vgl. Göthe et al. 1995.

Material und den gesundheitlichen Beschwerden erhärten.[3] Dagegen erwies es sich, dass gerade in dieser Berufsgruppe häufig Menschen mit finanziellen Sorgen und vielfältigem Stress arbeiteten, durchaus ein Grund für eine zunehmende psychische Erschöpfung.

Breite Beachtung hat die Diskussion um Zahnfüllungen mit Amalgam erhalten.[4] 1920 erschien ein erster Bericht über die Gefährlichkeit von Quecksilber in Zahnfüllungen in Deutschland. Zuerst betonte man die Gefahr der elektrischen Leitung: Diffuse körperliche Symptome wurden auf »Störfelder« zurückgeführt, und man prägte den Fachbegriff »Oraler Galvanismus«. In den 80er Jahren wurde (besonders in alternativmedizinischen Kreisen) eine Verbindung von »Quecksilber-Vergiftung« mit Immun-Störungen hergestellt. Immer mehr Patienten verbanden ihre körperlichen Beschwerden (Müdigkeit, Depressivität, Ängstlichkeit, diffuse Schmerzen, Konzentrations- und Schlafstörungen) mit dem Amalgam in ihren Zähnen.

Die Zahnärzte geben dem Drängen ihrer Patienten nach und führen radikale Zahnsanierungen durch, um die Betroffenen von ihrem Leiden zu erlösen. Neue Kunststoffe machen es heute auch leichter, andere Materialien zu verwenden. Ich habe aber selbst Patienten beobachtet, die trotz einer völligen Entfernung aller Amalgamfüllungen weiterhin an ausgeprägten seelischen und psychosomatischen Beschwerden litten. Unter dem Druck der öffentlichen Meinung erließen einige Regierungen Richtlinien. Obwohl keine gesicherten Erkenntnisse vorhanden sind, wird Schwangeren empfohlen, sich nicht frische Zahnfüllungen aus Amalgam machen zu lassen.

---

[3] Mehr noch: Als in England der Telegraphenkrampf als Grund für Teilrenten anerkannt wurde, meldeten sich bis zu 60 Prozent all derer, die an einem Telegraphen arbeiteten. In den USA, wo es solche finanziellen Anreize nicht gab, hielten sich die Klagen zwischen 4 und 10 Prozent. Auch auf dem europäischen Festland wurde nur gelegentlich über derartige Beschwerden geklagt.

[4] Häfner 1994

Elektrosmog als Krankheitsursache?

Großes Aufsehen erregt im Boom der Mobiltelefone die Frage des Elektrosmogs. Immer mehr Anwohner wehren sich, wenn in ihrer Gegend eine Mobilfunk-Antenne errichtet werden soll, weil sie gesundheitliche Schäden durch elektrische Felder befürchten. Andere vermuten, dass sich durch regelmäßiges Telefonieren mit dem Handy das Gehirn erwärmt und dadurch erschöpft wird.

Rund ein Prozent der Bevölkerung ist nach Umfragen davon überzeugt, auf Elektrosmog besonders empfindlich mit verschiedenen Beschwerden wie Schlafstörungen, Müdigkeit am Tag, Konzentrationsschwäche, Kopfschmerzen und Hautausschlägen zu reagieren.

Umfangreiche Untersuchungen der ETH Zürich[5] erbrachten interessante Resultate: Eine Gruppe von »elektrosensiblen« Menschen wurde mit einer Gruppe verglichen, die derartige Einflüsse nicht wahrnimmt. Unter ihren Matratzen wurden elektrische Spulen verlegt, die ein elektromagnetisches Feld erzeugten, das ohne ihr Wissen an- und abgeschaltet wurde. Während der Nacht wurden Bewegung, Atmung und Herzschlag gemessen. Nach dem Aufwachen befragten die Forscher die Testpersonen über ihre Schlaftiefe, Schlafqualität und die subjektive Befindlichkeit.

Das Ergebnis: Elektrosmog veränderte bei den einzelnen Testpersonen weder die Schlafqualität noch das Befinden am Tag danach. Mehr noch: In den Nächten mit verabreichtem »Elektrosmog« wurde der Schlaf als tiefer und das Aufwachbefinden als besser beurteilt als nach Nächten ohne Exposition.

Eine weitere Überraschung: Nullnächte wurden sehr häufig fälschlicherweise als Nächte mit Elektrosmog und Elektrosmognächte als Nullnächte eingestuft. Das Fazit der Forscher: »Die Beschwerden von elektrosensiblen Menschen können nicht auf eine objektiv empfindlichere Wahrnehmung der Felder zurückgeführt werden.«

---

[5] am Institut für Hygiene und Arbeitsphysiologie (IHA); www.iha.bepr.ethz.ch/pages/forschung/Publikationen.htm

Vom Benzindampf bis zum Parfum

Doch wie steht es nun mit der Multiplen Chemischen Sensibilität? Die genaue Definition der MCS ist nicht einfach. 1985 stellte eine kanadische Expertengruppe folgende Richtlinien auf[6]: »Dauer mindestens drei Monate; mehrere Organsysteme betroffen; Unverträglichkeit von Nahrungsmitteln, Chemikalien, Umweltstoffen in Konzentrationen weit unter denjenigen, die sonst von der Mehrheit ertragen werden; keine objektiven körperlichen Befunde; keine dauerhaft veränderten Labortests; die Symptome vermindern sich durch Vermeiden und treten bei erneuter Exposition wieder auf.«

Manches spricht dafür, dass ein außerordentliches Geruchsempfinden als Auslöser (Trigger) für das Auftreten der Beschwerden verantwortlich ist. Die Liste der auslösenden Substanzen ist lang und reicht vom ätzenden Geruch von Autolack bis hin zum zarten Duft eines Parfums, vom würzigen Rauch einer kubanischen Zigarre bis hin zu Geruchsstoffen in einem Waschmittel, vom Benzindampf beim Tanken bis hin zum Insektenspray in der Wohnung.

Die Berührung mit Auslösern erfolgt an der Arbeit, zu Hause oder in der freien Natur. Wohl kann es vorkommen, dass jemand zum ersten Mal Beschwerden entwickelt, nachdem er einem Stoff ganz intensiv ausgesetzt war. Viel häufiger führen ganz verschiedene Gerüche über längere Zeit zunehmend zu einer Störung des Wohlbefindens.

Immer wieder berichten die Betroffenen von Müdigkeit, allgemeinem Krankheitsgefühl, Konzentrations- und Gedächtnisproblemen, Schwachheit, Kopfweh, Übelkeit, Schleimhautreizung und Schwindel. Ein deutscher Ingenieur schreibt zudem: »Chemikalien-Sensibilität (MCS) hat ähnliche Auswirkungen wie Allergiker sie kennen. Beide Gruppen müssen die Schadstoffe meiden. Während Allergiker auf die durch Schadstoffe bedingte Sensibilisierung reagieren, reagieren die MCS auf die Chemikalien direkt.«

[6] Ontario Ministry of Health 1985

Wie auch immer man sich die Störung erklärt, Fakt ist, dass sensible Menschen ganz intensiv unter kleinsten Umweltreizen leiden können und dadurch in ihrer Lebensqualität deutlich eingeschränkt werden. Das MCS ist ein Beispiel dafür, wie Sensibilität zur Krankheit werden kann.

Sensibel reagieren die Betroffenen und die Ärzte aber auch in Bezug auf die Namensgebung für derartige Störungen. Menschen, die existentiell unter ihrer Umwelt leiden, bestehen darauf, es handle sich um ein fassbares Krankheitsgeschehen, das noch seiner Erforschung harrt. Manche Ärzte hingegen verweisen die geschilderten Symptome ins Psychische bis hin zur »eingebildeten Krankheit«, was verständlicherweise die Betroffenen kränkt.

Wissenschaftliche Untersuchungen

Im August 1998 präsentierte eine Forschergruppe, die von der amerikanischen Regierung eingesetzt worden war, einen umfassenden Bericht[7] über das Phänomen der MCS. Umfragen hatten ergeben, dass wohl bis zu 37 Prozent angaben, besonders sensibel auf gewisse Chemikalien zu reagieren, doch nur zwischen 0,2 und 4 Prozent der Bevölkerung klagten über ein MCS-Syndrom im engeren Sinne.

Auffällig häufig melden sich Frauen in der umweltmedizinischen Sprechstunde (je nach Studie zwischen 70 und 80 Prozent), die meisten im Alter zwischen 30 und 50 Jahren. In einer großen Vergleichsstudie[8] zeigte sich, dass Arbeitnehmer ohne Klagen über MCS zu 58 Prozent in Hochrisikobereichen arbeiteten, aber nur 26 Prozent derjenigen, die bei sich eine multiple chemische Sensibilität erlebten.

Wie erklärt man sich die Entstehung einer MCS? Die enorme Vielfältigkeit der auslösenden Stoffe macht es sehr unwahrscheinlich, dass die direkte toxische Wirkung eines Stoffes für die

[7] http://web.health.gov/environment/mcs/toc.htm
[8] Lax und Henneberger 1995

Beschwerden verantwortlich ist. Für die Studiengruppe ergeben sich drei breite Bereiche: immunologische, neurologische und psychologische Erklärungen.[9]

Der Gedanke, dass MCS eine *Störung der körperlichen Abwehr,* des Immunsystems, sein könnte, liegt nahe. Immerhin handelt es sich um eine ausgeprägte Übersensibilisierung gegenüber chemischen Stoffen, die bei Vermeidung zurückgeht und bei erneuter Berührung zu einer Verschlimmerung führt. Und doch sind die Beschwerden anders als bei den klassischen Allergien, Immunmangel- und Autoimmunkrankheiten, die auch mit deutlichen Veränderungen der Blutwerte einhergehen.

Derartige Laborbefunde fehlen aber bei der MCS. Somit vermutet man ein System, das bisher noch nicht entdeckt ist, oder aber ein komplexes Zusammenspiel zwischen Nervenzellen und Hormonen.[10] Konkret bedeutet dies einen Hinweis auf eine Auslöserfunktion chemischer Duftstoffe, die dann aber einen Vorgang im psychischen Bereich auslösen, der die Aktivierung von Stresshormonen einschließt. Diese können ihrerseits auch die Abwehrkräfte bei besonders sensiblen Menschen schwächen und so zu körperlichen Beschwerden führen.

Hoch interessant für die Sensibilitätsforschung sind die *neurologischen Theorien*, die sich mit einer veränderten Geruchswahrnehmung auseinander setzen. Insbesondere der Forscher Bell[11] und seine Mitarbeiter schlagen ein Modell vor, in dem viele kleine chemische Reize (»kindling«) bei sensiblen Menschen allmählich zu einer Aktivierung der so genannten limbischen Areale des Gehirns führen.

Diese Areale haben einen wichtigen Einfluss auf Stimmung, Gefühle und psychische Energie. Ähnlich wie bei epileptischen Anfällen kann es dann zu komplexen Missempfindungen im psychischen und körperlichen Bereich mit ausgeprägter Veränderung des gesamten Befindens kommen. Obwohl aufwändige Studien

---

[9] Wegen der außerordentlich reichhaltigen Literatur wird die interessierte Leserin auf den oben erwähnten Bericht der amerikanischen Gesundheitsbehörde verwiesen.
[10] Vgl. Kapitel 3 in diesem Buch, sowie das Buch von Schedlowski & Tewes 1996.
[11] Bell et al. 1997 sowie viele weitere Publikationen.

zu einer besseren medizinischen Absicherung des Modells durchgeführt wurden, liegen noch keine schlüssigen Resultate vor. Insbesondere gibt es bis heute keine verlässlichen Testverfahren, die beispielsweise eine neurologische Disposition bei denjenigen Menschen feststellen könnte, die ein MCS entwickeln.

Psychische Ursachen?

Vieles spricht für eine *psychische Seite* umweltmedizinischer Probleme: In einer Studie[12] untersuchten Arbeitsmediziner der Universität Nürnberg-Erlangen etwa 100 Patienten, die sich innerhalb eines Jahres an die umweltmedizinische Sprechstunde der Universität gewandt hatten. Resultat: »Eingehende Untersuchungen ergaben weder einen auffällig hohen Gehalt an Umweltschadstoffen wie Quecksilber im Urin oder im Blut, noch fanden sich, bezogen auf Durchschnittswerte der deutschen Bevölkerung, andere Giftstoffe in vermehrter Weise. Psychologische Untersuchungen zeigten jedoch, dass zwei von drei Patienten unter seelischen Problemen litten.«

Warum wird diese Sicht oft so vehement abgelehnt? Warum beharren die Betroffenen so sehr darauf, dass es sich um eine körperliche Krankheit aufgrund nachweisbarer Umweltgifte handelt? Ich denke, dass mehrere Faktoren eine Rolle spielen:

Die betroffenen Menschen erleben ihre körperlichen Symptome sehr intensiv. Sie sind nicht einfach traurig, gereizt oder verstimmt. Für sie steht im Vordergrund ganz deutlich eine Veränderung des körperlichen Befindens, nicht nur der Gefühle.

Unsere technisierte Medizin hat für körperliche Erkrankungen ein beeindruckendes Arsenal von Untersuchungsmethoden entwickelt. Körperliche Erkrankungen können heute in Zahlen, Kurven und Bildern dokumentiert werden. Krebspatienten kennen ihre Tumorfaktoren, Patienten mit HIV ihre T-Lymphozytenwerte, und jeder Check-up beim Hausarzt liefert Blutfettwerte bis aufs

---

[12] Psychologie Heute, Juli 1996, S. 46

Komma genau. EKG, Endoskopie und Ultraschall gehören zum Standard, ganz zu schweigen von komplexeren bildgebenden Verfahren. Wer war nicht schon in der Röhre? Menschen mit einer MCS können es kaum begreifen, dass sich in ihrem Fall alle diese High-Tech-Verfahren als ergebnislos erweisen sollen. Oft verstehen sie die Null-Resultate als Vorwurf, sie bildeten sich ihre Krankheit nur ein.

Während eine körperliche Krankheit als Schicksalsschlag betrachtet wird, dem man sich kämpfend entgegenstellen kann, machen sich Menschen mit psychischen Leiden oft Vorwürfe, selbst schuld zu sein, fühlen sich minderwertig und am Rande der erfolgsorientierten Gesellschaft. Dieser Eindruck ist umso schlimmer, als nicht wenige Menschen mit Erschöpfungs-Syndromen vor ihrer Erkrankung selbst überdurchschnittlich leistungsorientiert und aktiv gewesen sind.

Frustrierend wird auch das therapeutische Angebot bei psychisch bedingten Problemen erlebt. Die Betroffenen möchten etwas tun gegen ihre Beschwerden, möchten Maßnahmen treffen, um sich zu schützen, Schritte lernen, um ihre alte Kraft wieder zu gewinnen. Die Ratschläge für eine Erholung der Psyche sind für sie wie ein Hohn: Alles gelassener angehen, sich entspannen, sich Zeit geben – das klingt wie eine Kapitulation vor der Schwachheit, ein kampfloses Aufgeben, wie es nur Schwächlinge tun.

Bioresonanz und krankhafte Schwingungen

Hier liegt auch der Grund dafür, dass sich viele Betroffene von der so genannten Schulmedizin abwenden und Hilfe bei Alternativheilern suchen. Besonderer Beliebtheit erfreut sich in den letzten Jahren die *Bioresonanz*. In Anlehnung an die Meridianlehre der Akupunktur wird hier davon ausgegangen, dass Umweltgifte, Narben und Amalgamfüllungen als Störfelder wirken und den regelmäßigen Fluss der Energie im Körper stören. Mehr noch: Es komme zu krankhaften Schwingungsmustern einzelner Organe. Diese könne man mittels Elektro-Akupunktur messen, in einem

Gerät umpolen und dem Körper als gesunde Energie wieder zuführen. Auffallend ist die Vermischung von energetischen Krankheitskonzepten der chinesischen Medizin mit blinkenden elektronischen Geräten, die den Eindruck moderner Wissenschaftlichkeit erwecken sollen.

Für manche Patienten ist es sicher wichtig, dass sie sich durch solche Verfahren ernst genommen fühlen und dass die Messung der Energiepunkte in einem ausgedruckten Profil sichtbar wird. Dass viele Fragen einer ernsthaften wissenschaftlichen Überprüfung nicht standhalten, ist für sie angesichts des Leidens nicht mehr bedeutend. Nicht selten kommt es dann auch zu einer vorübergehenden Linderung, die die Betroffenen (und eine zunehmende Zahl von Ärzten und Heilpraktikern) in ihrem Glauben bestärkt – ob zu Recht oder zu Unrecht, das werden wir in einigen Jahren vielleicht besser wissen.

Müdigkeit im Paradies

Wenn es der Stress unserer westlichen Leistungsgesellschaft ist, der uns krank macht, wie geht es dann denjenigen Menschen, die fernab von jeder Zivilisation leben, die weder Auto noch Telefon kennen, die in einfachsten Umständen im Einklang mit der Natur leben? Vor einigen Jahren traf ich den englischen Psychiatrieprofessor Dr. David Mumford, der auch als Lektor in der anglikanischen Kirche tätig ist. Er hat mehrere hochinteressante Studien zu dieser Thematik verfasst.

Seine These: Nicht immer werden psychische Nöte auch in einer Sprache der Gefühle geäußert. In den Psalmen finden wir eine breite Palette von körperlichen Beschwerden, die eigentlich Ausdruck der inneren Not des klagenden und betenden Menschen sind.[13] Mumford begann zu erforschen, wie denn Menschen ihre Not in Worte fassen, die in einer Kultur leben, wie sie zur Zeit der Psalmen, vor ca. 3000 Jahren, herrschte. Fündig wurde er in

---

[13] vgl. Mumford 1992

einem Seitental des Hindukusch in Pakistan[14], einem paradiesisch anmutenden Hochtal, das nur im Sommer zugänglich ist und dessen Bewohner unter einfachsten Verhältnissen von Ackerbau, Holzwirtschaft und Kleinviehzucht leben.

Zusammen mit lokalen Gesundheitsteams stellte er eine Liste derjenigen Klagen zusammen, die Patienten vorbrachten, bei denen keine körperliche Krankheit im engeren Sinn gefunden wurde, sondern die als Befindensstörung betrachtet werden konnten.

Tabelle 21: *Häufige Klagen*

Energiemangel – Schmerzen im ganzen Körper – dauernde Müdigkeit – Schwächegefühl in der Herzgegend – Herzklopfen oder Herzweh – Kopfdruck/Schweregefühl im Kopf – Druck- oder Engegefühl auf der Brust – Zittern oder Beben – »Magenflattern« – ausgeprägte Kopfschmerzen – Kloßgefühl im Hals – Harndrang – Mundtrockenheit – Verstopfung/Blähungen – Schmerzen im Schultern/Nackenbereich – kalte Hände oder Füße – Hitzewallungen und Schwitzen.

Ist das nicht beeindruckend? Diese Menschen, die ganz ohne Umweltgifte in einfachsten Verhältnissen leben, leiden praktisch unter der gleichen Symptompalette wie MCS-Betroffene. Die Verbindung liegt im psychischen Bereich: In einem weiteren Schritt wurden diese Klagen nämlich mit einem einfachen Instrument verglichen, das Depression und Angststörungen zuverlässig erfasst.

Es zeigte sich sehr deutlich, dass die aufgelisteten Beschwerden die Art und Weise darstellen, wie Menschen mit einem begrenzten psychologischen Wortschatz die Auswirkungen ihrer Lebensnot schildern.[15]

---

[14] Mumford 1996
[15] Es wäre im Übrigen ein Irrtum zu glauben, diese Menschen seien in der Natur glücklich. Prof. Mumford schildert in seiner Arbeit eindrücklich die vielen Schwierigkeiten, mit denen die Bewohner des Hochtales zu kämpfen haben, wie z.B. Tod der Kinder, Sorgen um die Vorräte für den Winter, Unfall des Mannes beim Holzflößen usw.

Diese Befunde aus Pakistan decken sich mit anderen Arbeiten[16], die eine große Überlappung von MCS-Symptomen mit psychischen Problemen feststellten.

Nun könnte man ja argumentieren, dass die psychischen Störungen durch die subtile Vergiftung mit Umweltsubstanzen entstehen. Schließlich kann doch auch eine Arsenvergiftung Müdigkeit und Schwäche erzeugen. Dem steht die Tatsache entgegen, dass MCS-Betroffene ganz unterschiedliche Symptome zeigen und auf verschiedenste Substanzen reagieren. Es gibt also kein einheitliches Bild psychischer Beschwerden bei einer bestimmten Auslösersubstanz (keine nachweisliche Beziehung zwischen Dosis und Wirkung). Auch das Weglassen von Substanzen führt oft nicht zu einem Verschwinden der Symptome.

Und doch darf man nicht vergessen, wie sehr chronische Schmerzen und diffuse körperliche Befindensstörungen das seelische Wohlbefinden dämpfen. Dies zeigt sich exemplarisch bei der *Fibromyalgie*[17], einer chronischen rheumatischen Schmerzerkrankung, bei der bis heute keine ausreichenden laborchemischen Befunde vorliegen. Oftmals finden sich bei Fibromyalgiepatienten auch depressive Verstimmungen und psychovegetative Störungen. Vieles deutet aber darauf hin, dass hier die psychischen Symptome die Folge langjähriger Schmerzen, beruflicher Einschränkung und sozialer Isolation sind. Oft kommt es dann zu einem Kreislauf von Schmerzen, Erschöpfung und psychischen Verstimmungen, die sich nicht immer genau auseinander halten lassen.

Die übersensible Seele in einer feindlichen Umwelt

Das eindrücklichste Merkmal der Multiplen Chemischen Sensitivität ist letztlich die intensive Betonung einer Auslösung durch Umweltgifte und die vehemente Ablehnung anderer Entstehungs-

[16] Bornschein et al. 2000

[17] Zur Fibromyalgie gibt es zahlreiche Veröffentlichungen, die im Internet laufend aktualisiert werden. Eine Verbindung zwischen MCS und Fibromyalgie wurde von Jason et al. 2000 untersucht, weitere Informationen finden sich bei Taylor et al. 2001.

modelle, insbesondere im psychischen Bereich. Die Forschungen zeigen aber doch Zusammenhänge zwischen Körper und Seele.

In der Tat ist es der Körper, der übersensibel reagiert, und es scheint auch, dass kleinste auslösende Umweltreize daran beteiligt sind. Doch eine ganzheitliche Betrachtung wird auch das psychische Alarmsystem des Körpers mit berücksichtigen. Nur so ist es erklärbar, dass die einen bestens inmitten von Lackdämpfen arbeiten können, während andere schon auf den feinsten Hauch eines Parfums intensiv reagieren.

Da ist nicht nur die körperliche Wahrnehmung, die sich auf das Gehirn auswirkt. Das Gehirn scheint auch die Möglichkeit zu haben, den Körper so weit zu sensibilisieren, dass er sein Gehirn bzw. eben die ganze Person vor weiterer Überforderung schützt. Psychosomatische Symptome, wie sie bei der MCS beschrieben werden, sind also eine krankhaft sensible Überreaktion des Körpers, ein Zwang, sich aus Überforderung zurückzuziehen, weit über die Grenzen hinaus, die man vorher bereit gewesen wäre, selbst zu stecken.

Dass gerade die »Leitfossilien« unserer Fortschritts- und Vergnügungsgesellschaft zum Aufbäumen des Körpers und der Seele führen, mutet seltsam an:

– Die fortschrittlichen Werkstoffe, die unser Dasein in der widrigen Umwelt angenehm isolieren, konservieren und farbig machen;
– die Welt der Gerüche, vom Sonnenschein in der Wäsche bis zum sportlich-erotischen Geruch des erfolgreichen und glücklichen Menschen;
– die elektromagnetischen Wellen unserer Handys, mit denen wir jederzeit erreichbar sind und immer mit anderen kommunizieren können.

Ob wohl darin auch eine Metapher für unser modernes Leben enthalten ist? Ich neige dazu, die MCS als verzweifelte Körpersprache der erschöpften und übersensiblen Seele in einer zunehmend als feindlich erlebten Umwelt zu verstehen.

Die Herausforderung für die Betroffenen besteht nicht darin, die möglichen Umweltgifte zu finden, sondern vielmehr ihr Leben mit den begrenzten Kräften sinnvoll zu gestalten.

Kapitel 14

Sensibilität und Glaube

*» **E**mpfindsam und mitleidsvoll hatte sie die Fähigkeit ihres Großvaters geerbt, direkt ins Herz zu sehen. Wie eine Hellseherin entnahm sie aus kleinsten Andeutungen und Gesten verborgene Wünsche und Gedanken, scharfsinnig folgerte sie aus verhüllenden Worten den wahren Willen. In allem erkannte sie das Wunder der göttlichen Schöpfung, in allem offenbarte sich ihr Gottes Größe und Allmacht, ihre Frömmigkeit und Gottesliebe wiesen ihr den Weg zu den Seelen der Menschen.«* [1]

Feinfühligkeit für die geistige Welt

Sensible Menschen sind auch in ihrem Glaubensleben feinfühlig. Instinktiv wissen sie um die Gegenwart Gottes. »Schon als Kind habe ich mit ihm geredet, wenn ich allein auf einem Baum saß. Ich wusste einfach, dass er da ist und mich hört.« Starke Erlebnisse können die Tür zu einer intensiven geistlichen Dimension öffnen. Da wird die Geburt eines Kindes verklärt zur ergreifenden Gotteserfahrung, die allen Schmerz vergessen lässt; das überwältigende Glück der Sinnlichkeit zu einem Vorgeschmack des Paradieses. Sensible Menschen spüren auch in der profanen und alltäglichen Welt ein Hereinwirken von geistigen Kräften und schützenden Engeln, die dem menschlichen Auge verborgen sind.

Doch gerade diese Feinfühligkeit für die geistige Welt und für die zarten Zwischentöne des Lebens ist es auch, die den Glauben für sensible Menschen erschweren kann. Sie fühlen sich überwältigt von den Gefühlen, die auf sie einstürmen, verletzt von den Menschen, die ihre Art nicht verstehen, unzulänglich und minderwer-

---

[1] Aus der Beschreibung der Mutter von Rabbi Nachman von Bratzlav, gefunden bei Lea Fleischmann 2000.

tig in ihrer Unfähigkeit, Gott jemals zufrieden stellen zu können.

»Hier liegt das Zentrum meines geistlichen Kampfes«, klagt Henri Nouwen, der bekannte Autor vieler geistlicher Bücher, einmal.[2] »Es ist der Kampf dagegen, dass ich mich selbst ablehne, mich selbst verachte und mich selbst nicht leiden kann. Es ist eine sehr ernste Schlacht, weil die Welt und ihre bösen Geister sich verschwören, dass ich mich für wertlos, nutzlos und belanglos halte.«

Die Störbarkeit der Gefühle und der Körperempfindungen wirkt auch hinein in das geistliche Leben. Einer verstimmten Gitarre gleich, können Temperaturschwankungen die Harmonie der Saiten beeinträchtigen und zu Missklängen führen. Das Glaubensleben ist entscheidend bestimmt durch ihre Sensibilität, in all ihrer Schönheit, aber auch in ihrer Schwachheit.

Die leidende Seite der Sensibilität

Mit eindringlichen Worten beklagt der Psalmist seine Schwachheit, sein Elend[3], dieses so altmodisch klingende Wort für die leidende Seite der Sensibilität: »Denn ich bin arm und elend; mein Herz ist zerschlagen in mir.« Mehr noch: Gott selbst ist beteiligt an diesem Elend, es sind *seine* Schrecken, die ihn zur Verzweiflung treiben[4]: »Ich erleide deine Schrecken, dass ich fast verzage.«

Und doch reißt in diesem Ringen mit Gott und der eigenen Sensibilität der Faden des Vertrauens niemals völlig ab. Auch wenn die schwachen Anteile ihn zu überwältigen drohen, so bleibt die Hoffnung – manchmal zaghaft anklingend, dann wieder lautstark, ja verzweifelt eingefordert[5]: »Ich bin arm und elend; der Herr aber sorgt für mich.« Oder: »Ich bin elend und arm; Gott, eile zu mir! Du bist mein Helfer und Erretter; Herr, säume nicht!«

Dieser Widerspruch zwischen dem Vertrauen auf einen liebenden, helfenden und schützenden Gott und der elenden Wirklichkeit hat die Menschen durch alle Jahrhunderte beschäftigt.

---

[2] Nouwen, Nimm sein Bild in dein Herz, S. 128
[3] Psalm 109,22
[4] Psalm 88,16
[5] Psalm 70,6 und Psalm 40,18

Warum können wir nicht Gottes Kraft in Schönheit und Ruhe ausstrahlen, den Menschen um uns herum zum Beweis seines Wirkens in uns? Warum ist die Schwachheit oft derart eng mit unserem Wesen verwoben?

Die Verstimmbarkeit und Zerbrechlichkeit der sensiblen Menschen hat Paulus einmal in ein sehr treffendes Bild gekleidet[6]: »Wir haben diesen Schatz in irdenen Gefäßen, damit die überschwängliche Kraft von Gott sei und nicht von uns.«

Offenbar musste er selbst einen intensiven Kampf durchstehen. Er erlebte die Enttäuschung, dass seine Gebete nicht erhört wurden, dass seine Schmerzen nicht genommen wurden, dass ausgerechnet er als großer Apostel an sich selbst keine Wunder erlebte. Dennoch gab er nicht auf. Warum? Er blieb im intensiven Gespräch mit Gott[7]: »Und er hat zu mir gesagt: Lass dir an meiner Gnade genügen, denn meine Kraft ist in den Schwachen mächtig. Darum will ich mich am allerliebsten rühmen meiner Schwachheit, damit die Kraft Christi bei mir wohne.«

»Nimm sein Bild in dein Herz!« – Glaube und Sensibilität bei Henri Nouwen

Rembrandts eindringliches Bild des verlorenen Sohnes und des gütigen Vaters hat durch ein außerordentliches, sensibles Buch den Weg zu den Herzen von Tausenden Menschen gefunden und sie tief berührt.[8] Geschrieben wurde es von Henri Nouwen (1932–1996), dessen Leben in besonderer Weise von Sensibilität gegenüber Gott und den Menschen geprägt war.

Immer wieder wurden ihm Bilder zu einem geheimnisvollen Fenster in die Welt Gottes. Er sah nicht nur die Farben und die Linien, die Schatten und Glanzlichter, er ließ sich ganzheitlich ansprechen.

[6] 2. Korintherbrief 4,7
[7] 2. Korintherbrief 12,9
[8] Nouwen 1991

So schrieb er einmal: »Ich spürte die Verbindungen zwischen dem Kampf von Vincent van Gogh und meinem eigenen. Er hatte gemalt, was ich vorher nicht zu betrachten wagte, er stellte in Frage, worüber ich zuvor nicht zu sprechen gewagt hatte, und er betrat Räume meines Herzens, denen ich mich nicht zu nähern gewagt hatte. So brachte er mich meinen Ängsten näher und gab mir den Mut, meine Suche nach dem Gott zu vertiefen, der uns liebt.«[9]

Der gefeierte Professor für Spiritualität, der an den Eliteuniversitäten von Harvard und Yale gelehrt hatte, kehrte 1986 der akademischen Welt den Rücken, um fortan sein Leben in einer Gemeinschaft von geistig behinderten Menschen zu führen. Hier erfuhr er eine neue Dimension des Lebens. Seine geistig oft schwer zurückgebliebenen Freunde brachten ihm Gott in völlig anderer Weise nahe.

Schon als Junge war er sehr aufgeschlossen gegenüber geistlichen Dingen. Aufgewachsen in einem frommen katholischen Elternhaus wurde es ihm bald zum größten Wunsch, Priester zu werden. Der große, schlaksige Mann fiel überall auf. Er war ständig in Bewegung und sprühte vor Ideen und Tatendrang. Seine Sensibilität war seine Gabe.

In seinen Büchern gab er einen ungeschminkten Einblick in seine inneren Kämpfe. Sensible Menschen fühlen sich von seinem inneren Ringen angesprochen. »*Dass ich meine Gefühle und inneren Regungen so wenig in der Gewalt habe! Oft muss ich ihnen einfach ihren Lauf lassen und kann nur hoffen, dass sie mich nicht zu lange beherrschen.*«[10]

Immer wieder wird eine tiefe Spannung fühlbar, eine Spannung, die ganz wesentlich dazu beitrug, dass sein Leben glaubhaft wurde: »*Ich liebe Jesus, aber ich möchte meine eigenen Freunde behalten, wenn sie mir auch Jesus nicht näher bringen. Ich liebe Jesus, aber ich möchte mir meine Unabhängigkeit bewahren, auch wenn diese Unabhängigkeit mir keine wahre Freiheit beschert.*

[9] aus einem Vorwort zu dem Buch von Edwards 1989
[10] Nouwen, 1989, S. 46

Ich liebe Jesus, aber ich möchte nicht die Achtung meiner Mit-professoren verlieren, obgleich ich weiß, dass ihre Achtung nicht zu meinem geistlichen Fortschritt beiträgt. Ich liebe Jesus, aber ich möchte meine schriftstellerischen Pläne, meine Reisepläne und meine Vortragspläne nicht aufgeben, auch wenn diese Pläne oftmals eher meiner Ehre dienen als der Ehre Gottes.«

Verwundet sein – gesegnet sein?

Henri Nouwen kannte auch die dunkle Seite der Sensibilität, die sich bis in tiefste Verzweiflung steigern konnte. Es war, als hätte sein Rückzug aus der Universität in die Gemeinschaft der »Arche« von Jean Vannier auch etwas an Gefühlen freigesetzt, die er sich noch nie eingestanden hatte.

Nouwen begann zu entdecken, dass seelische Verletzlichkeit nichts Beschämendes, sondern im Gegenteil ein Geschenk sein konnte. Verwundet zu sein, bedeutete, gesegnet zu sein. Doch die Erkenntnis überkam ihn mit einer Intensität, an der er zerbrach. Auf einmal war er nicht mehr der bewunderte Redner, sondern ein einfacher Mitbewohner, ein sehr unsicherer, bedürftiger und zerbrechlicher Mensch.

Seine Rastlosigkeit, die vielen Reisen und unzähligen Vorträge waren wie eine Flucht vor sich selbst gewesen. Als es stiller um ihn herum wurde, hielt er die Stille fast nicht aus. Ausgerechnet er, der so viel Wertvolles über die Stille und die Kontemplation ge-schrieben hatte, konnte selbst nicht still werden. Sein Schreiben war oft wie ein Hilfeschrei an Gott, ihm das zu geben, wonach er sich sehnte.

In der Stille spürte er aber auch eine vermehrte Reizbarkeit und Abhängigkeit von anderen Menschen. *»Ich fürchte immer gleich Ablehnung. Wenn ein Freund nicht kommt, ein Brief nicht ge-schrieben wird oder man mich nicht einlädt, fange ich an, mich unerwünscht und zurückgesetzt zu fühlen. Ich habe einen Hang zu trüber Selbsteinschätzung und bin anfällig für Depressionen. Bin ich aber deprimiert, so neige ich dazu, sogar in harmlosen*

Gesten den Beweis für die Berechtigung meines selbst gewählten Trübsinns zu sehen, so dass es mir immer schwerer fällt, wieder aus ihm herauszukommen.«[11] Und später: *»Plötzlich fühle ich mich verloren, versetzt, vergessen, im Stich gelassen, missbraucht, manipuliert, ratlos, wütend, missmutig, verkehrt und voller Selbstbedauern. Ich staune über die Anfälligkeit meines inneren Gleichgewichts.«*[12]

Seine seelische Dunkelheit wird zur geistlichen Nacht. In seinem Tagebuch finden wir folgenden Eintrag: *»Ein Tag finsterster Melancholie. Ihr Bann ist kaum zu brechen. Die Mächte der Finsternis haben mich so fest im Griff, dass es kaum möglich scheint, zum Licht zu kommen.«*[13]

Immer stärker spürt er auch die Einsamkeit des zölibatären Priesters in schmerzlicher Weise. In sensibler Weise schildert er seinen Kampf mit seinen homophilen Gefühlen. Er verliebt sich in einen Mann.[14] *»Hier in der Arche lebte ich mit verletzlichen Menschen, und ich ließ allmählich auch meine innere Hemmung fallen und öffnete mein Herz stärker für andere ... Aber diese tief befriedigende Freundschaft wurde die Straße zu meiner Not, weil ich bald entdeckte, dass der enorme weite Raum, der sich mir geöffnet hatte, nicht durch den Mann ausgefüllt werden konnte, der ihn mir eröffnet hatte. Ich wurde Besitz ergreifend, bedürftig und abhängig, und als die Freundschaft schließlich abgebrochen werden musste, brach ich zusammen.«*[15]

Vom Verstand her wusste Nouwen, dass keine menschliche Freundschaft die tiefste Sehnsucht seines Herzens erfüllen konnte und dass nur Gott ihm geben konnte, was er sich am meisten wünschte, doch dies konnte seine Verzweiflung kaum lindern.

---

[11] Nouwen 1989, S. 80
[12] Nouwen 1989, S. 203
[13] Nouwen 1989, S. 203
[14] Nouwen, Nachts ... 1989, S. 117 ff; ein sehr schöner Abschnitt über das Ringen mit seiner Sexualität findet sich in seiner Biographie von Michael Ford 1999, S. 140 ff.
[15] Die meisten der folgenden Zitate finden sich in der hervorragenden Biographie von Michael Ford 1999, die mir beim Schreiben nur in der englischen Ausgabe vorlag.

Verwundet, um zu heilen

Er, der so viele Menschen seelsorgerisch beraten hatte, brauchte nun selbst einen Ort der Seelsorge. In einem Retraite-Haus in England fand er einen sicheren Ort, wo er einfach sein durfte. Er brauchte wieder Boden unter den Füßen. Das ältere Ehepaar, das ihn begleitete, ermutigte ihn, »in seinen Leib und in sein Gebet einzusteigen«, aber sie rieten davon ab, sich in der Meditation zu verlieren.

So verrichtete er seine Gebete oft im Wandern, während er im Garten herumlief, beim Schwimmen oder beim Schlagen eines Boxsackes. Er musste die Energie in seinem Körper kanalisieren, ohne den Draht zum Leben zu verlieren – sogar Geschirrwaschen war eine Form der Therapie. Sein Seelsorger erklärte: »Wir zielten absichtlich darauf, ihn im praktischen Leben zu halten, weil da die große Gefahr war, dass er sich in seiner Dunkelheit verlieren, in dieses schwarze Loch seiner Seele fallen würde.«

»Er war regrediert wie ein verwundetes kleines Kind, nicht ein sechsjähriges, sondern vielleicht ein zweijähriges, das gehalten werden muss, in Sicherheit und Reinheit. Es galt zu trennen, was ihn plagte in seiner sexuellen Identität und was eigentlich ein viel tiefer liegender Kampf war.«

»Henri war sehr mutig, und ich bewunderte ihn dafür, aber es war sehr dunkel in ihm. Er konnte die Verzweiflung seines Lebens nicht einfach verarbeiten. Dies war nicht nur die dunkle Nacht der Seele, es war die dunkle Nacht von allem, die Nacht des Geistes, des Glaubens, seines ganzen Wesens, seiner Wünsche, seiner Sehnsüchte und seiner Sexualität. Es war die dunkle Nacht seiner Berufung, seiner Arbeit und seiner schriftstellerischen Arbeit. Aber er verlor nicht seinen Glauben.«

Es war nach dieser Krise, dass er seine Schaffenskraft wiederfand, dass seine Sensibilität erneut fruchtbar wurde in der Betrachtung von Rembrandts Gemälde vom verlorenen Sohn, jenem Werk, das wohl sein meist beachtetes wurde. »Seine Worte sprachen mit besonderer Sensibilität zu denjenigen Menschen, die in ihrem Leben seelisch gelitten hatten. Er entdeckte, dass er aus seinen eigenen Verwundungen die Verletzungen anderer Menschen erreichen konnte.«

Ein Fenster zur unsichtbaren Welt

Manche sensible Menschen haben so etwas wie eine »Antenne für die jenseitige Welt«, einen sechsten Sinn.[16] Eine künstlerisch hoch begabte Frau verliert ihre 31-jährige Tochter durch ein Krebsleiden. Sie erzählte mir: »*Wir hatten vor ihrem Tod eine intensive Zeit des Abschiednehmens. Sie ist zwar nicht mehr da, aber ich habe oft den Eindruck, ich spüre ihre Nähe in der Wohnung, als wäre ihr Geist unsichtbar in meiner Nähe.*«

Oft erschrecken die Betroffenen selbst über derartige Erlebnisse: Maria, eine 22-jährige Bibelschülerin träumte, sie werde am nächsten Tag einen Autounfall haben. Doch das war gar nicht möglich, denn sie hatte kein Auto. Am Nachmittag fährt die Klasse in einen Einsatz, doch der Student, der eines der Autos hätte lenken sollen, verstaucht sich den Fuß.

Und nun wird jemand gesucht, der einen Führerschein hat. Die Wahl fällt auf Maria... »*Ich war von Panik ergriffen. Und wirklich, auf dem Heimweg fuhr ich zu schnell in eine Kurve und kam von der Straße ab. Zum Glück wurde niemand verletzt, aber der Bus war kaputt! Aber was mich viel mehr beschäftigte, war die Frage nach der Vorahnung im Traum. Hatte ich einen Wahrsagegeist?*«

Diese Durchlässigkeit in eine andere Welt wird auch als *Medialität* bezeichnet. Selbst Kurt Koch, Verfasser des Buches »Seelsorge und Okkultismus«, sieht darin nicht einfach das Wirken von negativen Geisteskräften. Wörtlich schreibt er: »Schon manchmal bin ich gefragt worden, ob alle medialen Kräfte einen negativen Charakter haben. Gibt es einen neutralen Streifen? Ich kann nicht mit einem Satz antworten. Es gibt Menschen, die durch Vererbung unbewusst medial sind und es in ihrem Leben nicht entdecken. Diese unbewusste, verborgene Medialität, die nicht in Anspruch genommen wird, ist keine Schuld. Sie wirkt sich aber häufig als Belastung aus.«[17]

[16] Nachdem ich diese Beobachtung in den Gesprächen mit meinen Patientinnen gemacht habe, fand ich die Beschreibung solcher Phänomene auch bei vielen Autoren, die sich mit übermäßiger Sensibilität beschäftigten, so bei Klages 1981, bei Aron 1997 und bei Huber 1995, S. 135–138.

[17] Koch 1982, S. 669.

Beten unter dem Schutz der Engel

Offensichtlich kann also eine nervliche Übersensibilität eine erhöhte Durchlässigkeit in dem Grenzbereich zum Übersinnlichen nach sich ziehen. Dies kann im geistlichen Bereich sehr positive Auswirkungen haben, auch wenn eine Frömmigkeit, die mit Engelswesen rechnet, noch oft mit Skepsis betrachtet wird.[18] Lassen wir noch einmal Henri Nouwen zu Wort kommen:

»Es kam mir vor, als würden Engelsflügel mich beschirmen: eine bergende Wolke, die mich bedeckte und dort festhielt. Wenn dieses neue Erleben auch sehr schwer in Worte zu fassen ist, so spürt man sich vor den Gefahren einer verführerischen Welt beschützt.

Aber dieser Schutz ist sehr sanft, behutsam und umsorgend. Keine Schutzmauer oder -sperre aus Metall. Er ist eher wie eine Hand auf meiner Schulter oder ein Kuss auf meiner Stirn. Aber mag ich auch noch so abgesichert sein, ich werde nicht aus der Gefahrenzone genommen.

Ich werde der verführerischen Welt nicht entrückt, werde dem Zugriff von Gewalt, Hass, Gelüsten und Begierden nicht entzogen. Ich spüre sie sogar mitten in meinem Sein, wo sie schrill meine ganze Beachtung fordern. Sie sind rastlos und laut. Dennoch sind diese Hand, diese Lippen und diese Augen da, und ich weiß, dass ich geborgen bin, liebevoll gehalten und umsorgt und von den guten Geistern des Himmels beschützt werde.

So bete ich denn, während ich nicht weiß, wie man in rechter Weise beten soll. Ich bin still, während ich meine Rastlosigkeit spüre, in Frieden trotz der Anfechtung, geborgen trotz aller Sorgen, umgeben von einer lichten Wolke trotz der noch andauernden Finsternis, ein Liebender trotz meiner noch andauernden Zweifel.«

Wenn er dann in der Kapelle betete, machte er folgende Erfahrung: *»Immer warten dort Gottes Engel auf mich und sind darauf*

---

[18] Wenn eine sensible Person allerdings versucht, ihre mediale Gabe gezielt einzusetzen, dann werden Grenzen überschritten, deren Nähe zu okkulten Praktiken oft nicht ohne nachteilige Folgen für die Betroffenen bleiben.

bedacht, sich um mich zu scharen, mich unter ihren Schwingen
zu bergen und ruhen zu lassen, ohne viel Aufhebens von all dem
Geschrei in meiner inneren Finsternis zu machen. Sie reden nicht
viel; sie geben keine langen Erklärungen ab. Sie sind einfach da,
um mich davon in Kenntnis zu setzen, dass Gottes Herz so unend-
lich viel größer ist als mein eigenes.«[19]

Angst vor Gott

Nicht alle Menschen verfügen über solche Glaubensstärke. Oft
begegne ich sensiblen Menschen, die sich wund reiben gerade an
jenem Glauben, der ihnen Halt und inneren Frieden geben sollte.
Die Grundbefindlichkeit der Angst überschattet auch ihre Gottes-
beziehung. Gott wird erlebt als weit entferntes, Furcht einflößen-
des Wesen, als ständige Quelle von unerfüllbaren Erwartungen
und gesetzlichen Forderungen, als allgegenwärtiger Aufpasser,
der jedes Versäumnis rächt und jede Sünde bestraft.

Diesem Gott kann man sich nicht vertrauensvoll zuwenden. Bei
ihm kann man keine Geborgenheit finden. Man kann ihn höchstens fürchten und versuchen, in unterwürfiger Beflissenheit seinen
Zorn nicht herauszufordern. Oft entsteht aus einem Zusammenspiel von sensiblen Ängsten mit schmerzlichen Erfahrungen in
der Kindheit ein völlig verzerrtes, einseitiges Bild von Gott.[20] Kein
Wunder, dass sensible Menschen oft auch Angst vor christlichen
Amtsträgern und Autoritätspersonen haben.

Die Bibel als Apotheke

Diese Angst erschwert auch das Lesen der Bibel. Sensible
Menschen sind oft überempfindlich gegenüber jeder Aussage,
die in irgendeiner Weise negative Gefühle weckt.

---

[19] Nouwen, Nachts bricht der Tag an, S. 164.
[20] Ein klassisches Beispiel findet sich in T. Mosers Buch »Gottesvergiftung«.

Ihre Gabe, zwischen den Zeilen zu lesen, wird zur Last, weil sie in allem das Strafende, Richtende, Fordernde und Verurteilende heraushören. Es ist die tiefe persönliche Betroffenheit, die jede Bibelstelle verengt und in eine kritische Anfrage verwandelt, der man niemals gerecht werden kann.

Die Bibel ist wie eine Apotheke mit ganz unterschiedlichen Salben, Tropfen, Kapseln und Tinkturen. Nicht alle sind für jedes Leiden geeignet.

Der wunde Punkt wird zum Zentrum, wie eine schmerzende Blase am Fuß, die eine Wanderung auf den brennenden Schmerz reduziert, hinter dem die Schönheit der Landschaft verblasst.

Eine sensible, zu Depressionen und Selbstzweifeln neigende Frau erzählte mir einmal ihre Reaktion auf das Gleichnis von den fünf klugen und den fünf gedankenlosen (»törichten«) Brautmädchen, die im Warten auf den Zug der Hochzeitsgäste eingeschlafen waren.[21] Ihr erster Gedanke war: *»Ich gehöre zu den törichten, ich bin verloren! Ich frage mich dann: Bin ich verloren, weil ich zu wenig Öl bei mir habe, weil ich zu wenig für Gott mache? Oft habe ich Angst, dass dann die Tür für mich endgültig zu ist, und das bringt mich zur Verzweiflung!*

Eigentlich sollte ich doch Jesus so sehr lieben, dass die Furcht keinen Platz mehr in mir hat. So steht es doch in der Bibel: ›Vollkommene Liebe treibt die Furcht aus. Wer sich fürchtet, der ist nicht in der Liebe.‹ Aber ich habe noch immer Angst vor meinem Vater, weil er mich und meine Mutter immer so brutal beschimpft. Bin ich nicht in der Liebe? Ich möchte ihn doch lieben, aber wenn er dann loslegt und flucht, dann siegt wieder die Angst!«

Hier werden seelische Verletzungen spürbar, die in das Glaubensleben hineinwirken, nicht nur Verletzungen aus der Kindheit, sondern auch im Erwachsenenleben. Diese Wunden färben die Brille, mit der sie die Bibel liest. Eigentlich ist es gerade die Offenheit für Gottes Wort, das sensible Hinhören auf das,

[21] Matthäus 25,1-10

was Gott in ihre Situation sagen möchte, die sich hier fatal auswirken.

So wie der weise Arzt lernt, bei sensiblen Menschen sanfte Medikamente zu verordnen und bei überempfindlichen Wunden milde Salben aufzutragen, so müssen sensible Menschen lernen, die Bibel in ihren Zeiten der Not mit Bedacht zu lesen. Die Bibel ist wie eine Apotheke mit ganz unterschiedlichen Salben, Tropfen, Kapseln und Tinkturen. Nicht alle sind für jedes Leiden gleichermaßen geeignet. Das Reizpflaster harscher Worte an Gedankenlose ist nicht der Balsam für eine verletzte Seele.

Sensible Menschen müssen lernen, zuerst einmal diejenigen Mittel aus der biblischen Hausapotheke anzuwenden, die ihre Kräfte stärken und ihnen neues Vertrauen in die Liebe Gottes vermitteln. Andachtsbücher und Bildbände zu biblischen Themen können dabei eine große Hilfe sein.

Persönlichkeit und Glaubensstil

Der Glaube ist nicht losgelöst von der Person. Geistliche Minderwertigkeitsgefühle und quälende Gewissenskämpfe, strenge Rituale und überwältigende Gottesoffenbarungen – sie sind Formen des religiösen Erlebens, die nicht unbedingt aufzeigen, wie der Glaube von Gott gewollt ist. Die verschiedenen Persönlichkeitstypen, die in diesem Buch geschildert wurden, haben auch eine Auswirkung auf das Glaubensleben.

Tabelle 22 zeigt in schematischer Form vier wichtige Persönlichkeitsstile und ihre Auswirkung auf den Glaubensinhalt, die Art der Frömmigkeit und die Beziehungen zu anderen Menschen in einer Gemeinschaft. Dabei muss ich deutlich einschränken: Sowohl die Typen als auch die Auswirkungen auf den Glauben sind modellhaft und unvollständig. Oft kommt es zu Überschneidungen und Mischformen. Dennoch können die obigen Hinweise zum besseren Verständnis schwieriger Verhaltensweisen bei sensiblen Menschen hilfreich sein.

Tabelle 22: *»Lebensstil und Glaubensstil«*

	Glaubensinhalt	Frömmigkeits-Stil	Gemeinschaftsverhalten
Schizoid-narzisstische Persönlichkeit	Abgehobene Gottesbeziehung Angst vor Abhängigkeit und Selbsthingabe Ablehnung von Korrektur	Übermäßige Abgrenzung: "Wir und die andern." Selbstbezogen, welt- und realitätsfremd. Neigung zu Tagträumen und Mystik.	Übermäßige Empfindlichkeit ohne Einfühlung in andere. Distanziert, wenig spürbar, rasches Gefühl der Bedrohung.
Depressiv-ängstliche Persönlichkeit	Angstbetonte Gottesbeziehung Angst vor Verurteilung durch Gott und Menschen. Schuld- und Minderwertigkeitsgefühle. Negatives Gottesbild.	Leben als Opfer für Gott und Mitmenschen. Märtyrer-Rolle Unsicherheit, Angst, Schutzwall gegen außen.	Melancholie, Pessimismus, Freudlosigkeit, Rückzug, Energiemangel, Selbstzweifel, Hemmung oder anklammernde Abhängigkeit
Zwanghafte Persönlichkeit	Rigide Gottesbeziehung Angst vor Veränderung und Regelverletzung. Neigung zu grüblerischem Zweifel.	Gesetzlichkeit, Unfreiheit Absicherung durch starre Regeln und Riten.	Mangelnde Anpassungsfähigkeit, zwingt andern seine Regeln auf, Rechthaberei aus tiefer Unsicherheit.
Histrionische Persönlichkeit	Instabile Gottesbeziehung Angst vor Festlegung, vor dem Endgültigen. Neigung zur Oberflächlichkeit	dramatisch gefühls- und ausdrucksstark, übermäßig abhängig von Gefühlen	Neigung zur Selbstdarstellung. Hohe Erwartungen an andere Propheten-Rolle oder dramatische Abhängigkeit. Instabilität.

Sensibilität und überempfindliches Gewissen

Sensible Menschen erleben alle Arten von Spannung sehr intensiv. Sie können die Dinge nicht einfach stehen lassen. In ihrer Konflikthaftigkeit hinterfragen sie sich und ihre Beweggründe. »Darf ich, soll ich, kann ich?« Das kostet Kraft und macht das Leben oft schwerer, als es nötig wäre. Es ist kein Wunder, dass sich dieses Muster auch auf den Glauben auswirkt.

Der »Kampf zwischen Fleisch und Geist« kann oft sehr quälend sein. Ist das Gewissen wirklich immer Gottes Stimme? Wird es nicht vielmehr durch die Erziehung und durch negative Erfahrungen geprägt? Diese Themen können im Seelsorgegespräch wesentlich werden. Das untenstehende Schema zeigt etwas von den Spannungsfeldern auf, die es zu besprechen gilt.[22]

Abbildung 14:

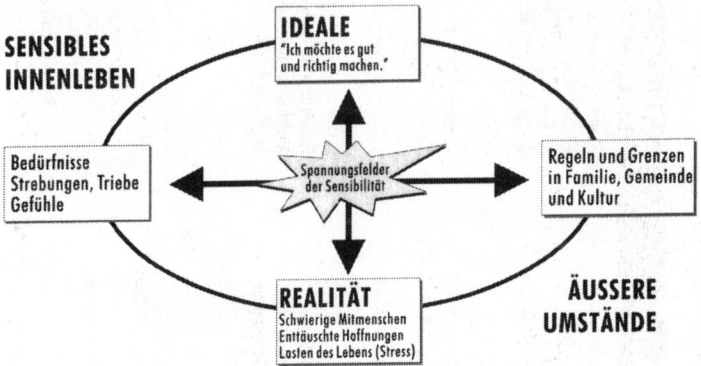

Das sensible Innenleben wird von zwei wichtigen Bereichen geprägt: Die *Ideale* eines Menschen werden vielleicht am besten von den großen Worten Glaube, Liebe, Hoffnung beschrieben, aber da ist auch die Frage nach Ehre und Werten, nach Gut und Böse, nach Gerechtigkeit und Sühne. Oder in einem ganz einfachen Satz: »Ich möchte es gut und richtig machen!«

---

[22] Ausführlich werden diese Fragen in meinem Buch »Wenn der Glaube zum Problem wird« (Brendow Verlag, 2000) besprochen.

Der gläubige Mensch sagt vielleicht auch: »Ich möchte so leben, wie Gott es will.«

In der Gefühls- und Gedankenwelt (links) ist das menschliche Streben nach Glück und Sinn, die Sehnsucht nach einem erfüllten Leben zu finden. Da sind die tiefen Bedürfnisse, Wünsche und Ängste, aber auch die Strebungen und Triebe, die manchmal zum Schatten der Sensibilität werden können.

Doch demgegenüber stehen die Regeln und Grenzen in Familie, Gemeinde und Kultur.[23] Schon das kleine Kind macht die Erfahrung, dass die Mutter Grenzen setzt, dass es nicht alle Bedürfnisse ausleben kann. Später gibt die Schule die Regeln vor. Oftmals stehen sie im Widerspruch zur Sehnsucht nach Glück und Geborgenheit. Der reife Mensch lernt, sich an die Regeln zu halten und seinen eigenen Weg zu finden. Er sucht sich ein Umfeld, das ihm entspricht, und baut darin sein kleines Glück, auch wenn es nicht allen passt.[24]

Mit Spannungen leben lernen

Der reife Mensch lernt auch mit den Enttäuschungen des Lebens umzugehen. Das Leben ist nicht immer gerecht. Auch guten Menschen kann Böses zustoßen. Man kann es nicht immer gut und richtig machen, auch wenn man sich noch so bemüht.

Konflikthaften Menschen hingegen fällt es schwer, mit ungelösten Fragen und Spannungen zu leben. Die Frage nach dem Warum drängt sich oft in einer verzweifelten Macht in Vordergrund, die alle Energie verschlingt, die Leib und Seele in Aufruhr bringt.

Dies kann sich auch auf den Glauben und auf die Gestaltung des persönlichen Lebens auswirken. Doch manchmal muss man Zweifel stehen lassen, ohne sie lösen zu können. Man muss damit leben,

[23] Vgl. die scharfsinnige Analyse von Sigmund Freud in seinem Buch »Das Unbehagen in der Kultur«.
[24] Eine eindrückliche Schilderung dieser Konflikte bei einem jungen jüdischen Künstler gibt Chaim Potok (1972/2000) in seinem ergreifenden Roman »Mein Name ist Asher Lev«.

dass man persönliche Bedürfnisse und Impulse verspürt, die den herrschenden Regeln oder der Lebensrealität zuwiderlaufen.

In ihrer Unsicherheit hängen sich sensible Menschen oft allzu sehr an andere. Gemeinschaft ist wichtig, aber sie birgt auch Gefahren: Wenn man feinfühlig ist, dann spürt man so viele verborgene Botschaften. Sensible Menschen können oft nicht mit dem Gefühl leben, dass sie es nicht allen recht machen können. In ihrem Harmoniestreben versuchen sie, »die Dinge in Ordnung zu bringen«, aber das kostet so viel Kraft.

Werden einzelne Mitchristen allzu dominant, so besteht die Gefahr einer Vereinnahmung, die auch als »geistlicher Missbrauch« beschrieben wird.[25] Gerade in Kirchen und Gemeinschaften mit starken Glaubensüberzeugungen und rigiden Strukturen kann dann der Glaube zur Last werden.

In der Musik findet sich eine Parallele zum Glaubensleben. Musik kann heilen. Ein jeder hat schon die Erfahrung ihrer wohltuenden, beruhigenden und belebenden Wirkung gemacht. Muss aber ein Kind gegen seinen Willen oder ohne Begabung ein Instrument erlernen, so wird ihm das fruchtlose Bemühen zum Albtraum. Disziplin und Zwang zerstören den Genuss, und die Musik wird zum lebensfeindlichen Element.

Es überrascht deshalb nicht, dass gerade sensible Menschen zwar einen tiefen Glauben haben, aber Mühe mit der etablierten Kirche bekunden. Immer wieder höre ich von Betroffenen: »Gott ist mir wichtig, und ich habe ganz tiefe Erfahrungen mit ihm gemacht. Aber die Gemeinde wird mir zu anstrengend. Ich brauche ein Time-out. Ich möchte eine Form finden, in der ich meinen Glauben ohne diesen engen Rahmen leben kann.«

Gottesbeziehung und Therapie

Wie begegnet man solchen Menschen in der Therapie? Wie findet man einen Weg, die eigene Gottesbeziehung einzubringen, ohne sie dem sensiblen Gegenüber aufzudrängen? Eine Ärztin hat

25 Vgl. Johnson & Van Vonderen 1996.

einmal einige sehr wertvolle Gedanken zu dieser Thematik formuliert. Ich möchte sie hier direkt zu Wort kommen lassen[26]:

»Gott handelt – direkt und durch mich als Therapeutin. Sein Wirken durch mich geschieht, indem ich einerseits meine Gottesbeziehung lebe und andererseits meine Patienten teilhaben lasse an meinem Wissen, an dem, was ich von Gott erkannt habe.

Zum großen Teil geschieht es lediglich zwischen Gott und mir und wird in den Therapiegesprächen nicht aufgenommen. Ich lasse meine Patienten teilhaben an meiner Gottesbeziehung, indem ich mit Gott über sie spreche. Klagend, bittend, hörend sitze ich bei Gott. Aus dieser Gemeinschaft fließen Kraft zum Mit-Aushalten, Hoffnung auf Veränderung des Zustandes, Geborgenheit im Wissen um die Präsenz Gottes.

Manchmal formieren sich auch Ideen möglicher therapeutischer Wege, neue Gedanken über bisher Unbeachtetes. Meine Erfahrung ist, dass nicht nur ich bereichert und gestärkt werde dabei, sondern dass sich die Effekte meiner Gebetszeiten auch in die späteren Therapiestunden hinein ausdehnen. Aus dem schweigenden Mitleiden fließt für den Patienten Kraft zum Weitergehen, meine Hoffnung überträgt sich auf den Betroffenen und entzündet Licht, gibt neue Perspektive. Fragend formulierte Ideen und Gedanken erweisen sich als bedeutungsvoll für die Situation und bringen weiter. Nicht immer so klar zu verfolgen und nachzuweisen, aber doch punktuell deutlich zeichnet sich Gottes handelnde Gegenwart ab.

Teilweise wird Gott explizit im Gespräch zum Thema. Ich lasse die Patienten auch hier teilhaben an meinem Wissen über Gott. Zu Fragen nach dem Sinn des Lebens, nach Umgang mit eigenem und fremdem Leid oder direkt zu Fragen nach Gott nehme ich Stellung. Ich drücke meine persönliche Glaubensüberzeugung aus und deklariere sie auch als solche. Ich bin immer wieder erstaunt, wie dankbar und offen dies aufgenommen wird. Nicht selten kommt es vor, dass Patienten Monate später auf ein derartiges Gespräch zurückkommen. Dabei wird spürbar, dass etwas ausgelöst und verändert wurde, dass nach und nach eine neue Dimension im Leben dieser Menschen entsteht.«

[26] M. Wälchli: Wie begleite ich einen psychisch kranken Menschen in die persönliche Gottesbeziehung?, unveröffentlichte Arbeit, 2001

Hilfen für Menschen, die an ihrem Glauben leiden

Immer wieder werde ich gefragt: Was raten Sie Betroffenen und Christen, die solche Menschen seelsorgerlich begleiten? Hier sind einige Hinweise, die hilfreich sein können:

Erstens: Nehmen Sie sich Zeit für ein »geistliches Tagebuch«: Notieren Sie Worte der Bibel und Worte der Weisheit, die Sie berühren. Vielleicht gibt es Erfahrungen der Nähe Gottes oder des geistlichen Kampfes. Oder da sind Träume, die Ihnen nachgehen und Sie bewegen, auch wenn Sie sie noch nicht richtig verstehen. Vielleicht wird Ihnen ein Gebet geschenkt, ein Staunen über Gottes Schönheit oder auch ein Schrei aus der Tiefe. Notieren Sie all die kleinen Wunder und seltsamen »Zufälle«, die das Leben mit sich bringt, und entwickeln Sie bewusste Dankbarkeit.

Ein Zweites: Lernen Sie sich selbst besser kennen! Versuchen Sie, Ihre Glaubensfragen auf dem Hintergrund Ihrer persönlichen Erfahrungen und Ihrer Reaktionsweisen besser zu verstehen. Lernen Sie zu unterscheiden zwischen dem Bild Gottes, das die Bibel zeichnet, und dem Bild, das Sie sich von Gott machen! Wo sind Verzerrungen? Wo wird das Gottesbild durch Menschen und durch frühere Verletzungen geprägt?

Drittens: Lernen Sie mit Schwachheit und Unvollkommenheit zu leben. Erwarten Sie nicht zu viel von sich und anderen. Lernen Sie sich mit Ihrer Sensibilität anzunehmen und die guten Seiten Ihrer Feinfühligkeit zu sehen. Jesus ist selbst zum Modell der Schwachheit geworden. Gerade deshalb kann er die Schwachheit der Menschen so gut verstehen[27], ja er kann sogar »mitfühlen mit denen, die unwissend sind und irren, weil er auch selber Schwachheit an sich trägt«.[28] Er kann mitfühlen, auch wenn Sie nicht immer die Antwort haben oder wenn Ängste Sie daran hindern, den Weg so gradlinig zu gehen, wie Sie sich das wünschen würden.

Viertens: Entwickeln Sie eine Gottesbeziehung, in der Sie nicht zu sehr von anderen Menschen abhängig sind.[29] Denken Sie daran, dass kein Mensch ihnen letzte Gewissheit und Sicherheit

[27] Hebräer 4,15–16
[28] Hebräer 5,2
[29] Geistlicher Missbrauch betrifft oft sensible Menschen, vgl. Blue 1997.

im Glauben geben kann. Die Gemeinschaft mit anderen Menschen ist wichtig, aber oft redet Gott eindringlicher in der Stille eines taufrischen Morgens als in einer Predigt mit vielen Worten.

Wir können Gott nicht einspannen für unsere Zwecke. Oft gibt es Zeiten, wo wir ihn gar nicht verstehen, wo wir fragen: »Wo warst du Gott, als ich zu dir schrie?« Als sensibler Mensch in einer anstrengenden Umwelt an Gott festhalten, das ist nicht immer leicht. Aber dann gibt es auch die Momente, wo er so nahe und greifbar ist, dass man noch lange davon zehrt. Der folgende Segen ist mein Wunsch an Sie:

Der gütige Gott sei vor dir,
um dir den rechten Weg zu zeigen.
Er sei neben dir, um dich in die Arme zu schließen und
dich zu schützen.
Er sei hinter dir, um dich zu bewahren vor aller Heimtücke.
Er sei unter dir, um dich aufzufangen, wenn du fällst.
Er sei in dir, um dich zu trösten, wenn du traurig bist.
Er sei um dich herum, um dich zu verteidigen vor dem Überfall.
Er sei über dir, um dich zu segnen.
So segne dich der gütige Gott.

Kapitel 15

Sich schützen und sich Gutes tun –
Wege zum Umgang mit Sensibilität

Wie können sensible Menschen in einer hektischen und fordernden Welt überleben? Wie können sie ihren seelischen Reichtum einbringen, ohne an den Folgen ihrer übermäßigen Sensibilität zu zerbrechen? Wie können sie Anteil nehmen am Erleben anderer Menschen, ohne sich in ihrem Leiden zu verlieren? Wie können sie sich in eine Beziehung eingeben, ohne sich zu überfordern? Wie können sie ihr Innenleben genießen, ohne sich völlig in ihr Schneckenhaus zurückzuziehen?

Schutz – Pflege – Balance

Wie sensible Seele hat eine empfindliche Haut, manchmal im wörtlichen Sinne, und noch viel öfter im übertragenen seelischen Sinne. Haben Sie schon einmal die Werbung für Hautpflegemittel gelesen? Immer wieder kommen einem da drei Begriffe entgegen: Schutz, Pflege und Balance.

Was können wir daraus für den Umgang mit seelischer Sensibilität lernen? *Schutz* vor Sonnenlicht und Putzmitteln – was bedeutet das für die Seele? Wie können sich sensible Menschen schützen vor der Hitze des Alltags und den ätzenden Bemerkungen der Umwelt? *Pflege* von spröder Haut und juckenden Ekzemen, von Druckstellen und Hühneraugen: Wie können sie ihre wunden Stellen pflegen und wieder belastungsfähig machen? *Balance*: Wie findet man das richtige Gleichgewicht zwischen Aktivität und Rückzug, zwischen Schonung und Verantwortung?

In meiner Suche nach Wegen zum Umgang mit Sensibilität habe ich die folgenden Grundsätze gefunden, die sich als hilfreich erwiesen haben[1]:

1. Finden Sie die Balance zwischen Überaktivität und Rückzug!
2. Lernen Sie die eigene Körpersprache zu verstehen!
3. Bejahen Sie die Grenzen Ihrer Sensibilität!
4. Nehmen Sie nicht alles persönlich!
5. Gönnen Sie sich Zeit und Ruhe für sich selbst!
6. Übernehmen Sie nicht zu viel Verantwortung!
7. Erklären Sie andern Ihre besondere Empfindlichkeit!
8. Erkennen Sie Ihren Schatten und arbeiten Sie an Ihren Schwächen!

1. Zurückgezogen oder überaktiv?

Es gibt zwei Arten, wie Menschen mit ihrer Sensibilität umgehen: Die einen ziehen sich in ihr Schneckenhaus zurück, die andern aber sind unruhig, überaktiv und angespannt wie ein Pfeilbogen.[2] Die einen sind zu viel drinnen, die andern zu viel draußen. Die einen schützen sich übermäßig, die andern überfordern sich. Manchmal kommt es auch zu einem Muster, das zwischen den beiden Extremen hin- und herschwingt.

Fragen Sie einmal Ihre Eltern, wie Sie als Baby und als kleines Kind waren. Oft erfahren Sie daraus viel über Ihren späteren Lebensstil: »Weit offene interessierte Augen – ein Schreibaby – nichts war vor ihm sicher – schwierig – hat nie geschlafen – kränklich – rasch müde – so brav, ich kann mich gar nicht erinnern

---

[1] Ich bin folgenden Frauen besonders dankbar für ihre Anregungen: meiner Frau Annemarie Pfeifer sowie Kathrin Ledermann, die beide einen Artikel über Sensibilität in der Frauenzeitschrift »Lydia« veröffentlicht haben, und der Autorin Elaine Aron, deren Bücher (1996 und 2000) bisher nur auf Englisch verfügbar sind.
[2] Elaine Aron macht den Unterschied zwischen »too much in« und »too much out«, vgl. Aron 1996, S. 47 ff.

– hat viel gelächelt – spielte stillvergnügt für sich allein – ängstlich – ständig am Rockzipfel.« Oft erkennen Sie aus diesen Beschreibungen etwas von dem, wie Sie sich heute dem Leben stellen.

Die stillen Sensiblen haben den Eindruck, sie seien zu verletzlich und könnten in der Welt draußen gar nicht überleben. Oft fühlen sie sich in ihrer Schüchternheit minderwertig. Aber man kann auch den Innenraum gut einrichten: Ich habe viele Menschen kennen gelernt, die gerade in ihrer stillen Art einen tiefen seelischen Reichtum bergen, einen Frieden ausstrahlen und tiefe Weisheit vermitteln. Es sind oft diese stillen Frauen, die ihren Kindern den Raum bieten, in dem sie sich entwickeln können, um später aus diesem Frieden heraus in die Welt zu gehen.

Die andere Gruppe, die überaktiven Sensiblen, wirken in ihrer Betriebsamkeit vordergründig stark. Da ist so vieles, was sie bewegt. »Ich habe so viele gute Ideen. Ich spüre, dass ich damit ankomme.« Manchmal kämpfen sie mit aller Kraft gegen das Gefühl der Schwachheit an, wollen sich überwinden, es sich selbst und den andern zeigen.[3] Manche putschen sich mit Kaffee und Medikamenten auf, um voll dabei zu sein. Gerade bei Schauspielern und Medienschaffenden ist diese Kombination von Sensibilität und aufgeputschter Quirligkeit häufig. Doch irgendwann macht der Körper nicht mehr mit. »Ich kann nachts nicht mehr abschalten. Es dreht einfach weiter, aber ich bin nicht mehr kreativ. Und wenn ich fast eingeschlafen bin, dann klopft mein Herz so laut, dass ich davon wieder erwache.«

Welcher Typ sind Sie – zu viel nach außen oder zu sehr nach innen gewandt? Haben Sie schon einen Ausgleich gefunden? Mit Sensibilität umzugehen, bedeutet als erstes sein Muster zu erkennen und die Balance zwischen Rückzug und übermäßiger Aktivität zu finden.

---

[3] Diese Reaktionsweise nennt man auch »Überkompensieren«.

2. Die eigene Körpersprache verstehen

Verstehen Sie Ihre Körpersprache? Kennen Sie die Symptome, die auf Stress hindeuten, die als Alarmzeichen eine seelische Überforderung signalisieren? Äußerlich möchten Sie vielleicht eine starke Erwachsene sein, Verantwortung übernehmen und durchhalten.

Aber das sensible innere Kind reagiert viel feiner auf Anforderungen und Belastungen. Mit der Zeit entstehen dann die Zeichen von Dauerstress: Verdauungsprobleme, Muskelverspannungen, ständige Müdigkeit, Schlafstörungen, Migräne oder ein empfindlicheres Immunsystem, das uns anfällig macht für Erkältungen und Grippe.

Nehmen Sie deshalb das »Kribbeln im Bauch« ernst! Hören Sie auf das Pochen Ihres Herzens und das Klingen in den Ohren! Diese vegetativen Symptome sind feine Warnzeichen, die Grenzen anzeigen – oft lange, bevor es Ihr Kopf zugeben will!

3. Ein Ja zu unseren Grenzen

Ein Ja zu finden zu den eigenen Grenzen – das ist gar nicht so einfach. »Ich möchte so gerne mithalten mit den andern. Aber ich brauche einfach mehr Ruhe. Ich kann nicht dauernd auf Achse sein. Aber verliere ich damit nicht den Anschluss an die andern?«

Was haben Sie für ein Bild von sich selbst? Was macht Ihr Leben erfolgreich? Was wollen Sie erreichen? Wie würden Sie den Satz weiterführen: »Ich fühle mich wertvoll, wenn …«, oder: »Ich fühle mich liebenswert, wenn …«?

Wenn der Körper Ihnen in seiner Sensibilität Grenzen setzt, dann kommt die Angst hoch: »Ich bin nicht wertvoll; ich verliere die Liebe der andern, wenn ich schwach bin.«

Aber: Woher kommen denn diese Forderungen? Wer jagt uns denn? Nicht immer sind es die Ansprüche von außen. Es ist manchmal auch »der innere Antreiber«, der uns einflüstert: »Du solltest doch; du musst noch; man macht doch …« Müssen wir denn immer diesen Einflüsterungen gehorchen? Müssen wir dem inneren Kameltreiber so viel Macht einräumen?

Gestehen Sie sich ein, dass Sie Grenzen haben, dass Sie mehr Ruhe brauchen als andere, dass Sie Zeiten einplanen müssen, wo Sie wieder auftanken können. Vergleichen Sie Ihre Kräfte nicht mit denen anderer. »Oft vergleicht man sich dann mit den Anderen, so viel Stärkeren und könnte verzweifeln. Doch was würde mit unserer Welt geschehen, wenn alle Menschen nur durchsetzungsfähig, dickhäutig oder leistungsorientiert wären? Die zarten Zwischentöne, das feinfühlige Eingehen auf den andern gingen verloren. Gott hat Sie als sensiblen Menschen mit ganz wichtigen Gaben ausgestattet. Freuen Sie sich bewusst daran! Begabung und Verletzlichkeit sind sehr oft wie siamesische Zwillinge, die nur gemeinsam existieren können. Diese Verbindung ermöglicht Sternstunden, verursacht aber auch Enttäuschung und Schmerz«. [4]

»Begabung und Verletztlichkeit sind oft wie zwei siamesische Zwillinge, die nur gemeinsam existieren können. Diese Verbindung ermöglicht Sternstunden, verursacht aber auch Enttäuschung und Schmerz.«

A. PFEIFER

Hüten Sie sich vor dem Schwarz-weiß-Schema: »Ich tue ja gar nichts, ich bin nichts wert!« Viel eher könnten Sie sich sagen: »Ich mache einiges, aber nicht so viel wie andere. Ich muss mich nicht mit den Starken vergleichen. Ich darf mich zurückziehen, wenn es mir zu viel wird.«

Aus dieser Gelassenheit kann zunehmende innere und äußere Stärke wachsen. Man kann lernen, sich stufenweise in eine Anstrengung einzugeben, aber mit »Sicherungsleine«[5] – z.B. eine Reise planen, aber genügend Ruhetage vorsehen; einen Kurs besuchen, aber dafür andere Aktivitäten zurückstellen; ein Familienfest organisieren, aber nicht alles selber machen.

Was blühen soll, braucht Schutz. Haben Sie schon einmal überlegt, warum die Menschen einen Zaun um ihren Garten bauen?

[4] A. Pfeifer in der Frauenzeitschrift Lydia 1/2000.
[5] In der Fachsprache spricht man von »selektiver Exposition«.

Grenzen geben Sicherheit. Sie stecken einen Raum ab, in den nicht jeder eindringen darf, wo nicht irgendein streunender Hund die zarten Pflanzen zertreten kann. Der Blumengarten ist zwar abgegrenzt, aber innerhalb des Zaunes umso schöner gepflegt. Wer ein Ja zu seinen Grenzen findet, erlebt gerade in dieser Einschränkung einen neuen überschaubaren Raum, in dem Duft und Farbe des Lebens sich entfalten können.

4. Nehmen Sie nicht alles persönlich

»Mir kommt alles so nah«, schreibt eine Frau. »Die großen Nöte und Katastrophen dieser Welt lassen mich unendlich verzagt und verängstigt sein. Ich versuche schon lange allen Schreckensmeldungen aus dem Wege zu gehen, doch manchmal warten sie förmlich auf mich und überfallen mich dann umso heftiger.«

»Herr, lehre mich schweigen. In mir ist so viel Lärm. Meine Gedanken sind verwirrt von der Unruhe des Tages. Bilder bedrängen mich; Nachrichten und Auseinandersetzungen zerstreuen meine Kräfte. Herr, lehre mich Abstand gewinnen von den Dingen, die wichtig scheinen, es aber nicht sind. Gib mir Teil an deiner Ruhe, schon heute.«[6]

Mit ihren hochempfindlichen Antennen nehmen sensible Menschen die Gefühle anderer Menschen in einer Intensität wahr, die sie zutiefst verunsichert und bewegt. Wie kann man sich dagegen schützen? Vielleicht ist es allein schon gut zu wissen, dass man diese Gefühle nicht allzu persönlich nehmen darf. Das bedeutet nicht, die Augen vor den Problemen der Welt zu verschließen. Nur wer Prioritäten setzt, kann auch seine Kräfte gezielt einsetzen. Wehren Sie sich gegen die ständige Informationsflut, die uns durch Radio und Fernsehen, durch Schlagzeilen und Bilder anschreit und unsere Aufmerksamkeit zu erheischen sucht. Die Welt dreht sich weiter, auch wenn Sie nicht alle Katastrophen rund um den Globus live mit verfolgen.

[6] aus: Tägliche Losungen, 1. Juni 2001

Da ist aber noch ein Zweites im Gefühlsleben sensibler Menschen: Sie neigen dazu, ihre eigenen Gefühle auf andere zu übertragen. Wenn sie sich in einer Gruppe angespannt und unwohl fühlen, fragen sie sich, was die andern wohl gegen sie haben. Dabei ist es schlicht die eigene seelische Unruhe in einer neuen Situation – sie hat vielfach gar nichts zu tun mit den Gefühlen der andern. Die innere Konflikthaftigkeit führt dazu, dass sensible Menschen sich ständig für Dinge entschuldigen, die andere gar nicht gemerkt haben. Sie machen aus der kleinsten Meinungsverschiedenheit einen Konflikt, der dann grundsätzlich besprochen werden muss, um »die Beziehung zu bereinigen«.

»Wenn ich meine Empfindungen nicht ausgesprochen habe, dann kann ich meinen Kolleginnen nicht mehr offen begegnen. Ich meine dann, es steht etwas zwischen uns.« Doch das übersensible Bedürfnis nach Harmonie wird zum Bumerang für die Beziehung. Die Sensiblen werden als »kompliziert« und »schwierig« erlebt, was erst recht zu Spannungen führt.

Deshalb lautet mein Rat: Denken Sie daran, dass Ihre übersensible Antenne oft so »ausgefahren« ist, dass sie das harmlose Hintergrundrauschen schon als Alarmsignal für eine gestörte Beziehung wahrnehmen. Fehlalarm und dauernde Beziehungsgespräche belasten Beziehungen und führen doch nicht zum Ziel. Nehmen Sie nicht alles persönlich, und übertragen Sie nicht die eigenen Gefühle auf andere Menschen!

5. Schlafen und Ruhen

Jeder Mensch braucht Ruhe, die einen mehr, die anderen weniger. Sensible Menschen haben ein erhöhtes Bedürfnis nach Zeit und Ruhe für sich selbst. Wenn sie in ein Schlafdefizit hineingeraten, dann wirkt sich das fatal aus: Die Belastbarkeit sinkt und kann in eine chronische Erschöpfung münden. Darum ist es für sensible Menschen wichtig, sich genügend Zeit zum Schlafen zu nehmen. Manchmal ist es sogar notwendig, Ferien einzuplanen, in denen man einfach einmal nachschlafen kann, bis »die Batterien wieder aufgeladen sind«.

Sensible Menschen haben mehr Mühe mit Schichtarbeit, aber auch mit Reisen über die Zeitzonen hinweg. Sie strapazieren damit ihre innere Uhr, die so wichtig ist für ein ausgewogenes Seelenleben. Ein wichtiger Rat lautet deshalb: Respektieren Sie Ihren biologischen Rhythmus und nehmen Sie sich Zeit zum Schlafen, wenn Sie müde werden. Wenn Sie ein Morgenmensch sind, dann gehen Sie abends rechtzeitig schlafen. Wenn Sie eher ein Nachtmensch sind (wie viele Künstler), dann erlauben Sie sich, am Morgen auszuschlafen, wenn Sie können. Nicht wenige sensible Menschen brauchen mehr als acht Stunden Schlaf. Und vielleicht ist es manchmal gut, sich auch während des Tages für einige Minuten zurückzuziehen und die Augen zu schließen, um in der Hektik wieder zur Ruhe zu kommen.

Ruhe ist nicht immer Schlaf. Oft bedeutet es, sich zu lösen von den drängenden Aufgaben des Alltags. »Alles hat seine Zeit«, sagte schon der weise König Salomo[7], und selbst Jesus stand nicht rastlos im Einsatz. Manchmal sandte er seine Jünger bewusst in die Stille: »Geht ihr allein an eine einsame Stätte und ruht ein wenig. Denn es waren viele, die kamen und gingen, und sie hatten nicht Zeit genug zum Essen. Und sie fuhren in einem Boot an eine einsame Stätte für sich allein.«[8]

Dieser einsame Ort der Ruhe ist für jeden Menschen etwas anders. Vielleicht reicht es, am Arbeitsplatz für einige Minuten in die kahlen Wände des WCs zu flüchten, bis sich die aufgewühlten Gefühle wieder beruhigt haben. Vielleicht haben Sie einen Lieblingsweg durch den Wald oder über weite Wiesen, wo Sie in der Beschaulichkeit der Natur auch Ihre innere Ruhe wiederfinden, wo Sie mit Gott und mit sich selbst reden können. Andere suchen die andächtige Stille im Halbdunkel einer Kirche, wo sich die Sonnenstrahlen in den farbigen Fenstern brechen und bunte Muster auf die Wände malen.

Ruhe kann bedeuten, sich daheim in den sicheren vier Wänden bequem hinzulegen und ein spannendes Buch zu lesen oder gemächlich im Garten zu arbeiten. Ruhe kann bedeuten, sich ein gutes Essen zuzubereiten und es mit Genuss und ohne Hetze zu

[7] Prediger 3,1–8
[8] Markus 6,31–32

genießen. Denken Sie auch daran, sich genügend Zeit zu nehmen, ihren Tag zu verarbeiten, die Gedanken zu sammeln und ihre Sorgen bei Gott abzulegen.[9]

Es gibt unzählige Orte der Ruhe und des Rückzugs. Welches ist Ihr Lieblingsort und Ihre Methode des Ausspannens? Gönnen Sie sich Zeit, sich auszuklinken aus der Hektik des Lebens und still zu werden!

6. Muss ich immer helfen?

Ruhen bedeutet auch, sich zu lösen von übermäßiger Gewissenhaftigkeit und von Perfektionismus. Sensible Menschen neigen oft dazu, sich zu viel Verantwortung aufzubürden. Wenn sie eine Beziehung eingehen, dann sollte sie rundum und in jeder Hinsicht stimmen. Wenn eine Not an sie herangetragen wird, dann fühlen sie sich moralisch verpflichtet zu helfen.

Gerade Frauen in den mittleren Jahren, die zwischen ihren heranwachsenden Kindern und den zunehmend betagten Eltern stehen, leiden oft an dem Gefühl, für alles verantwortlich zu sein: für den Schulerfolg der Kinder, für die einfühlsame Betreuung der Eltern und für das Glück des Ehemannes. In meiner ärztlichen Tätigkeit begegne ich immer wieder Menschen, die daran zerbrechen, dass sie keine Grenzen setzen. Sie geben immer nach, sagen nie Nein und überfordern sich schließlich in einem Maße, das zum Ausbrennen führt.

Eine Frau schreibt: »*Traurige, deprimierte Menschen lassen mich nicht mehr los, ich leide darunter, dass es den Menschen, die ich liebe, nicht gut geht, dass ich nicht alles für sie wenden und zum Guten verändern kann.*« Gläubige Menschen fragen sich oft, ob man sich denn der Not anderer Menschen verschließen dürfe. Ist es nicht ein Gebot der Nächstenliebe, sich einzusetzen für benachteiligte und leidende Mitmenschen?

---

[9] Eine kürzlich veröffentlichte psychologische Studie hat gezeigt, dass bewusstes Ablegen von Sorgen bei Gott eine wichtige Bewältigungsstrategie sein kann, vgl. Wong-McDonald & Gorsuch 2000.

Aber es gibt selbst in der Bibel Situationen, wo nur ein Nein die richtige Antwort war. Ich bin beeindruckt von dem Selbstbewusstsein der fünf klugen Brautmädchen im Gleichnis, das Jesus einst erzählte. Als Mitternacht herannaht, kommen die fünf »törichten« Mädchen zu ihnen und betteln um Öl für ihre Lampen, die dem Verlöschen nahe sind. Wäre das nicht eine hervorragende Gelegenheit gewesen, ihnen etwas von der Großmut Gottes zu zeigen? Die Antwort überrascht mich immer wieder. Sie beginnt mit einem klaren Nein: »Nein, sonst würde es für uns und euch nicht genug sein; geht aber zum Kaufmann und kauft für euch selbst.«[10]

Wer sich also übermäßig verausgabt, der hat keine Energie mehr zum Helfen und keine Kraft mehr für sich selbst. Überprüfen Sie deshalb sorgfältig, wie viel Sie von Ihrem Öl, von Ihrem »Lebenssaft«, abgeben, oder im Klartext, wie weit Ihre Verantwortung geht.[11] Wir können und müssen den anderen nicht alle Lasten abnehmen. Unsere Eltern müssen zu einem Teil selbst mit den Bürden des Alters fertig werden. Unsere Kinder müssen mit zunehmendem Alter selbst für ihr Verhalten gerade stehen. Sie dürfen zu Ihren begrenzten Kräften stehen.

7. Erklären Sie anderen Ihre besondere Empfindsamkeit

Wer sich so deutlich abgrenzt, der wird nicht immer verstanden. Viele sensible Menschen stehen im Spannungsfeld zwischen ihren Grenzen und dem Wunsch, gute Beziehungen zu pflegen. Besuche zu empfangen ist für sie nicht eitel Freude, sondern häufig eine Last. Sie wollen andere nicht vor den Kopf stoßen, aber sie haben nicht die Kraft, sich natürlich und unbeschwert einzubringen.

Dies wirkt sich besonders deutlich in einer Paarbeziehung aus.[12] Wenn eine sensible Frau mit einem unternehmungslustigen

---

[10] Matthäus 25,9

[11] Ein hilfreiches Buch zum Thema stammt von dem holländischen Psychologen Van der Voet 1995.

[12] Elaine Aron (2000) hat dazu ein spezielles Buch geschrieben: »The Highly Sensitive Person in Love«.

und robusten Mann verheiratet ist, dann muss er auf vieles verzichten. Manches, was andere Paare gemeinsam machen, ist ihnen nicht möglich, etwa eine anstrengende Bergwanderung durch die Alpen, eine längere Reise in die Ferne oder auch nur schon ein gemeinsamer Kinobesuch, der für sie eine Reizüberflutung darstellen würde.

Aber auch sie muss vielleicht verzichten: Er kann sich nicht einfühlen in ihr tiefes Empfinden von Poesie, kann Musik nicht so erleben wie sie, hat keinen Sinn dafür, einfach ruhig dazusitzen und den Abend zu genießen, ohne etwas zu tun oder den Fernseher laufen zu lassen.

Wie kann man mit diesem Spannungsfeld umgehen? Nun, da ist zuerst einmal die *Liebe.* Zwei Menschen haben zusammengefunden und sich versprochen, den Weg gemeinsam zu gehen. Auch wenn viel über die steigenden Scheidungsraten geklagt wird, bin ich immer wieder bewegt, wie Männer und Frauen zu ihrem sensiblen Partner halten[13] und als liebevoll und unterstützend erlebt werden. Vielleicht löst gerade die Schwachheit einen Schutzreflex aus und wirkt auf den andern auch anziehend.

Wichtig scheint mir aber, dass der nicht-sensible[14] Mann etwas davon versteht, wie sich Sensibilität im Leben seiner Frau auswirkt. Zweisamkeit kann viele erfüllende Formen annehmen. Sensible Menschen brauchen oft mehr Zeit für sich; sie sind allein schon glücklich, wenn der andere da ist, ohne dass sie ständig etwas miteinander tun müssen.

Beide Partner müssen sich eingestehen, dass es Dinge gibt, die sie gut miteinander machen können, aber dass es auch Dinge gibt, die man lieber allein oder mit Freunden unternimmt. Hier ist es wichtig, dass die sensible Person ihrem Partner auch eine gewisse Freiheit zugesteht. Auf der anderen Seite können sensible Menschen auch versuchen, ihrem Partner entgegenzukommen. Wenn er gerne ein Fußballspiel sieht, kann sie vielleicht einmal mitgehen, in der Handtasche einen Ohrenschutz…

[13] In einer Untersuchung über die Auswirkung von Panikstörungen wurde sogar explizit festgehalten, dass die Partner der Betroffenen sehr verständnisvoll und unterstützend erlebt werden; vgl. Shear 1993.

[14] Damit meine ich nicht, jemand sei unsensibel – er oder sie ist nur nicht im gleichen Maße von Sensibilität betroffen.

Wenn man seine Grenzen klar macht und sich in ihnen einrichtet, dann gibt es viel weniger Missverständnisse und Enttäuschungen. Die Beziehung gelingt besser und verursacht weniger Stress. Ähnlich muss man vielleicht auch Freunden erklären, warum man nicht so viel mit ihnen unternehmen kann. Eine Frau schrieb einmal an ihren Freundeskreis: »*Seit meinem Schleudertrauma vor drei Jahren habe ich viel weniger Kraft als früher. Ich pflege kaum Beziehungen nach außen, nicht weil mich die Menschen nicht interessieren oder mir das Leben um mich herum gleichgültig ist; nein, ich benötige meine vorhandenen Kräfte für mich, meinen Alltag, die Betreuung unserer kleinen Tochter und das Zusammenleben mit meinem Mann. Ich bin immer noch sehr auf Ruhe und Erholung angewiesen.*«

Es ist natürlich, dass Beziehungen so weniger gepflegt werden können und sich der Freundeskreis stark verkleinert. *Aber es ist gut, wenn die anderen besser verstehen*, dass das Verhalten der sensiblen Person nicht gegen sie gerichtet ist.

8. Erkennen Sie Ihren Schatten und arbeiten Sie an Ihren Schwächen

Wo Licht ist, da ist auch Schatten. Selbst sensible Menschen spüren immer wieder schmerzlich, dass es in ihnen nicht nur gute Strebungen gibt, sondern dass »etwas anderes« ihr Leben bestimmt.[15] Es war C. G. Jung, der treffend auf den *Schatten* im Leben eines jeden Menschen hingewiesen hat.

Der Schatten, das kann eine Schwäche sein, mit der man leben muss. Der Schatten kann aber auch ein Reaktionsmuster sein, das der Person selbst und den Menschen im Umfeld das Leben schwer macht – Eigensinn, Eifersucht, Abhängigkeit, Nörgelei, nachtragender Groll, ein übermäßiges Drehen um sich selbst.

Wer in einer reifen Balance lebt, der wird sich nicht einfach mit seiner Sensibilität entschuldigen. Und doch kann die seelische Verletzlichkeit Wunden aufbrechen lassen, aus denen sich unschö-

---

[15] Selbst der Apostel Paulus beklagt »das andere Gesetz«, das im Kampf mit seinem Geist liegt; vgl. Römer 7,23.

ne Reaktionen ergeben. *Oft sind es gerade verletzte Menschen, die andere verletzen.* »Ich konnte mich einfach nicht mehr anders wehren! Die Worte sprudelten nur so aus mir heraus!« Erst rückblickend sieht man, was durch unbedachte Worte oder Taten in Scherben gegangen ist.

Derartige Ereignisse können Anlass sein, innezuhalten und sich zu fragen, wo Änderungen nötig sind. »Warum werde ich so gereizt und unausstehlich? Wo mache ich mich zu abhängig von andern? Wo mache ich andern Vorwürfe?«

Sind es wirklich nur die »schwierigen anderen«? Oder ist einfach zu viel zusammengekommen, und Sie haben keine Kraft mehr? Haben Sie sich vielleicht selbst zu viel abverlangt, verzweifelt an einer Aufgabe festgehalten, obwohl sie tief drinnen spürten, dass sie Ihnen über den Kopf wuchs? Haben Sie genug Schlaf und ausreichende Ruhezeiten? Oder hat Alkohol in Ihr Fehlverhalten hineingespielt? Bedenken Sie, dass Alkohol nicht nur beruhigt. Oft wird die Willenskontrolle geschwächt, und es kommt zu Worten und Tätlichkeiten, die man später bitter bereut.

Manchmal sind negative Gefühle und brüske Reaktionen auch ein Warnsignal, dass eine Beziehung zu anstrengend ist. Dabei stellt sich einmal mehr die Frage: Muss ich mit allen gut auskommen? Soll ich immer Zeit investieren, auch wenn von den andern gar nicht so viel zurückkommt?

> *»Menschen, die Gottes Freude kennen gelernt haben, leugnen nicht die Finsternis, aber sie wollen nicht darin leben. Sie behaupten, dem Licht, das in der Finsternis leuchtet, könne mehr vertraut werden als der Finsternis, und eine Spur von Licht könne einen Haufen Finsternis vertreiben. Sie zeigen einander, wo hier oder dort Licht aufleuchtet, und erinnern einander, dass sie die verborgene, aber wirkliche Gegenwart Gottes aufscheinen lassen.«*
>
> HENRI J. M. NOUWEN[16]

[16] Nouwen 1991, S. 139

Anders ist es natürlich in der Ehe: Hier sind verletzende Reaktionen ein Beweggrund, wieder neu miteinander zu reden und Wege für ein erfülltes gemeinsames Leben zu finden.

Es wäre falsch, nur im Analysieren des Schattens stehen zu bleiben. Eine Krise, in der die dunkle Seite der Sensibilität durchgebrochen ist, kann dazu führen, Beziehungen neu zu ordnen und um Verzeihung zu bitten. Es ist immer eine besondere Gnade, wenn man nach dem Versagen wieder auf den andern zugehen kann und, um es mit den Worten Henri Nouwens zu sagen, »entdeckt, dass es Menschen gibt, die sich gegenseitig Wunden heilen«.

Was bringen Medikamente?

Sensible Menschen können außerordentlich empfindlich auf Medikamente reagieren. Kleinste Mengen, die bei andern überhaupt nichts bewirken, können bei ihnen schon starke Reaktionen auslösen, etwa Schlaflosigkeit, Ängste, Unruhe oder ein verzweifeltes Bedürfnis, mit seinen Freunden zu telefonieren.

Vielleicht lässt sich dieses Phänomen mit der enormen Grundspannung sensibler Menschen erklären. Ihr vegetatives Nervensystem ist dann explosiv wie eine Pfütze Benzin, die ein kleiner Zündfunke in Flammen aufgehen lässt.

Dasselbe kann auch für das Absetzen eines Medikamentes gelten. Bei sensiblen Menschen sollten Beruhigungsmittel und Antidepressiva ganz vorsichtig, in kleinen Stufen und über eine ausreichend lange Zeit abgebaut werden, will man nicht gravierende Rückschläge in Kauf nehmen.

Bis heute gibt es keine einfache biologische Erklärung für übermäßige Sensibilität. Auch wenn Serotonin und Noradrenalin eine Rolle spielen, bedeutet das noch lange nicht, dass hier der Schlüssel liegt. Bei Depressionen können Medikamente eine echte Verbesserung bringen. Aber nicht alle profitieren davon. Das gleiche Mittel, das der einen Frau wirklich geholfen hat, erzeugt bei einer anderen Patientin nur Nebenwirkungen. Oft muss man sorgfältig ausprobieren, was wirklich hilft.

Sensible Menschen sind nicht immer depressiv im engeren Sinne. Es gibt so viele unterschiedliche Formen einer übermäßigen Sensibilität, von der gehemmten Schüchternheit bis hin zum überreizten vegetativen Nervensystem. Antidepressiva können zu einer Stabilisierung führen, auch wenn keine Depression vorhanden ist. Jedoch braucht es viel Erfahrung, welches Mittel für die einzelne Person sinnvoll ist. Soll die Stimmung aufgehellt und der Antrieb gesteigert werden? Dann besteht allerdings auch die Gefahr, dass der Schlaf oberflächlicher wird oder die Verdauung beschleunigt wird. Wählt man ein eher beruhigendes Medikament, so kann das Gefühl einer unerwünschten Dämpfung auftreten. Die Beipackzettel der einzelnen Mittel enthalten zudem eine schier unübersehbare Liste von möglichen weiteren Nebenwirkungen. Meist gewöhnt sich der Körper nach kurzer Zeit daran, sodass die Nebenwirkungen schnell nachlassen.

Weil die Verschreibungsgewohnheiten der Ärzte sich laufend verändern und fast jedes Jahr neue Mittel auf den Markt kommen, verzichte ich hier bewusst auf Details. Bei ausgeprägten depressiven Verstimmungen und Ängsten empfehle ich dringend einen Versuch mit einem antidepressiv wirkenden Medikament.

Sehr hilfreich können *Medikamente bei akuten Krisen* sein. Hier haben sich Beruhigungsmittel vom Benzodiazepin-Typ[17] sehr bewährt. Weil sie aber das Risiko einer Abhängigkeit mit sich bringen, sollte die Anwendung zeitlich beschränkt werden.

Anders ist es bei weniger ausgeprägten Symptomen der Sensibilität. Wer den Versuch einer Behandlung machen möchte, sollte sich Folgendes überlegen:

1. Wie unzufrieden bin ich mit meinem jetzigen Zustand? Ist er so unerträglich, dass ich wirklich alles probieren möchte, um ihn zu verbessern? Oder könnte ich auch damit leben, selbst wenn ich mich oft eingeschränkt fühle?
2. Falls ein Medikament hilft, will ich es dann über Jahre hinweg nehmen, um die Verbesserung aufrecht zu erhalten?

Eine Entscheidung erfordert ein sorgfältiges Abwägen, am besten im Gespräch mit Ihrem Hausarzt.

---

[17] z.B. Valium, Temesta, Tavor, Lexotanil u.v.a.m.

Was der Arzt bei Sensiblen beachten sollte

Sensible Menschen erfordern auch vom Arzt ein besonderes Feingefühl.[18] Ein Arztbesuch ist oft mit einer vermehrten inneren Spannung verbunden. Der Körper reagiert dann umso empfindlicher, und es kommt zu vegetativen Symptomen in Situationen, die von anderen Menschen gar nicht als aufregend erlebt werden. Die Kälte in der Umkleidekabine lässt sie zittern, der Anblick von Spritzen oder der typische Geruch einer Praxis löst ein Schwächegefühl aus. In ihren Bewegungen wirken sie behutsam, im Reden oftmals kompliziert, als ob sie innerlich alles dreimal kontrollieren müssten.

Eile oder Ungeduld machen diese Symptome nur schlimmer, und natürlich erschwert der zusätzliche Stress die Kommunikation und Behandlung. Sensible Menschen sind gewöhnlich sehr gewissenhaft und bemühen sich nach Möglichkeit mit dem Arzt zusammenarbeiten, aber sie müssen spüren, dass sie in ihrer Sensibilität ernst genommen werden.

Vielleicht sollte der Arzt bewusst »in einen anderen Gang schalten« und die Person fragen, was sie jetzt von ihm braucht, um zur Ruhe zu kommen – vielleicht Stille; oder Ablenkung im Gespräch; dass man ihr Schritt für Schritt erklärt, was passiert; oder ein beruhigendes Medikament, das die Angst vor einer Untersuchung dämpft.

In ihrer erhöhten Intuition spüren sensible Menschen ihren Körper viel bewusster und intensiver. Wenn der Arzt gut zuhört, kann er vielleicht wichtige Informationen für das weitere Vorgehen erhalten. Er sollte aber auch nicht erstaunt oder ungehalten sein, wenn sensible Menschen eine niedrigere Schmerzschwelle haben und bei einer Untersuchung Schmerzen spüren, wo andere einfach die Zähne zusammenbeißen. Sie möchten ja tapfer sein, aber dies ist Teil ihrer physiologischen Übererregbarkeit.

Wenn jemand aufgeregt ist, kann er nicht gut zuhören und sich selbst klar ausdrücken. Man sollte sensible Menschen deshalb

---

[18] Ich verdanke diese Anregungen den Ausführungen von Elaine Aron 1996, habe aber viele Beobachtungen auch schon selbst im Gespräch bestätigt gefunden.

ermutigen, eine Begleitperson mitzubringen, um sie zu unterstützen – vielleicht kann sie sich auch Notizen zu Fragen und Symptomen oder zu den Anordnungen und Empfehlungen des Arztes machen. Die Begleitperson kann diese dann nutzen, um der sensiblen Person später die wichtigsten Punkte des Arztgesprächs nochmals in Erinnerung zu rufen.

Was gilt es in der Seelsorge zu beachten?

Sensible Menschen stellen auch eine Herausforderung für die Seelsorge dar. Sie brauchen beides: Einfühlung in ihr Leiden und Ermutigung zum Wagnis; das schweigende Mittragen der Seelsorgerin und aktive Schritte zur Veränderung; das tröstende Mitgehen auf einem unverständlichen Weg und den Aufblick auf Gott, der in das Verborgene sieht.

Das Ziel von Seelsorge und Therapie ist letztlich inneres Wachstum und seelische Reife.[19] Persönliche und geistliche Reife bedeutet, mit einem Maß von Ungewissheit zu leben und Spannungen zwischen Wunsch und Wirklichkeit auszuhalten. Nicht immer können Nächstenliebe und persönliches Wohlergehen in völligem Einklang stehen.

Jeder geht das Risiko ein, von andern missverstanden zu werden. Im Zusammenleben ist oft eine »Kompromissbildung« zwischen Beziehungsarbeit und eigenen Bedürfnissen nötig. Reife bedeutet, dass man sich im Zusammenleben anpassen kann, in dem subtilen Gleichgewicht von Durchsetzung und Nachgeben. Und der reife Mensch wird nicht nur seinen unerfüllten Wünschen nachtrauern, sondern Erfüllung in anderen Bereichen seines Lebens suchen.

Seelsorger und Therapeutinnen müssen auch um die Grenzen wissen, die gerade hochsensiblen Menschen gesetzt sind. Sie können sich nicht immer so entfalten und verändern, wie man dies

---

[19] Über diesen Begriff gäbe es sowohl psychologisch als auch seelsorglich viel zu sagen, doch fehlt hier leider der Raum. Ein schöner Überblick wurde einmal von meinem Professor John Carter (1988) und später von N. Abi-Hashem (1999) erarbeitet.

wünschen würde. Reife ist nicht Selbstverwirklichung, sondern Leben in der (oft schwer zu ertragenden) Realität dieser Welt im Wissen um Gottes Durchtragen und Begleiten.

Die Gezeiten des Lebens

Ein reifer Mensch kennt zunehmend die Gezeiten seines Lebens, sowohl Ebbe als auch Flut, Höhen und Tiefen, im Wissen darum, dass »alles seine Zeit hat«: Pflanzen und Ausreißen, Abbrechen und Bauen, Weinen und Lachen.[20] Dies hilft ihm, die Angst vor nötigen Veränderungen besser annehmen zu können. Reife Menschen sind sich bewusst, dass jede Phase ihres Lebens ihre eigene Herausforderung in sich trägt. Reife bedeutet allerdings nicht, die Hände ergeben in den Schoß zu legen, sondern zu erkennen, wann die Zeit für mutige Schritte gekommen ist, im Kleinen wie im Großen.

Solche Reife lässt sich nicht von heute auf morgen erreichen. Sie ist ein Prozess, der wohl niemals abgeschlossen ist, ein Wachsen wie »ein Baum, gepflanzt an Wasserbächen«. Die Jahresringe sensibler Menschen werden nicht immer gleichmäßig sein, denn sie spüren in besonderem Maße die Dürre der Depression und die Überschwemmung durch die Angst, die eisige Erstarrung ihrer Hemmungen und die Sturmböen seelischer Erregung.

Reife, das ist nicht nur etwas für ausgeglichene und problemfreie Menschen. Es gibt Hoffnung auch für die Sensiblen. Für sie bedeutet Reife nicht unbedingt, alle Grenzen zu sprengen, aber zu lernen, sich mit ihrer Schwachheit anzunehmen, Spannungen auszuhalten und sogar daran zu wachsen.

[20] Prediger 3

»Der Engel der Stille« – Hilfe für die Helfenden

Viele Therapeutinnen und Seelsorger sind im Grunde selber sensible, empfindsame Menschen. *Nur wer ein feines Sensorium entwickelt, kann anderen Menschen helfend begegnen.* Manchmal spüren wir aber, dass dieses Sich-Einlassen zur Belastung werden kann, die uns selber nicht mehr loslässt. Vor kurzem hatte ich ein Gespräch mit einer Therapeutin, die vor kurzem eine Praxis eröffnet hatte. »Die Schicksale der Menschen gehen mir so nahe«, sagte sie mir, »ich möchte so gerne helfen und sehe doch meine Grenzen. In den letzten Wochen habe ich keine Nacht mehr durchgeschlafen. Ich wache alle zwei Stunden auf und liege oft lange wach. Können Sie mir helfen?«

Wir leben immer im *Spannungsfeld von Einfühlung und Abgrenzung*, vom Wagnis, sich intensiv in ein Lebensschicksal einzugeben, und der Notwendigkeit, wir selbst zu bleiben und uns einen Raum zu schaffen, wo es still ist, wo wir nicht erdrückt werden von all dem, was wir hören. So möchte ich Ihnen zum Schluss dieses Buches ein Wort von Anselm Grün aus seinem Buch »Fünfzig Engel für ein Jahr« mitgeben[21]:

»Gerade wenn Du viel mit anderen Menschen zu tun hast, wenn viele etwas von Dir wollen, wenn Du Dich in intensiven Gesprächen auf sie einlässt, brauchst Du den Engel der Stille, der die vielen Worte, die Du täglich hörst, in Dir zum Schweigen bringt. Im Schweigen kannst Du wieder aufatmen. Da kannst Du alles abschütteln, was Dir andere anvertraut haben. Der Engel der Stille möchte Dich in den inneren Raum führen, zu dem auch die Menschen keinen Zutritt haben, für die Du da bist.

Nur wenn Du in Berührung bist mit diesem inneren Raum der Stille, kannst Du dich ohne Angst auf Menschen einlassen. Du brauchst dann nicht zu befürchten, dass Dich die Probleme der andern bestimmen und überfordern, dass Dich der Schmutz, den Du im Gespräch oft mit bekommst, innerlich selber beschmutzt.

Der Engel der Stille möge Dich begleiten und Dich immer wieder daran erinnern, dass in Dir dieser Raum der Stille schon ist.«

[21] Anselm Grün 1997, S. 156

Literaturverzeichnis

Abi-Hashem N. (1999). Maturity. In: Benner D.G. & Hill P.C., Hrsg. (1999). *Baker Encyclopedia of Psychology and Counseling*. Second Edition. Grand Rapids MI: Baker.

Akiskal H.S. (2001). Dysthymia and cyclothymia in psychiatric practice a century after Kraepelin. *Journal of Affective Disorders* 62:17–31.

Ambühl H. (1998). *Psychotherapie der Zwangsstörungen*. Stuttgart: Thieme.

Andreasen N.C. & Black D.W. (1993). *Lehrbuch Psychiatrie*. Weinheim: Psychologie Verlags Union.

Andrews G., Stewart G.W., Allen R. et al. (1990a).The genetics of six neurotic disorders: a twin study. *Journal of Affective Disorders* 19:23–29.

Andrews G., Stewart G.W., Morris-Yates A. et al. (1990b). Evidence for a general neurotic syndrome. *British Journal of Psychiatry* 157:6–12.

Angst J. (1997). Minor and recurrent brief depression. In: Akiskal H.S. & Cassano G.B., Hrsg.: *Dysthymia and the spectrum of chronic depressions*. New York: Guilford.

Angst J. et al. (1990). Recurrent brief depression: a new subtype of affective disorder. *Journal of Affective Disorders* 19:87–98.

Aron E.N. (1996). *The Highly Sensitive Person*. How to thrive when the world overwhelms you. New York: Broadway.

Aron E.N. (2000). *The Highly Sensitive Person in Love*. New York: Broadway.

Aron E.N., & Aron A. (1997). Sensory-processing sensitivity and its relation to introversion and emotionality. *Journal of Personality and Social Psychology* 73:345–368.

Asendorpf J.B. (1993). Abnormal shyness in children. *Journal of Child Psychology and Psychiatry* 34:1069–1081.

Asendorpf J.B. (1999). *Psychologie der Persönlichkeit*. Berlin: Springer.

Baer L. (1993). *Alles unter Kontrolle. Zwangsgedanken und Zwangshandlungen überwinden*. Bern: Hans Huber.

Baker R. (1998). *Wenn plötzlich die Angst kommt*. Wuppertal: R. Brockhaus.

Bandura A. (1979). *Sozial-kognitive Lerntheorie*. Klett-Cotta, Stuttgart.

Bates J.E. & Wachs T., Hrsg. (1994). *Temperament: Individual differences at the interface of biology and behavior*. Washington DC: American Psychological Association.

Beck A.T. (1981). *Kognitive Therapie der Depression*. Weinheim: Beltz.

Beer U. (1991). *Schüchtern, scheu und selbstunsicher*. Stuttgart: Kreuz.

Bell I.R., Schwartz G.E., et al. (1997). Individual differences in neural sensitization and the role of context in illness from low-level environmental chemical exposures. *Environmental Health Perspectives* 105(Suppl 2): 457–466.

Benner D.G. & Hill P.C., Hrsg. (1999). *Baker Encyclopedia of Psychology and Counseling*. Second Edition. Grand Rapids MI: Baker.

Berg P.A., Hrsg. (1999). *Chronisches Müdigkeits- und Fibromyalgiesyndrom*. Berlin: Springer.

Bhatia M.S. & Vaid L. (2000). Hysterical aphonia – an analysis of 25 cases. *Indian Journal of Medical Science* 54:335–338.

Blue K. (1997). *Geistlichen Missbrauch heilen*. Basel: Brunnen.

Borkenau P. & Ostendorf F. (1993). *NEO-Fünf-Faktoren Inventar (NEO-FFI)*. Göttingen: Hogrefe.

Bornschein S. et al. (2000). Psychiatrische und somatische Morbidität bie Patienten mit vermuteter Multiple Chemical Sensitivity (MCS). *Der Nervenarzt* 71:737–744.

Bovenschen S. (2000). *Über-Empfindlichkeit. Spielformen der Idiosynkrasie*. Frankfurt: Suhrkamp.

Bremner J.D. (1999). Does stress damage the brain? *Biological Psychiatry* 45:797–805.

Brody A.L. & Saxena S. (1996). Brain Imaging in Obsessive-Compulsive Disorder: evidence for the involvement of frontal-subcortical circuitry in the mediation of symptomatology. *CNS-Spectrum* 1:27–41.

Bronisch T. (1995). Persönlichkeitsaspekte bei Angsterkrankungen. In: Kasper S. und Möller H.J. (Hrsg.). *Angst- und Panikerkrankungen*. Jena: Gustav Fischer Verlag, S. 52–60.

291

Canetti E. (1977/1994). *Die gerettete Zunge. Geschichte einer Jugend.* Frankfurt: Fischer TB.

Caplan P.J. & Hall-McCorquodale I. (1985). Mother-blaming in major clinical journals. *American Journal of Orthopsychiatry* 55:345–353.

Carter J.D. (1988). Maturity. In: Benner D.G., Hrsg. (1988). *Psychology and Religion.* Grand Rapids MI: Baker.

Cassano G.B. et al. (1999). The bipolar spectrum: a clinical reality in search of diagnostic criteria and an assessment methodology. *Journal of Affective Disorders* 154:319–328.

Chapman G. (2000). *Die andere Seite der Liebe.* Ärger, Wut und Zorn. Wie negative Gefühle zur positiven Kraft werden. Gießen/Basel: Brunnen.

Ciarrocchi J.W. (1995). *The Doubting Disease.* Mahwah NJ: The Paulist Press.

Cloninger C.R., Svrakic D.M., & Przybeck T.R. (1993). A psychobiological model of temperament and character. *Archives of General Psychiatry* 50:975–990.

Costa P.T. & McCrae R.R. (1992). The five-factor model of personality and its relevance to personality disorders. *Journal of Personality Disorders* 6:343–359.

Costa P.T. & Widiger T.A., Hrsg. (1994). *Personality Disorders and the Five-Factor Model of Personality.* Washington DC: American Psychological Association.

Cramer P. (2000). Defense mechanisms in psychology today. Further processes for adaptation. *American Psychologist* 55:637-646.

Damasio A.R. (1998). *Descartes' Irrtum. Fühlen, Denken und das menschliche Gehirn.* München: DTV.

Damkowski C. (1990). Die Sprache der Haut. *Psychologie Heute*, Okt. 1990, S.28–33.

Der Spiegel (1984). P*sychologie: Begrabene Theorie.* Nr. 21:116–118.

Dieterich M. & Dieterich J., Hrsg. (1996). *Wörterbuch Psychologie und Seelsorge.* Wuppertal: R. Brockhaus.

Dilling H. (1981). Prävalenzergebnisse aus einer Feldstudie in einem ländlich-kleinstädtischen Gebiet. In: Mester H. und Tölle R. (Hrsg.). *Neurosen.* Berlin: Springer.

Dilling H., Reimer C. & Arolt V. (2001). *Basiswissen Psychiatrie und Psychotherapie*. 4. Auflage. Berlin: Springer.

Döpfner M., Schürmann S. & Lehmkuhl G. (1999). *Wackelpeter und Trotzkopf. Hilfen bei hyperkinetischem und oppositionellem Verhalten.* Weinheim: Psychologie Verlags Union.

Eccles J.C. (2000). *Wie das Selbst sein Gehirn steuert.* München: Piper, 3. Auflage.

Edwards C. (1989). *Van Gogh and God. A Creative Spiritual Quest.* Chicago: Loyola University Press.

Egle U.T., Hoffmann S.O. & Joraschky P. (2000). *Sexueller Mißbrauch, Mißhandlung, Vernachlässigung.* Stuttgart: Schattauer.

Ernst C. & Von Luckner N. (1985). *Stellt die Frühkindheit die Weichen?* Eine Kritik an der Lehre von der schicksalshaften Bedeutung erster Erlebnisse. Stuttgart: Enke.

Farmer A. et al. (1995). Neuraesthenia revisited: ICD-10 and DSM-III-R psychiatric syndromes in chronic fatigue patients and comparison subjects. *British Journal of Psychiatry* 167:503–506.

Fava M., et al. (1993). Anger attacks in unipolar depression, part 1: Clinical correlates and response to fluoxetine treatment. *American Journal of Psychiatry* 150:1158 – 1163.

Fiedler P. (1998). *Persönlichkeitsstörungen.* 4. Auflage. Weinheim: Beltz.

Fischer S. (1991). *Heimweh. Das Syndrom und seine Bewältigung.* Göttingen: Hans Huber.

Fitz A. (1990). Religious and familial factors in the etiology of obsessive-compulsive disorder: A review. *Journal of Psychology and Theology* 18:141–147.

Fleischmann L. (2000). *Rabbi Nachman und die Thora.* Das Judentum für Nichtjuden verständlich gemacht. München: Scherz.

Ford M. (1999). *Wounded Prophet. A Portrait of Henri J.M. Nouwen.* New York: Doubleday.

Frank E., et al. (2000). Influence of panic-agoraphobic spectrum symptoms on treatment response in patients with recurrent major depression. *American Journal of Psychiatry* 157:1101–1107.

Freedman R. (1991). *Hermann Hesse. Eine Biographie*. Frankfurt: Suhrkamp.

Freud A. (1984). *Das Ich und die Abwehrmechanismen*. Frankfurt: Fischer TB.

Freud S. (1930/1997). *Das Unbehagen in der Kultur*. Frankfurt: Fischer TB.

Frommer J., et al. (1995). Persönlichkeitsstruktur und subjektive Krankheitsvorstellungen neurotisch Depressiver. *Der Nervenarzt* 66:521–531.

Garcia C. & Sander H.J. (1983). Pseudohysterische Verhaltensweisen bei endogenen Depressionen. *Der Nervenarzt* 54:354–362.

Gay F. (2000). *Persönlichkeits-Profil DISG*. Mit dem Original DISG-Test zur Selbstauswertung. Offenburg: Gabal, 17. Auflage.

Gershon M. (1999). *The Second Brain*: A Groundbreaking New Understanding of Nervous Disorders of the Stomach and Intestine. New York: Harper.

Gilmartin B.G. (1987). *Shyness and love: Causes, consequences, and treatment*. Lanham, MD: University Press of America.

Gneist J. (1997). *Wenn Hass und Liebe sich umarmen. Das Borderline-Syndrom*. München: Piper.

Goldner C. (1990). Rebirthing: Gefährlicher Weg zurück zur Geburt. *Psychologie Heute*, Juli 1990, S. 30–34.

Göthe C.J., et al.(1995). The environmental somatization syndrome. *Psychosomatics* 36: 1–11.

Gotlib I.H., et al. (1988). Depression and perceptions of early parenting: a longitudinal investigation. *British Journal of Psychiatry* 152:24–27.

Grichting C., et al. (1984). Das Sozialverhalten ehemaliger Risikoneugeborener im Alter von 5 – 7 Jahren unter Berücksichtigung des elterlichen Erziehungsverhaltens. *Schweizerische Medizinische Wochenschrift* 114:788–793.

Häfner H. (1994). Iatrogene Amalgam-Phobie. *Deutsches Ärzteblatt* 91:403–407.

Hark H. (1984). *Religiöse Neurosen. Ursache und Heilung*. Stuttgart: Kreuz.

Haykal R.F. & Akiskal H.S. (1999). The long-term outcome of dysthymia in private practice: clinical features, temperament and the art of management. *Journal of Clinical Psychiatry* 60:508–518.

Herbst J.H., et al. (2000). Do the dimensions of the temperament and character inventory map a simple genetic architecture? Evidence from molecular genetics and factor analysis. *American Journal of Psychiatry* 157:1285–1290.

Hesse N., Hrsg. (1966). *Kindheit und Jugend vor Neunzehnhundert: Hermann Hesse in Briefen und Lebenszeugnissen.* Frankfurt: Suhrkamp.

Hoffmann S.O. & Hochapfel G. (1999). *Neurosenlehre, Psychotherapeutische und Psychosomatische Medizin.* Stuttgart: Schattauer.

Horowitz M.J. (1997). Psychotherapy for histrionic personality disorder. *Journal of Psychotherapy Practice and Research* 6:93–107.

Jason L.A., et al. (2000). Chronic fatigue syndrome, fibromyalgia, and multiple chemical sensitivities in a community-based sample of persons with chronic fatigue syndrome-like symptoms. *Psychosomatic Medicine* 62:655–63.

Johnen W. (1999). *Muskelentspannung nach Jacobson.* München: Gräfe und Unzer.

Johnson D. & Van Vonderen J. (1996). *Geistlicher Missbrauch.* Asslar: Schulte & Gerth 1999.

Kagan J. (1994). *Galen's Prophecy. Temperament in Human Nature.* New York: Basic Books.

Kasthgir G., et al. (2000). The psychological outcome of hysterectomy. *Gynecology and Endocrinology* 14:132–141.

Kent D.A., et al. (1995). Course and outcome of conversion and somatization disorders. *Psychosomatics* 36: 138–144.

Kernberg O.F. (2000). *Borderline-Störungen und pathologischer Narzissmus.* Frankfurt: Suhrkamp.

Kierkegaard S. (1844/1991). *Der Begriff Angst.* Hamburg: Europäische Verlagsanstalt.

Klages W. (1981). *Der sensible Mensch.* Stuttgart: Enke.

Kleinman A. (1982). Neurasthenia and Depression: A study of somatization and culture in China. *Culture, Medicine and Psychiatry* 6:117–189.

Kleinman A. (1988). *The illness narratives – suffering, healing and the human condition*. New York: Basic Books.

Klinger R. (1994). Somatization: social control and illness production in a religious cult. *Culture, Medicine and Psychiatry* 18: 215– 245.

Knölker U. (1987). *Zwangssyndrome im Kindes- und Jugendalter*. Göttingen: Vandenhoeck und Rupprecht.

Koch K. (1982). *Seelsorge und Okkultismus*. Basel: Brunnen.

Kösters W. (1996). Wie krank macht die Umwelt wirklich? *Psychologie Heute* 7:46–47.

Kreisman J.J. & Straus H. (2000). *Ich hasse dich, verlass mich nicht. Die schwarzweiße Welt der Borderline-Persönlichkeit*. München: Kösel.

Lang A.J. & Stein M.B. (2001). Social Phobia: Prevalence and Diagnostic Threshold. *Journal of Clinical Psychiatry* 62 [suppl 1]:5–10.

Lasch C. (1986). *Das Zeitalter des Narzißmus*. München: Deutscher Taschenbuch Verlag.

Lax M.B. & Henneberger P.K. (1995). Patients with multiple chemical sensitivities in an occupational health clinic: presentation and follow-up. *Archives of Environmental Health* 51:425–431.

Leman K. (2000). *Geschwisterkonstellationen. Die Familie bestimmt Ihr Leben*. München: Moderne Verlagsgesellschaft.

Lewinsohn P.M. & Rosenbaum M. (1987). Recall of parental behavior by acute depressives, remitted depressives and nondepressives. *Journal Of Personality And Social Psychology* 52:611–619.

Lieb K., et al. (1996). Das chronische Müdigkeitssyndrom (»chronic fatigue syndrome«, CFS). Definition, diagnostische Maßnahmen und Therapiemöglichkeiten. *Der Nervenarzt* 67:711–720.

Linehan M.M. (1996). *Dialektisch-Behaviorale Therapie der Borderline-Persönlichkeitsstörung*. München: CIP-Medien.

Livesley W.J., et al. (1998). Phenotypic and genetic structure of traits delineating personality disorder. *Archives of General Psychiatry* 55:941–948.

Mammen O.K., et al. (1999). Anger attacks: correlates and significance of an underrecognized symptom. *Journal of Clinical Psychiatry* 60:633–642.

Mehta T.A., et al. (2000). Hyperventilation: cause or effect? *Journal of Accident and Emergency Medicine* 17:376–377.

Meissner W.W. (1991). The phenomenology of religious psychopathology. *Bulletin of the Menninger Clinic* 55:281–298.

Mentzos S. (1988). *Neurotische Konfliktverarbeitung.* Einführung in die psychoanalytische Neurosenlehre unter Berücksichtigung neuer Perspektiven. Frankfurt: Fischer TB.

Mester H. & Tölle R., Hrsg. (1981). *Neurosen.* Berlin: Springer.

Möller-Streitbörger W. (1995). Die »Farbe« der Persönlichkeit. Die Psychologie hat das Temperament wiederentdeckt. *Psychologie Heute*, März 1995, S. 20–29.

Moser T. (1976). *Gottesvergiftung.* Frankfurt: Suhrkamp.

Mumford D.B. (1992). Emotional distress in the Hebrew bible. *British Journal of Psychiatry* 160:92–97.

Mumford D.B., et al. (1996). Stress and psychiatric disorder in the Hindu Kush. A community survey of mountain villages in Chitral, Pakistan. *British Journal of Psychiatry* 168: 299–307.

Neuhaus C. (2000). *Hyperaktive Jugendliche und ihre Probleme.* Berlin: Urania Verlag.

North C.S., et al. (1990).The relation of ulcerative colitis to psychiatric factors: a review of findings and methods. *American Journal of Psychiatry* 147:974–981.

Nouwen H.J.M. (1989). *Nachts bricht der Tag an. Tagebuch eines geistlichen Lebens.* Freiburg: Herder.

Nouwen H.J.M. (1991). *Nimm sein Bild in dein Herz.* Geistliche Deutung eines Gemäldes von Rembrandt. Freiburg: Herder.

Ontario Ministry of Health (1985). *Report of the Ad Hoc Committee on Environmental Hypersensitivity Disorders.* Toronto.

Parrott L. (1997). *Einfach nervig! Vom Umgang mit anstrengenden Mitmenschen.* Asslar: Schulte & Gerth.

Pate C.M. & Pate S.L. (2000). *Behind the masks. Personality disorders in the church.* Nashville TN: Broadman & Holman.

Pepper C.M. et al. (1995). DSM-III-R Axis II Comorbidity in Dysthymia and Major Depression. *American Journal of Psychiatry* 152:239–247.

Pezawas L., et al. (2001). Rezidivierende kurze depressive Episoden. Epidemiologie, Klinik, Diagnostik und Therapie. *Der Nervenarzt* 72:169–180.

Pfeifer A. (1995). *Mütter sind nicht immer schuld. Von Selbstvorwürfen zur Gelassenheit.* Wuppertal: Brockhaus.

Pfeifer S. & Bräumer H. (1999). *Die zerrissene Seele. Borderline und Seelsorge.* 2. überarbeitete Auflage. Wuppertal: Brockhaus.

Pfeifer S. (2000). *Wenn der Glaube zum Problem wird. Wege zur inneren Heilung.* Moers: Brendow.

Pfeifer S., Hrsg. (1991). *Seelsorge und Psychotherapie: Möglichkeiten und Grenzen der Integration.* Moers: Brendow.

Potok C. (1972/2000). *Mein Name ist Asher Lev.* Reinbek: Rowohlt.

Psychologie Heute (1996). Psychobiologie: Auf der Suche nach den biochemischen Grundlagen der Persönlichkeit. *Psychologie Heute,* Februar 1996, S. 47–51.

Rapoport J. (1995). *Der Junge, der sich immer waschen musste.* Wenn Zwänge den Tag beherrschen. München: MMV.

Rief W. & Hiller W. (1992). *Somatoforme Störungen. Körperliche Symptome ohne organische Ursache.* Bern-Göttingen: Hans Huber.

Riemann F. (1975/1999). *Grundformen der Angst.* München: Ernst Reinhardt.

Saß H. & Herpertz S., Hrsg. (1999). *Psychotherapie von Persönlichkeitsstörungen.* Beiträge zu einem schulenübergreifenden Vorgehen. Stuttgart: Thieme.

Scharfenberg J. (1985). *Einführung in die Pastoralpsychologie.* Stuttgart: UTB.

Schedlowski M., & Tewes U. (1996). *Psychoneuroimmunologie.* Heidelberg: Spektrum Akademischer Verlag.

Schmidt-Degenhard M. (1988). Disposition – Vulnerabilität – Verletzlichkeit. *Der Nervenarzt* 59:573–585.

Schramm E. (1998). *Interpersonelle Therapie der Depression.* 2. Auflage. Stuttgart: Schattauer.

Shear M. K. et al (1993). A Psychodynamic Model of Panic Disorder. *American Journal of Psychiatry* 150:859–866.

Shepherd M. (1961). Morbid jealousy: some clinical and social aspects of a psychiatric symptom. *Journal of Mental Science* 107:687–704.

Shorter E. (1994). *Moderne Leiden. Zur Geschichte der psychosomatischen Krankheiten*. Reinbek: Rowohlt.

Singer I.B. (1983). *Mein Vater der Rabbi*. Bilderbuch einer Kindheit. Reinbek: Rowohlt.

Smith S.B. (1999). *Diana in search of herself*. Portrait of a Troubled Princess. New York: Random House.

Stein M.B. et al. (1999). Heritability of anxiety sensitivity: A twin study. *American Journal of Psychiatry* 156:246–251.

Stekel W. (1927). *Zwang und Zweifel*. Band 1 und 2. Berlin / Wien: Urban und Schwarzenberg.

Strupp H.H. & Hadley S.W. (1977). A tripartite model of mental health and therapeutic outcomes. *American Psychologist* 32:187–196.

Sullivan H.S. (1953/1980). *Die interpersonale Theorie der Psychiatrie*. Frankfurt: Fischer.

Süsskind P. (1985). *Das Parfüm*. Zürich: Diogenes.

Taylor R.R., et al. (2001). *A clinicians guide to controversial illnesses: Chronic fatigue syndrome, fibromyalgia, and multiple chemical sensitivities*. Sarasota FL: Professional Resource Press.

Tesch-Römer C. u.a. (1997). *Psychologie der Bewältigung*. Weinheim: Psychologie Verlags Union.

Uexküll T., et al., Hrsg. (1990). *Psychosomatische Medizin*. München: Urban & Schwarzenberg.

Unverzagt G. (1995). Geschwister – Die Brücke zwischen Vergangenheit und Gegenwart. *Psychologie Heute*, August 1995, S. 34–37.

Vaillant G.E. & Perry J.C. (1985). Persönlichkeitsstörungen. In: Freedman A.M., Kaplan H.I., Saddock B.J. und Peters H.U., Hrsg. (1988). *Psychosomatische Störungen*. Psychiatrie in Praxis und Klinik, Band 4. Stuttgart: Thieme, S. 113–157.

Van der Voet N. (1995). *Warum muss ich immer helfen?* Wuppertal: R. Brockhaus.

Van Tilburg M.A., et al. (1996). Homesickness: A review of the literature. *Psychological Medicine* 26:899–912.

Wälchli M. (2001): *Wie begleite ich einen psychisch kranken Menschen in die persönliche Gottesbeziehung?* Unveröffentlichte Arbeit.

Werner E.E. (1989). High-risk children in young adulthood: a longitudinal study from birth to 32 years. *American Journal of Orthopsychiatry* 59:72–81.

Wetter-Parasie J. & Parasie L. (1999). *Angst in Kraft verwandeln.* Ein Ratgeber. Stuttgart: Anker.

Willi J. (1985). *Ko-Evolution. Die Kunst gemeinsamen Wachsens.* Reinbek: Rowohlt.

Wittchen H.U., Saß H. & Zaudig M. (2000). *Diagnostisches und statistisches Manual psychischer Störungen (DSM IV).* Deutsche Übersetzung des diagnostic and statistical manual of mental disorders, 4th edition (DSM IV). 3. Auflage. Göttingen: Hogrefe.

Wolf D. (1999). *Ängste verstehen und überwinden.* Gezielte Strategien für ein Leben ohne Angst. Mannheim: PAL Verlag.

Wong-McDonald A., & Gorsuch R.L. (2000). Surrender to God: An additional coping style? *Journal of Psychology and Theology* 28:149–161.

Zaudig M., Wittchen H.U. & Saß H. (2000). DSM-IV und ICD-10 Fallbuch. Göttingen: Hogrefe.

Zenker W. (1996). *Das chronische Erschöpfungssyndrom.* Wege zur Hilfe und Selbsthilfe bei CFS. München: Econ.

Samuel Pfeifer und Hansjörg Bräumer

Die zerrissene Seele

Borderline-Störungen und Seelsorge

unter Mitarbeit von L. Brenner, A. Jonckers Nieboer,
K. Kaldewey und M. Schleising

216 Seiten, ABCteam-Paperback, Bestell-Nr. 111 109

Borderline – das bedeutet eigenlich Grenzlinie. Und dieses Buch
beschäftigt sich tatsächlich mit Grenzgängern ganz besonderer Art:
Menschen, die von höchst widersprüchlichen Gefühlen hin- und hergerissen werden, hochsensibel und zutiefst verunsichert. Sie schwanken
zwischen Eigensucht und Selbsthass, Verletzlichkeit und Selbstverletzung, Rückzug und Sehnsucht nach Beziehung. Nicht wenige von
ihnen gingen durch die Hölle eines sexuellen Missbrauchs, alle leiden sie
an einer tiefgreifenden Störung der Indentität.

Borderline-Persönlichkeiten kommen nicht nur selbst an ihre Grenzen,
sie führen auch Seelsorger, Therapeuten, Betreuer und Angehörige an
ihre Grenzen. Sie befinden sich nicht nur auf einer Achterbahn der
Gefühle, sondern sie lösen auch beim Therapeuten eine breite Palette
von Gefühlen aus.

Ein Psychiater und ein Theologe haben sich gemeinsam diesem brennenden Thema der therapeutischen Seelsorge gewidmet. Entstanden ist
ein Buch, das nicht nur psycho-pathologische und theologische Über-
legungen vereint, sondern auch eine echte Hilfe für alle ist, die
Borderline-Patienten verstehen und begleiten möchten.

R. BROCKHAUS VERLAG WUPPERTAL